国家社会科学基金重大项目"新时代乡村振兴与新型城镇化的战略耦合及协同治理研究"（18ZDA045）阶段性研究成果以及浙江工业大学"人文社科后期资助项目"资助

乡村振兴

与新型城镇化的战略耦合研究

徐维祥　李　露◎著

中国财经出版传媒集团

经济科学出版社

Economic Science Press

图书在版编目（CIP）数据

乡村振兴与新型城镇化的战略耦合研究／徐维祥，
李露著．-- 北京：经济科学出版社，2022.7
ISBN 978 - 7 - 5218 - 3780 - 3

Ⅰ.①乡⋯　Ⅱ.①徐⋯ ②李⋯　Ⅲ.①农村 - 社会主
义建设 - 研究 - 中国 ②城市化 - 研究 - 中国　Ⅳ.
①F320.3 ②F299.21

中国版本图书馆 CIP 数据核字（2022）第 110014 号

责任编辑：张　燕
责任校对：杨　海
责任印制：邱　天

乡村振兴与新型城镇化的战略耦合研究

徐维祥　李　露　著

经济科学出版社出版、发行　新华书店经销

社址：北京市海淀区阜成路甲 28 号　邮编：100142

总编部电话：010 - 88191217　发行部电话：010 - 88191522

网址：www. esp. com. cn

电子邮箱：esp@ esp. com. cn

天猫网店：经济科学出版社旗舰店

网址：http://jjkxcbs. tmall. com

固安华明印业有限公司印装

710×1000　16 开　17 印张　270000 字

2022 年 9 月第 1 版　2022 年 9 月第 1 次印刷

ISBN 978 - 7 - 5218 - 3780 - 3　定价：88.00 元

（图书出现印装问题，本社负责调换。电话：010 - 88191510）

（版权所有　侵权必究　打击盗版　举报热线：010 - 88191661

QQ：2242791300　营销中心电话：010 - 88191537

电子邮箱：dbts@ esp. com. cn）

前　　言

　　"三农问题"作为中国经济持续发展面临的难题，一直是国民热议的话题之一。党中央连续十九年就"三农"问题出台了一系列方针政策，"乡村振兴"与"新型城镇化"战略的提出正是为了解决"三农"问题，作为城乡发展不平衡的重要抓手，两大战略之间相互促进、相辅相成。本书在评述了国内外学者关于乡村振兴与新型城镇化的相关概念及研究后，辨析了城乡协调、城乡统筹、城乡一体化、城乡融合等相关概念的联系与区别。对乡村振兴与新型城镇化战略耦合的现有研究也进行了梳理与总结，指出现有研究的不足及改进之处。按照省级尺度、地级市尺度分析了乡村振兴与新型城镇化战略耦合的格局特征、效应结果。选择长三角地区作为案例区总结了乡村振兴与新型城镇化的耦合模式，又以 2020 年浙江省城乡居民家庭作为调研对象，总结了浙江省不同县市的城乡发展经验和问题，探索了浙江省城乡耦合模式及实现路径。最后从不同主体、不同尺度提出了乡村振兴与新型城镇化战略耦合的推进机制、政策启示，并且以长三角地区城乡耦合的经验与示范效应，为全国其他地区协同推进乡村振兴与新型城镇化战略提供了借鉴意义。

　　本书主要内容及结论概括如下。

　　（1）在厘清乡村振兴与新型城镇化战略耦合机理的基础上，重构了省级层面乡村振兴与新型城镇化的指标体系，发现两者耦合协调度呈现"东高西低"的分布特征，随着时间的推移，城镇先行的省份增多；耦合协调度的演进存在"俱乐部趋同现象"，大部分省份还是处于自身和邻域保持不变的稳定态势。耦合协调度高的省份对周围省份具有正向溢出效应，耦合协调度低的省份对周围省份存在负向溢出效应；驱动因子存在区域差异，东北地区主要受收入驱动、政府驱动的影响，西北地区则受到投资驱动的影响效应最大，

目　　录

第1章 绪 论

1.1 研究背景

城乡关系无论是在经济学、地理学还是管理学、规划学学科中，均是理论界长期高度关注的重要议题之一，从马克思恩格斯的辩证唯物主义、历史唯物主义中体现的城乡思想到刘易斯的经典二元结构理论，人类社会发展的历史可以归结为城乡关系演变的发展史，城乡关系正是在生产力显著提高、生产关系不断进步的背景下，从二元结构分割走向城乡一体化，从城乡对立走向融合的过程，"三农"问题作为中国经济持续发展面临的难题，一直是国民热议的话题之一。在城市化进程加快的背景下，城市迅速崛起而乡村日益衰退带来了农业农村发展滞后于城镇、城乡失衡亟待解决的现象。中国城乡关系在这样的背景下，截至 2022 年党中央连续十九年就"三农"问题出台了一系列方针政策。随着中国经济由高速增长向高质量发展转变，城乡发展不平衡、农村发展不充分问题逐渐成为社会主要矛盾的一部分，"乡村振兴"与"新型城镇化"战略的提出正是为了解决这种发展不平衡、不充分的问题，从源头上找出解决城乡差距问题的根本原因和具体方案。

1.1.1 "三农"问题仍是中国经济持续发展面临的难题

改革开放 40 多年来，中国经济腾飞的过程中农业综合生产力也得到了极大的提高，农村整体面貌、农业现代化水平得到很大改善，但农业、农村、农民的矛盾仍然存在,"三农"问题并没有彻底解决。主要体现在:(1)农业边缘化问题。相对于工业和服务业而言,农业产业链还不够完整、农业生产收入相对较低,导致农民从事农业生产的动力不足,多为粗放经营,"抛荒"土地的现象也越来越多(邢祖礼等,2019)。(2)农村问题。虽然2020年消除绝对贫困的艰巨任务已经取得了全面胜利,但是乡村振兴与精准扶贫的有效衔接、建立解决相对贫困的长效机制,进一步巩固脱贫攻坚成果仍然任重而道远(龙花楼和陈坤秋,2021)。此外,农村生态环境破坏严重,仍然是制约农村可持续发展的关键问题。(3)农民问题。首先,农民收入仍然增长缓慢,增收基础不稳固。从2001~2020年来看,农民人均收入在2008年前波动不大,2009~2014年保持持续增长的趋势,但是近些年增长速度又有所放缓甚至下降(见图1-1)。这主要和近年来农产品价格持续走低、农业生产成本上涨等有关,加上城镇规模不断扩张、城镇化进程进入提质增效阶段,吸纳农村剩余劳动力就业的能力呈现边际递减。其次,2020年农民工总量达到28560万人,虽然较上年下降1.8%[①],但是不排除有新冠肺炎疫情

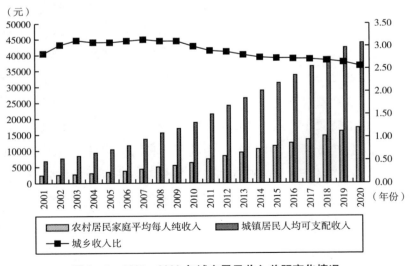

图1-1 2001~2020年城乡居民收入差距变化情况

资料来源:根据国家统计局各年统计公报数据绘制而得。

[①] 资料来源于国家统计局发布的《2020年农民工监测调查报告》,http://www.gov.cn/xinwen/2021-04/30/content_5604232.htm。

的影响。还是存在大量农村青壮年人口选择外出务工的现象，留守儿童的教育问题以及空巢老人赡养等社会问题仍然是当前面临的困境，由此带来了农村发展不稳定、人口素质较低的恶性循环现象。

1.1.2　农业农村发展滞后于城镇，城乡失衡亟待解决

城乡固有的二元结构矛盾造成了城乡早期发展更加偏向于城市，带来城镇化高质量发展停滞不前、乡村发展愈发滞后的发展现状。一方面，据国家统计局数据显示，截至 2020 年末，全国常住人口城镇化率首次超过了 60%，但是户籍人口城镇化率刚达到 45%，户籍制改革仍然迫在眉睫，农村人口的基数仍然很大，农业人口存在一种"转而不移"的现象，即不改变农村户籍以兼业化的形式在城市与农村间转移（张海鹏，2019）；另一方面，尽管国家一直在加大对"三农"的政策支持、经济支持等，但是中国农村改革进入深水区，农业发展质量效益和竞争力仍然没有工业发展强劲，农村基础设施建设滞后于城市基础设施建设，农民增收后劲不足远落后于城市居民（叶超和高洋，2019）。如图 1-1 所示，中国城乡居民收入比 2010 年前呈现高位徘徊，先增加后平稳，2009 年后开始出现下降趋势。尽管城乡收入比近些年呈现下降趋势，但是城乡居民收入的绝对差距仍然很大，农村居民家庭人均收入一直远低于城镇居民，并且随着城乡收入都在增长的同时，这种绝对差距也在扩大。农村居民收入整体上还是缺少稳定的来源，尤其是过去"靠天吃饭"的时代背景导致农民收入水平起点低，才带来现在城乡居民收入差距过大的现实问题，与世界平均水平 1.5∶1 的城乡收入比相差甚远。

1.1.3　党中央解决"三农"问题的主要措施

"三农"问题一直是国家现代化进程中要解决的重大问题，中央在 1982～1986 年五年里连续发布以农业、农村和农民为主题的中央一号文件①，对农

---

① 中央一号文件原指中共中央每年发布的第一份文件。1949 年 10 月 1 日，中华人民共和国中央人民政府开始发布《第一号文件》，现在已成为中共中央、国务院重视农村问题的专有名词。

村工作、农村经济进行了部署，可见对"三农"问题的重视。2004～2021年连续18年中央又就关于农民增收、社会主义新农村建设、农业现代化、乡村振兴战略等问题出台了相关政策方针（见表1-1），可见"三农问题"的重要性。近几年国家出台的关于"三农"问题的政策侧重于农业现代化的发展、增强农产品供给、培育农业农村发展新动能、增强农村发展活力等。最终目的都是实现农民增收、改善农村生活环境、保障农产品供给功能。从党的十七大指出"统筹城乡发展，走现代农业生产之路"到党的十八大强调"统筹城乡发展是解决'三农'问题的根本途径"，再到党的十九大习近平总书记指出"要想从根本上解决'三农'问题，必须实施乡村振兴战略"（张克俊和杜婵，2019）。这一系列的政策均强调了要走中国特色现代农业化的道路，统筹城乡发展，把强农、惠农、富农事项提上日程、加大支持力度，最终都是为了保持农民收入持续稳定地增长。但迄今为止，"三农"的根本性问题还是没有得到解决，仍然制约着中国经济高质量发展。因此，乡村振兴战略作为新时期解决"三农"问题的新思路，关系着社会稳定和国民幸福，实施该战略任重而道远，是一项长期的艰巨任务。

表1-1　　　　　　　　1982～2021年的中央一号文件

年份	中央一号文件
1982	《全国农村工作会议纪要》
1983	《当前农村经济政策的若干问题》
1984	《关于一九八四年农村工作的通知》
1985	《关于进一步活跃农村经济的十项政策》
1986	《关于一九八六年农村工作的部署》
2004	《中共中央　国务院关于促进农民增加收入若干政策的意见》
2005	《中共中央　国务院关于进一步加强农村工作提高农业综合生产能力若干政策的意见》
2006	《中共中央　国务院关于推进社会主义新农村建设的若干意见》
2007	《中共中央　国务院关于积极发展现代农业扎实推进社会主义新农村建设的若干意见》
2008	《中共中央　国务院关于切实加强农业基础建设进一步促进农业发展农民增收的若干意见》
2009	《中共中央　国务院关于2009年促进农业稳定发展农民持续增收的若干意见》
2010	《中共中央　国务院关于加大统筹城乡发展力度进一步夯实农业农村发展基础的若干意见》
2011	《中共中央　国务院关于加快水利改革发展的决定》

年份	中央一号文件
2012	《中共中央　国务院关于加快推进农业科技创新持续增强农产品供给保障能力的若干意见》
2013	《中共中央　国务院关于加快发展现代农业进一步增强农村发展活力的若干意见》
2014	《中共中央　国务院关于全面深化农村改革加快推进农业现代化的若干意见》
2015	《中共中央　国务院关于加大改革创新力度加快农业现代化建设的若干意见》
2016	《中共中央　国务院关于落实发展新理念加快农业现代化实现全面小康目标的若干意见》
2017	《中共中央　国务院关于深入推进农业供给侧结构性改革加快培育农业农村发展新动能的若干意见》
2018	《中共中央　国务院关于实施乡村振兴战略的意见》
2019	《中共中央　国务院关于坚持农业农村优先发展做好"三农"工作的若干意见》
2020	《中共中央　国务院关于抓好"三农"领域重点工作确保如期实现全面小康的意见》
2021	《中共中央　国务院关于全面推进乡村振兴加快农业农村现代化的意见》

1.1.4 "三农"问题解决的重要抓手：乡村振兴与新型城镇化的战略耦合

新时代城乡发展不平衡的矛盾在"三农"问题中体现为，在城镇化早期发展阶段，乡村哺育城市，为城镇化进程的推进提供了许多支持。但是这也导致了许多问题，由于城镇化进程的加快，农村青壮年劳动力转移至城市谋求新发展，带来了农村老龄化现象严重、留守儿童缺少陪伴等社会问题。因此，新时期的农民对于美好生活的追求不仅停留在物质层面，在温饱问题解决后人民日益增长的需求变得多样化，乡村振兴战略的提出正是抓住了新时代主要矛盾的主要方面，成为解决矛盾的有力抓手，也是补齐城乡发展不平衡这块短板的得力之举（黄祖辉，2018）。但乡村振兴离不开新型城镇化的同步推进，两者需协同发展。现在我国乡村常住人口还有 5 亿人，这些人的收入、居住都需要改善，只有坚持"以人为本"的新型城镇化发展方向，坚持以解决"三农"问题为根本目的的乡村振兴战略导向，使两者在相互渗透、相互促进、相互提升中健康发展，我国的经济发展质量才能真正提高。由此可见，在新时代的背景下，乡村振兴战略需与新型城镇化战略协同推进，对两者战略耦合的研究对于我国的经济社会发展具有深远的理论和现实意义。

1.2　研究意义

1.2.1　理论意义

理论层面丰富了对城乡关系的研究，梳理了乡村振兴与新型城镇化战略耦合的相关机理。关于城乡关系的研究在经济学和经济地理学发端时期，城乡关系的系统性理论研究已经形成，早在亚当·斯密（1776）的开创性著作中就已经系统性地阐述了城乡发展的自然演变及其制约与影响因素。后面到刘易斯的二元结构理论，成为城乡关系研究的转折点，引发了一场开创发展经济学的革命。纵观历史上经典的城乡关系理论大多聚焦于宏观和自上而下的层面，城乡关系的研究在过去很长一段时间里均是将乡村置于辅助地位重点发展城镇，或者是在城镇化的背景下研究乡村发展，虽然部分理论强调城乡关联和城乡联系，但大多以城乡分割为前提，仍停留于概念和抽象理论阶段，缺乏深入的定量和实证研究，真正将两大战略结合起来放在同等的地位研究两者的关系及实现路径的不多。本书融合区域经济学、新经济地理学、产业经济学等相关学科领域，对乡村振兴与新型城镇化的国内外相关研究进行了梳理，在城乡二元经济结构理论的基础上结合非均衡发展理论、城乡推拉理论、田园城市理论等，对乡村振兴与新型城镇化的战略耦合机理、驱动机理、交互作用机理等进行了总结，弥补了以往研究理论方面的不足，实现对我国当前两大战略相关理论研究的重要补充。而乡村振兴与新型城镇化的战略耦合研究及其推进机制也为城乡关系发展指明了方向，为未来我国有关城乡融合、城乡一体化的研究提供了研究方向与路径方面的借鉴，具有一定的理论学术价值。

1.2.2　实践意义

长三角地区作为中国经济发展最活跃、开放程度最高的地区之一，虽然也面临着城乡差距和城乡二元结构的困扰，但是长三角部分地区的城乡发展模式是中国最早的以城促乡、城乡互动实践的地区，可以作为我国城乡发展的典型。本书研究拟通过对长三角部分地区（如苏南、温州、安吉、上海郊区等）的案例分析和比较研究，总结出乡村振兴与新型城镇化战略耦合的模式，归纳出优质的实践经验并将其提炼到典型模型，在此基础之上在不同的城乡关系背景下给予不同的实现路径，形成各区域城乡平衡发展的有效局面，最终以典型区域为样本展开的研究可以为我国当前其他区域样本的研究提供借鉴与参考。

以全国省级、市域级、长三角县域级等尺度为研究单元，深入长三角地区中微观层面，研究乡村振兴与新型城镇化的耦合协调水平。定性与定量相结合，分析全国层面乡村振兴与新型城镇化的发展水平，并根据其耦合协调度发展的空间演化规律，总结出空间格局的形成机理。以长三角典型地区作为案例地区，总结出四种不同城乡关系背景下的路径选择。不仅可以为长三角地区城乡耦合提供一定的实践依据，同时也为全国不同层级，城乡不同发展现状推进乡村振兴与新型城镇化的战略耦合提供实践经验。

1.3　研究目标、内容与方法

1.3.1　研究目标

（1）厘清乡村振兴与新型城镇化战略耦合的内在逻辑关系及其关联机制。基于当前关于乡村振兴与新型城镇化的战略耦合研究无论是在角度上还是在层面上，研究均比较分散、不够系统，本书对乡村振兴与新型城镇化战略耦合的相关文献进行全面、有条理的梳理，从概念和理论层面上阐述清楚：①乡村振兴与新型城镇化的相关概念及在"城乡关系"中各自的地位与作用；②从理论上厘清乡村振兴与新型城镇化战略耦合之间的逻辑关系；③在全国层面分析乡村振兴与新型城镇化耦合协调的驱动机理；在地级市层面总结乡村振兴与新型城镇化战略耦合所带来的效应结果；在县域层面需要通过案例资料来验证与阐释城乡耦合模式及实现路径，将理论分析与现实情况融合起来。

（2）认清当前我国乡村振兴与新型城镇化战略耦合的发展现状、效应结果及推进机制。要推进乡村振兴与新型城镇化战略耦合，从实践上来讲，一个前提是我们必须客观准确地认识到我们是在什么背景下来推进乡村振兴与新型城镇化战略耦合，当前我国乡村振兴与新型城镇化耦合协调的水平及其程度如何，乡村振兴与新型城镇化耦合协调带来什么样的效应结果。本书研究将对我国乡村振兴与新型城镇化总体耦合协调程度及不同空间尺度下的耦合协调度进行系统、科学的研究和考察，对乡村振兴与新型城镇化战略耦合的格局特征、带来的效应结果以及具体模式与实现路径进行分析，在此基础上总结出乡村振兴与新型城镇化战略耦合的推进机制，为政府、产业和学界人士的相关探讨和实践提供全面而又准确的资料和依据。

（3）总结长三角地区乡村振兴与新型城镇化战略耦合的经验与模式。当前关于乡村振兴与新型城镇化的战略耦合研究没有现成的模式，也没有成熟系统的理论指导。这就迫使我们从实践中去寻找答案，通过对实践的考察提炼模式、探索路径、充实既有理论。在乡村振兴与新型城镇化战略耦合方面，一些地区呈现出明显的区域特色，如产业集群发达的东部沿海地区，尤其是长三角地区已经出现了一些好的做法和典型模式。对这些地区进行深入的案例研究，总结这些地区的经验做法，对一些典型模式进行系统总结、分析其经验与问题、探索其实现路径将为我国推进乡村振兴与新型城镇化战略耦合在政策制定与具体操作方面提供非常好的实践借鉴与参考。

1.3.2　研究内容

基于本书的研究目标，本书研究的主要内容如下。

（1）通过对乡村振兴、新型城镇化的相关概念及研究梳理，辨析了城乡相关概念内涵及彼此异同，引出"城乡关系"的更深层次研究——乡村振兴与新型城镇化的战略耦合，指出了现有研究的不足与改进之处。通过梳理城乡相关的基础理论、延伸方向，战略耦合机理、城乡交互影响机理以及不同尺度下的战略耦合机制奠定了全书的研究理论基础。

（2）在前面厘清乡村振兴与新型城镇化战略耦合机理的基础上，通过重构省级层面乡村振兴与新型城镇化的指标体系，以2004～2018年全国30个省份（不含西藏）的面板数据为样本，采用耦合协调度模型、空间马尔可夫链以及地理加权回归模型分析了乡村振兴与新型城镇化耦合协调的空间格局特征、动态演变特征以及驱动机理。

（3）通过构建乡村振兴与新型城镇化地级市层面的指标体系，利用耦合协调度模型测度出278个地级市2004～2018年乡村振兴与新型城镇化的耦合协调度，并且利用泰尔指数分析了乡村振兴与新型城镇化耦合协调的区域差异。利用空间杜宾模型、门槛效应模型、中介效应模型等分析了乡村振兴与新型城镇化耦合协调带来的产业结构优化效应、绿色低碳的生态效应、减贫增收的经济效应。

（4）结合长三角典型案例区经验，在四种城乡关系背景下拓展了乡村振兴与新型城镇化的战略耦合模式：以小城镇建设促进城乡耦合的"新苏南模式"、以产业集群推动城乡耦合的"温州—义乌商贸模式"、以生态文旅推动城乡耦合的"安吉模式"、以都市农业推动城乡耦合的"上海郊区模式"。并且对应不同的耦合模式提出了不同的实现路径：要素融合、产业融合、生态融合、空间融合。

（5）在长三角经验模式总结的基础上，将典型案例区的调查研究进一步定位到浙江省，以2020年浙江省城乡居民家庭作为调研对象，基于乡村振兴的五大内涵从生态宜居、公共服务、基层治理以及生活质量四个方面构建乡村发展与城镇化指标体系，运用熵值法、耦合协调度模型、泰尔指数等方法，总结了浙江省不同县市的城乡发展经验和问题，在此基础上探索了浙江省城乡耦合模式及实现路径。

1.3.3 研究方法

（1）文献阅读与社会调研相结合。"城乡关系"一直是学界研究的热点和重点，近些年大量不同学科的学者对中国的乡村振兴与新型城镇化两大战略分别进行了广泛研究，对前人相关研究进行查阅与梳理是本书研究构建框架和实证分析的基础。借助校内外图书馆以及中国知网各种文献资源，并利用寒暑假对江苏、浙江做问卷调研，对具有典型性的案例地区进行了深入的研究与思考，获取了翔实的数据和资料，为典型模式总结打下坚实的基础。

（2）典型案例分析方法。在乡村振兴与新型城镇化战略耦合模式方面，一些呈现出明显的区域经济特色、产业集群发达的东部沿海地区，如江苏、浙江与上海，已经出现了一些好的做法和模式。对这些地区进行深入的案例分析，总结这些地区的经验做法，提炼其模式，探索其路径，将为我国其他地区推进乡村振兴与新型城镇化战略耦合机制上提供非常好的实践借鉴与参考。

（3）计量分析方法。本书所运用的计量方法主要包括熵值法、耦合协调度模型、空间杜宾模型、门槛模型、中介效应等。运用熵值法测度了乡村振兴与新型城镇化的综合指数；利用耦合协调模型测度了乡村振兴与新型城镇化及各系统层级之间的耦合协调程度；运用门槛模型、中介效应与空间杜宾模型对乡村振兴与新型城镇化战略耦合的效应结果进行了分析。

（4）注重地理学空间分析方法的应用。本书在分析乡村振兴与新型城镇化战略耦合过程中充分利用了一些具有地理学特色的分析指标，例如耦合协调度、Moran's I 指数等。借助 ARCGIS 对乡村振兴与新型城镇化的分析结果进行可视化处理，以表格形式使得研究结果更加直观。考虑到空间自相关性对模型结果可能存在影响，采用空间杜宾、空间马尔可夫等方法避免了传统数理统计模型对空间自相关性的忽视。

1.4　研究创新点

1.4.1　多层次探讨了乡村振兴与新型城镇化的内在机理

乡村振兴与新型城镇化存在密不可分的关系，两者之间是"你中有我，我中有你"的协同关系，但现有研究更多停留在表层的互动关系，并没有就两者之间的内在逻辑关系予以深入剖析，并在此基础之上对两者的协调互动发展提出有效的学理建议。本书通过回顾城乡相关理论，对城乡理论的延伸方向和启示进行了总结，从乡村振兴与新型城镇化的内涵出发，探讨了乡村振兴与新型城镇化的战略耦合机理，解决了以往研究整体性和方向性不足的问题，实现对当前乡村振兴与新型城镇化战略耦合相关理论研究的重要补充。

1.4.2　多尺度重构了乡村振兴与新型城镇化的指标体系

在不同空间尺度重构了乡村振兴与新型城镇化的指标体系，完善了现有研究指标测度方面的缺失。本书系统地运用了多维空间尺度分别测算了乡村振兴与新型城镇化的耦合协调发展情况。对乡村振兴与新型城镇化的指标体系进行了多个空间尺度的构建和完善，现有研究对全国省级和部分地区地级市乡村振兴与新型城镇化的指标体系构建均有涉及，但大多采用统计公报以及调研的数据，系统地构建不同空间尺度下的指标体系，尤其是全国地级市和县域层面还存在很大的缺失，本书在数据可获取的情况下构建了全国省级、市域、浙江县域等多个空间尺度的乡村振兴与新型城镇化指标体系，以验证不同情形下两大战略的耦合机制及效应分析等，填补了乡村振兴与新型城镇化战略耦合的实证研究因为数据方面的不足。

1.4.3　多维度探讨了乡村振兴与新型城镇化战略耦合的效应与机制

在不同维度下探讨了乡村振兴与新型城镇化战略耦合的格局、效应及推进机制，创新性地开创了城乡理论分析和研究框架。本书除了在省级层面对乡村振兴与新型城镇化的战略耦合机理、驱动机理进行了分析，同时也从地级市层面对乡村振兴与新型城镇化战略耦合带来的产业结构优化效应、绿色低碳的生态效应、减贫增收的经济效应进行了总结，目前学者关于两大战略的耦合研究还是集中于耦合过程与驱动机制分析，但是关于两大战略耦合究竟能带来什么结果还鲜有人进行研究，乡村振兴与新型城镇化的战略耦合最终能为社会带来什么效应也至关重要。乡村振兴与新型城镇化的推进机制也要从整合推进的视角出发，把握好政府、农民与市场的关系，形成全社会多主体、多力量、多机制的介入与协同，整合出多主体协同治理的运作系统，以扩充以往文献中普遍的单向治理研究现状。

1.4.4　多途径总结了乡村振兴与新型城镇化战略耦合的经验模式

现有文献对国外发达国家乡村的发展案例做了较为充分的研究，包含日本的造村运动、韩国的新村建设，还有西方国家如英国、法国、美国等早期的农村改革等。国外经典案例可以给国内理论研究以一定的启示，但由于国情的差异对于外国发展路径的复制效仿存在合理性论证问题。部分学者对我国局部地区做了一定的实证分析，但多以零散的县或村为研究对象，在我国幅员辽阔、区域差异较大的背景下，零散较小的研究样本存在研究结论的可靠性与偶发性问题，难以为乡村振兴与新型城镇化的战略耦合提供有效参考。本书在思考现有文献及案例的基础上，通过对长三角典型区域内的实地调研和实证研究，在四种城乡关系背景下对苏南模式、温州模式、安吉模式以及上海郊区模式进行了归纳，总结出了后期可推广的符合中国特色的经验及模式，并且针对性地在浙江省展开调查研究对前面的耦合模式进行了验证，为我国当前其他地区的城乡关系研究提供借鉴与参考。

1.5　研究展望

1.5.1　乡村振兴与新型城镇化的测度有待优化

关于乡村振兴与新型城镇化的测度，学术界对于新型城镇化的测度已经有许多文献可供支撑，但是关于乡村振兴的测度还是停留在省级层面较多并且大多采用统计公报以及调研的数据。本书虽然对乡村振兴与新型城镇化的指标体系在省级层面、地级市层面还有县级层面均进行了构建，但是在统计年鉴的基础上地级市和县域层面数据相较于省级层面的指标确实缺失很多，不同地区的数据完整性也不尽相同。因此，在无法改变区域统计数据的基础上，可以在乡村振兴内涵的界定下寻找更为简化但是具有表征意义的量化指标及测度方式，例如采用网络大数据、田野调查、乡村振兴智库等，从而能够为乡村振兴与新型城镇化的指标体系构建在不同尺度层面形成完整相同的体系，在更为精细的空间尺度进行格局分析。

1.5.2 乡村振兴与新型城镇化的相互关系有待深入

目前对乡村振兴与新型城镇化的相互关系研究主要是用耦合协调度模型、空间联立方程模型，探讨乡村振兴与新型城镇化的耦合协调关系以及空间交互关系。但是乡村振兴与新型城镇化是一个复杂的涉及人口、资本、土地、产业等各种要素的系统，因此关于乡村振兴与新型城镇化的相互关系可以继续深入下去，目前学者采取最多的还是耦合协调度模型，但是乡村振兴与新型城镇化内涵丰富，可以从多维度入手深入探讨两大系统之间的关系。

1.5.3 乡村振兴与新型城镇化的机制研究有待深化

关于乡村振兴与新型城镇化的战略耦合机理、城乡交互影响机理、不同尺度下的战略耦合机制本书均进行了分析，但是仍有不够深入的地方，关于乡村振兴与新型城镇化的耦合机制基于不同视角、不同维度需要进一步探讨。关于乡村振兴与新型城镇化战略耦合的推进机制主体有政府、企业、农民，"三农问题"一直备受关注，产业、民生、社会保障等相关政策也很多，对乡村振兴与新型城镇化的发展也产生了重要影响。因此，政策对于乡村振兴与新型城镇化战略耦合的影响机制也需要进一步梳理，构建一个涵盖乡村振兴、城镇发展的相关政策，农民、企业等相关主体的全方位政策体系，从各个主体、地域的利益出发探讨政策的影响机制和影响效应，寻求各个层面、各方主体的利益诉求以及选择。

1.5.4 乡村振兴与新型城镇化的案例区域选择有待拓展

本书对于典型案例区的选取范围主要以长三角地区为主，大多集中在东部地区，没有拓展到中西部县市。长三角作为中国经济最发达的地区之一，其城乡发展进程已经到了加快推进城乡融合发展阶段，因此长三角乡村振兴与新型城镇化战略耦合的经验对中国未来城乡发展具有一定的引领效应，"长三角一体化"也上升为国家战略。尽管如此，但是本书在研究区域选择时受制于数据的可获得性以及本书相关课题调研存在的实际困难，还是以城乡发展模式比较好的苏浙沪部分县市为例，缺少安徽的案例区域研究，2019年发布的《长江三角洲区域一体化发展规划纲要》中安徽也已进入长三角一体化进程中。因此，今后的研究可以在苏浙沪皖分别选择一个典型案例区，结合以上海青浦、江苏吴江、浙江嘉善为长三角生态绿色一体化发展示范区的研究，进一步提升微观层面实证研究的科学性。

1.6 研究思路

城乡关系发展至今，中央关于城乡发展提出了一系列相关战略举措，城乡关系也一直是中国最重要的学术和现实问题之一。尤其是新型城镇化和乡村振兴战略相继提出后，全国各地的乡村振兴与新型城镇化发展如何、区域间差异是否明显、城乡差距是否突出？在乡村振兴与新型城镇化两大战略相结合后究竟能够带来什么效应应该是学界未来重点讨论的方向，典型案例区在推进乡村振兴与新型城镇化战略耦合时有哪些经验可以效仿、哪些问题需要注意，以及不同主体、不同尺度下如何推进乡村振兴与新型城镇化战略耦合也是研究的重点所在。基于以上问题考虑，本书的研究思路如下。

第一部分，乡村振兴与新型城镇化的理论分析。基于乡村振兴与新型城镇化相关概念及研究进展的梳理，发现前人研究的不足及需要改进的地方，为本书进一步研究提供方向。通过回顾城乡相关理论，对城乡理论的延伸方向和启示进行了总结，通过探讨乡村振兴与新型城镇化的战略耦合与城乡交互影响机理，为后面的相关研究奠定了理论基础。通过分析多尺度下乡村振兴与新型城镇化的战略耦合机制，为不同尺度下的推进机制奠定基础。

第二部分，乡村振兴与新型城镇化战略耦合的格局与效应分析。从全国省级层面、地级市到长三角县域均构建了乡村振兴与新型城镇化的指标体系，对全国各地乡村振兴与新型城镇化发展情况进行了评价，还对乡村振兴与新型城镇化耦合协调度的区域性差异、动态演化特征以及驱动机理也进行了总结。并且探讨了乡村振兴与新型城镇化战略耦合能带来什么效应结果，基于乡村振兴与新型城镇化的内涵维度，本书尝试从产业结构的优化效应、绿色环保的生态效应、减贫增收的经济效应入手，结合前文理论部分针对关键问题的论述，为推进乡村振兴与新型城镇化的战略耦合提供了方向指导及实践依据。

第三部分，模式与典型案例分析。比较分析长三角县域典型区域的城乡耦合模式，在四种不同城乡关系背景下给出了对应的实现路径，并且通过对浙江省的调查研究进一步验证了城乡耦合模式及实现路径，为全国其他区域推进乡村振兴与新型城镇化战略耦合提供借鉴价值。在主体分析部分和典型区域模式借鉴的基础上，围绕整个理论体系与逻辑框架，进一步从不同主体、不同尺度以及长三角城乡耦合的经验与示范效应，探析乡村振兴与新型城镇化战略耦合的推进机制，为全国不同层级，城乡不同发展现状推进乡村振兴与新型城镇化的战略耦合提供理论依据与实践经验。依据以上研究思路，本书的技术路线如图 1-2 所示。

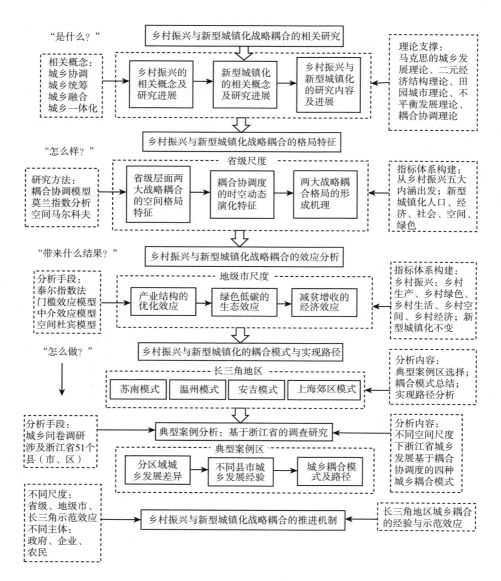

图 1 - 2　技术路线

第2章　乡村振兴与新型城镇化研究进展

基于现有的研究背景，本章从本书的研究主题出发，对乡村振兴与新型城镇化的相关概念及研究进展进行了梳理，通过回顾乡村振兴与新型城镇化的内涵、测度、实现路径等相关研究，寻找乡村振兴与新型城镇化研究的结合点。通过对城乡相关概念的辨析引出"城乡关系"的更深层次研究——乡村振兴与新型城镇化的战略耦合，指出了现有研究的不足与改进之处，最终为更进一步实证研究乡村振兴与新型城镇化的战略耦合提供方向。

2.1　乡村振兴的研究

乡村振兴相关研究视角、主要内容及代表性文献如表2-1所示。

表2-1　　　　乡村振兴相关研究视角、主要内容及代表性文献

研究视角	主要内容	代表性文献
乡村振兴的相关概念	2017年党的十九大报告提出，七大战略之一；社会主义新农村建设、美丽乡村建设	陈秧分，2018；高岳峰，2014；张晶，2020；吴理财，2014
乡村振兴的内涵及理论探讨	在经典的二元结构理论下，乡村振兴战略的提出是为了破解城乡二元格局；乡村振兴战略作为乡村衰落困境破局的着力点；乡村振兴战略是中央提出的对过去"三农"问题相关政策的集大成者	Woods，2010；Schultz，1966；沈费伟，2018；陈龙，2018；姜德波，2018；贺雪峰，2018；文丰安，2018；丁忠兵，2018

续表

研究视角	主要内容	代表性文献
乡村振兴的测度	乡村振兴战略规划出来后，按照乡村振兴战略"二十字"方针要求；在规划出来前乡村振兴战略提出后，国内已有学者基于乡村振兴实践调研的数据构建乡村振兴指标体系；在"乡村振兴战略"提出前已经开始用乡村性来测度乡村吸引力	闫周府，2019；毛锦凰，2020；廖文梅，2020；贾晋，2018；韦家华，2018；张挺，2018；张荣天，2013；邵子南，2015；张小林，2017；李红波，2020；杨山，2011；李静，2018；吴九兴，2020
乡村振兴的实现路径	农民的主体地位：乡村振兴的前提；政府的大力支持：乡村振兴的关键；法律制度的完善：乡村振兴的保障。人力资本、产业振兴、乡村空间治理	沈费伟，2016；刘合光，2018；余侃华，2016；陈学云，2018；周立，2018；安晓明，2020；李志龙，2019；戈大专，2019；郭远智，2021；李小建，2021
乡村振兴的研究焦点	21世纪前：乡村振兴的结构功能、政治经济、社会建设；21世纪后：开始研究信息化对乡村振兴的影响；研究主题主要落脚于城乡关系、乡村景观重塑、乡村社区、精准扶贫等相关研究	Tropman，1968；Mormont，1987；Grimes，2000；Madsen，2004；Audas，2004；Toski，1998；Howell，2001；张英男，2019；何仁伟，2018；刘彦随，2018；Inayatullah，1979；郭远智，2019；文琦，2020

资料来源：笔者根据文献综述内容自行整理。

从19世纪后半叶开始，西方国家工业化就为城市带来了历史性的发展机遇，城市规模、数量均有了很大的提高，城市经济活动也日益兴盛，但是乡村发展却很缓慢，加上乡村的人口、土地、资源等向城市集聚更加重了乡村的衰败。国外乡村振兴的兴起起源于第二次世界大战带来的经济危机，各国在对城市重新建设、振兴城市经济过程中发现乡村建设与经济也需要恢复，人们开始对以城市建设为核心的发展模式产生怀疑。国内对于乡村振兴的研究可追溯至对新农村建设、美丽乡村建设的相关文献研究，并在党的十九大报告提出"乡村振兴战略"之后达到研究高峰。国内外现有研究主要从乡村振兴的内涵及理论探讨、指标体系构建、实现路径、研究焦点以及对城乡关系的启示等方面进行阐述。

2.1.1 乡村振兴相关概念

2.1.1.1 乡村振兴战略的发展

关于"乡村振兴"一词首次官方提出是在2017年党的十九大报告中，对乡村振兴明确指出了五大要求"产业兴旺、生态宜居、乡风文明、治理有效、生活富裕"，并且对"乡村振兴"战略实施做出了重大决策部署，随后乡村振兴战略被作为七大战略之一写入了党章，标志着乡村振兴战略作为推动农村发展的国家战略，是新时代开展"三农"工作、解决"三农"问题的重要抓手（陈秧分等，2018）。纵观国家对乡村振兴战略的重视主要体现如表 2 – 2 所示：2017 年，中央农村工作会议首次指明了乡村振兴的发展目标，即要让农业有奔头、让农民这个职业有吸引力、让农村成为安居乐业的美丽家园；2018 年初中央又对乡村振兴战略的总体要求明确了"产业兴旺、生态宜居、乡风文明、治理有效、生活富裕"的具体实施方针；2018 年 9 月，《乡村振兴战略规划（2018 ~ 2022 年）》正式印发给各地区各部门，并且要求认真贯彻落实；2021 年中央一号文件如期发布，并且是 21 世纪以来第十八个关于"三农"工作指导的相关文件；同年 2 月，乡村振兴局正式挂牌，直属于国务院；同年 3 月，关于脱贫攻坚与乡村振兴有效衔接的问题，中共中央、国务院也给出了具体意见，作为巩固脱贫攻坚成果的重要战略，乡村振兴战略实施还有很长的路需要走。

表 2 – 2　　　　　　　　　　关于推进乡村振兴战略的相关举措

时间	具体措施
2017 年 10 月 8 日	党的十九大报告中首次做出了"实施乡村振兴战略"的重大决策部署，并且作为七大战略之一写入党章
2017 年 12 月	中央农村工作会议首次提出了"走中国特色社会主义乡村振兴道路，让农业成为有奔头的产业，让农民成为有吸引力的职业，让农村成为安居乐业的美丽家园"
2018 年 3 月 5 日	国务院总理李克强在《政府工作报告》中讲道，大力实施乡村振兴战略
2018 年 9 月	中共中央、国务院印发了《乡村振兴战略规划（2018 ~ 2022 年）》，并发出通知，要求各地区各部门结合实际认真贯彻落实
2021 年 2 月 21 日	《中共中央　国务院关于全面推进乡村振兴加快农业农村现代化的意见》，即中央一号文件发布
2021 年 2 月 5 日	国务院直属机构国家乡村振兴局正式挂牌
2021 年 3 月	中共中央、国务院发布了《关于实现巩固拓展脱贫攻坚成果同乡村振兴有效衔接的意见》，提出重点工作
2021 年 4 月 29 日	十三届全国人大常委会第二十八次会议表决通过《中华人民共和国乡村振兴促进法》，该法律自 2021 年 6 月 1 日起施行
2021 年 5 月 18 日	司法部印发了《"乡村振兴　法治同行"活动方案》

资料来源：笔者根据相关内容自行整理。

2.1.1.2 相关概念界定

与乡村振兴概念相关的有"社会主义新农村建设"和"美丽乡村建设"。"社会主义新农村建设"自20世纪50年代就有过类似的提法，但是在党的十六届五中全会上被官方首次提出，那时的中国已经有了丰富的新农村建设实践和经验（高岳峰，2014）。"社会主义新农村建设"初衷是中华人民共和国成立初期百废待兴，为了扭转旧中国遗留下来的农业问题、农村衰败现象而提出的道路选择，自此也拉开了乡村复兴的序幕、开启了新中国农村范围内的大规模重建工程，从中华人民共和国成立初期就开始了以土地改革为重要任务的社会主义新农村建设。它是在中国共产党的领导下以农村政策思想为指导而展开的政治、经济、文化、社会等方面的乡村建设；到改革开放时期的"社会主义新农村建设"主要是以农村土地经营制度的改革为核心任务的新农村建设，以家庭联产承包责任制调动了农民农业生产的积极性，激发了农村的活力；进入21世纪以来的农村、农民均发生了很大的变化，农村生活环境逐渐改善、农民进城务工，呈现出许多新的特征。自从2005年党的十六届五中全会首次对"社会主义新农村建设"提出了明确要求和任务规划、明确了建设社会主义新农村的重大举措，社会主义新农村建设在全国范围内如火如荼地开展。2006年又取消农业税，农民的生活发生了翻天覆地的变化；直到2017年党的十九大提出了"乡村振兴战略"代替了原有的乡村政策，新一轮乡村建设就此铺开。

"美丽乡村建设"作为"社会主义新农村建设"的升级版，是在中共第十六届五中全会上被首次提出，并且给出了"美丽乡村建设"的具体要求：生产发展、生活宽裕、乡风文明、村容整洁、管理民主等（张晶，2020）。随后"美丽乡村"创建活动也在2013年正式启动，2014年官方还发布了"美丽乡村建设十大模式"①，为其他地区美丽乡村建设提供参考样板。安吉就是其中典型模式之一，从2008年提出以生态立县，不到十年的时间就被誉

---

① 产业发展型、生态保护型、城郊集约型、社会综治型、文化传承型、渔业开发型、草原牧场型、环境整治型、休闲旅游型、高效农业型。

为"中国新农村建设的鲜活样本""社会主义新农村建设实践和创新的典范"（吴理财和吴孔凡，2014）。"美丽乡村建设"以浙江安吉作为样板模式，在浙江省如火如荼地展开，浙江省也成为美丽乡村建设的代表性省份之一。

2.1.2　乡村振兴的内涵及理论探讨

关于乡村振兴的内涵及理论探讨，国外学者从地理学、社会学、经济学、政治学等不同学科进行了论证。乡村地理学最为流行，乡村地理学的关注点则在乡村空间，乡村振兴最关键的就是要重新规划乡村所在空间，具体来说就是要重塑乡村区域、乡村表征和乡村生活这三个层面的地理空间，最终达到乡村振兴的目的。他们对乡村振兴的研究主要聚焦于乡村空间规划、乡村景观设计、乡村土地利用等。他们把乡村振兴定义为"塑造乡村地区空间、景观、环境等地理现象的社会经济过程"（Woods，2010）。乡村社会学主要研究乡村居民的社会生活、社会关系、社会结构和社会变迁。他们认为，乡村振兴是一个复杂的社会问题，必将牵扯到经济社会中的各种现象和问题，意味着要解决乡村生活中的各种问题要通过捕捉、抽象等手段提炼乡村社会各个层面的问题。因此，乡村振兴不仅包括乡村经济、社会、制度在组织形式结构上的变化，也包括乡村不同社会部门的演变（Kiss，2000）。乡村经济学在西方学界通常被等同于农业经济学，乡村经济学的学者将乡村振兴与农业经济复兴画等号。乡村经济学者强调农业发达对乡村振兴的重要性，他们认为乡村振兴的实质就是乡村实现现代化、构建一个发达的农业体系，农业发达也是国民经济增长的重要组成部分（Schultz，1966）。乡村政治学把乡村振兴看成一个政治问题，乡村政治学学者认为，乡村社会的复兴是政府与人民共同作用的结果（沈费伟和刘祖云，2018），不仅需要政府的政策制定，也需要乡村居民参与到乡村振兴中，作为参与主体来推动乡村经济社会的复兴。

国内学者对乡村振兴的理论探讨，主要是对乡村振兴战略的提出追根溯源，是对中央过去提出的"三农"问题相关政策的集大成者，作为乡村衰落困境破局的着力点，是破解城乡二元格局的重要抓手。具体如下：第一种观点认为，乡村振兴战略的提出追根溯源是因为中国城乡二元结构问题突出，农村发展滞后、农业基础不稳、农民收入较低，城市与乡村之间的差距呈扩大趋势。因此，乡村振兴战略作为破解城乡二元格局的重要抓手，是化解新时代主要矛盾的必然选择，最终都是为了打破乡村衰落的局面，实现社会主义现代化强国的目标（陈龙，2018；姜德波和彭程，2018）。第二种观点是把乡村振兴战略作为乡村衰落困境破局的着力点，针对农村人口结构失衡、农业发展滞后、农村传统文化衰落等现象提出的乡村振兴战略，为了改变乡村社会治理的困境、改善农村生态环境，尤其是中西部地区农村和农民的比例都很高，要为这些留守在农村的农民提高生产生活的保障（贺雪峰，2018；文丰安，2018）。第三种观点是乡村振兴战略是中央提出的对过去"三农"问题相关政策的集大成者，从社会主义新农村建设到美丽乡村建设，乡村振兴战略作为解决"三农"问题的新思路，是对过去乡村发展战略思想的总结与升华，最终都是为了实现农村现代化、建立城乡融合发展体制机制（王亚华和苏毅清，2017）。归根到底乡村振兴战略作为"三农"工作提档升级的内在动力，主要是为了破解新时期"三农"工作的主要矛盾（丁忠兵，2018）。因此，乡村振兴战略的重心工作还是保证农业农村的优先发展，由过去重视农业到对整个乡村地域的关注，为农业转型升级提供了发展契机。

2.1.3 乡村振兴的测度

关于乡村振兴的测度，虽然方式各有不同，但是学者一致认为乡村振兴不是一个简单的单一指标能衡量的，而是需要构建一套复杂的指标体系来综合评价。国内学者在关于乡村振兴指标体系构建上主要分为三种：第一种是在乡村振兴战略规划出来后，按照乡村振兴战略"二十字"方针要求，充分发挥规划的引领作用，构建了一套更加全面、科学、可操作的评价指标体系（闫周府和吴方卫，2019）。后面许多学者在此基础上沿用了这一套指标体系（毛锦凰和王林涛，2020；廖文梅等，2020）。第二种是在规划出来前、乡村振兴战略提出后，国内已经有学者尝试构建乡村振兴指标体系，在西南财经大学团队理论构建的"六化四率三治三风三维"的指标体系基础上加以改进（贾晋等，2018；韦家华和连漪，2018）。还有学者基于乡村振兴实践调研，

根据国家农业现代化标准、国家建设小康社会指标体系和乡村建设实际情况
构建了一套十分翔实的包含 44 个指标的乡村振兴评价指标体系（张挺等，
2018）。虽然前面两种研究的指标体系构建全面丰富，但是大多是基于省级
尺度或者是基于乡村振兴实践调研的数据，从数据获得性上来说调研数据获
取较为困难很难普适化，从数据时间上来看大多是只有一年的截面数据，无
法全面地研究中国乡村振兴发展演变过程。第三种关于乡村振兴指标体系构
建在"乡村振兴战略"提出前就已经开始进行，最开始学者更多的是用乡村
性来测度乡村吸引力（张荣天等，2013；章明卓等，2014；邵子南等，2015），
还有较为普遍的是构建乡村发展、乡村系统、乡村韧性指标体系（李智等，
2017；李红波等，2020；周蕾等，2011）。地理学视角较多地从乡村地域系
统、乡村转型来构建指标体系（李平星等，2015；黄丽娟和马晓冬，2018；
李静等，2018）。这一类指标体系的构建虽然没有前面两者的丰富，但是研
究尺度多为县域层面，对于区域乡村振兴的研究具有参考价值，并且为后面
县域层面构建乡村振兴指标体系提供了一定的借鉴意义。近几年关于乡村振
兴的指标体系研究尺度更加细化，研究区域更加具体。地级市层面，由于全
国地级市行政区划调整较多，且有部分地区数据缺失严重，因此基于数据的
可获得性、完整性和连续性，从全国层面测度地级市乡村振兴的不多，大多
还是集中在某一区域进行乡村振兴综合评价，并且对乡风文明、治理有效、
生态宜居等基本评价指标作了相应的调整（吴九兴和黄贤金，2020；陈俊梁
等，2020；孟毅和禤冰，2021；兰芳等，2021）。

2.1.4　乡村振兴的实现路径

国外关于乡村振兴的实现路径主要从农民、政府、法律三个方面展开。
农民的主体地位是不可动摇的，这是乡村振兴的前提。从乡村振兴的典型模
式日本造村运动到美国乡村小城镇建设再到瑞士乡村建设计划，均突出了调
动农民积极性和自主性、体现农民群体的意志和为农民服务的重要性（沈费
伟和肖泽干，2016）；政府的大力支持也是乡村振兴的关键所在，尤其是农
业农村处于弱势地位，政府除了政策上的支持还应该进行农业补贴，除此之外

农村基础设施建设也很重要，有利于农民更好地开展农业生产活动；法律制度的完善是乡村振兴的保障，国外乡村方面的法律体系起步更早，从日本的《农林渔业金融公库法》到德国的《土地整理法》再到加拿大的《农村协作伙伴计划》等都规定了乡村发展的长远目标、具体方式与实现途径（沈费伟和刘祖云，2016），中国到 2021 年才通过《中华人民共和国乡村振兴促进法》，还有很大的提升空间。

国内关于乡村振兴的实现路径，可以概括为人力资本、产业振兴、空间治理三个视角。从人力资本出发，农民工返乡创业可以拉动当地经济的发展，吸引更多的人才、资本等资源要素流入乡村，建立农民长效增收的机制，从而实现乡村振兴（刘志阳和李斌，2017）。政府、农民、企业等各个主体在乡村振兴战略实施中要各司其职，乡村振兴战略的落实需要激活各参与主体的积极性，充分协作、共同努力（刘合光，2018）。尤其是乡村全面振兴需要多主体全方位参与，包括地方政府的主导以及地方企业、农民、民间组织等"利益相关者"，实现"多元共治"的局面。在构建多元主体共同参与的同时，要形成乡村善治的格局，通过搭建精英平台吸引人才回流，构建常态化的人才吸纳机制，让乡村振兴有人才的推动（张娟娟和丁亮，2019）。乡村振兴的时代需求要满足人本导向论，以农民的需求作为着眼点，按照"人才—技术—乡村"的逻辑展开作为乡村振兴新路径，把乡村发展纳入规划研究的范畴（余侃华等，2016）。

产业振兴方面，主要是要解决产业发展滞后的问题，尤其是农村一二三产业的融合对于乡村振兴具有推动作用，是乡村振兴的必然和可行路径。通过产业融合可以开发农业的多功能性，实现农业价值增值效应，推动乡村产业振兴政策的实施（陈学云和程长明，2018；周立等，2018）。通过构建乡村产业国内国际双循环形成"六化"（多元化、特色化、绿色化、共享化、数字化、优质化）的发展格局，最终实现乡村产业现代化的目标（安晓明，2020）。通过城乡要素的均衡配置推动城乡一二三产业融合发展，构建乡村现代化产业体系。乡村产业振兴的落脚点在于乡村产业转型方面，从传统农耕型到现代市场型再到城郊休闲型，较多的研究是关于乡村发展旅游业对乡村振兴的推动作用，这也是现如今许多农村较多采取的方式之一（李志龙，

2019；王超超等，2016；戈大专等，2019）。

　　乡村空间治理方面也是近些年的一个热点，随着城镇化的进程进入提质增效阶段，城乡人口布局已经发生重大变动，顺应人口布局变动推进城乡空间重组与治理重构是实现乡村振兴的一项基础性工作。比如山东的"合村并居"、江苏的"相对集中居住"和陕西的"易地扶贫搬迁"等典型模式（陈明，2021）。但较多的是从特色小镇与美丽乡村案例入手考察乡村地域空间重构来振兴乡村的研究（王景新和支晓娟，2018），中国地大物博，地区差异也很明显，有学者基于乡镇尺度对中国乡村地域系统划分了不同地域类型，并且根据不同乡村地域系统的发展现状、动力来源和发展方向给出了不同的乡村振兴建议（郭远智和刘彦随，2021）。乡村空间治理方面的问题主要还是来自人地关系问题，自从吴传钧先生 20 世纪 80 年代提出人地关系地域系统后，关于人地关系的研究一直不断，现在许多学者认为乡村衰退的根本原因是人地关系发展滞后于社会经济发展过程的结果。因此，近些年关于乡村聚落对乡村振兴的作用研究也越来越多，乡村聚落作为乡村人口的聚集地，是乡村人口社会经济活动的场所，是调整乡村人地关系的核心和重要抓手，对乡村振兴至关重要（李小建等，2021）。

2.1.5　乡村振兴的研究焦点

　　国外关于乡村振兴研究的起步较早，21 世纪前从乡村振兴的结构功能、政治经济、社会建设研究视角展开。20 世纪 70 年代以前的国外学者主要从结构功能视角研究乡村社会结构，乡村和城镇各司其职，乡村的功能主要是维持乡村生态环境、促进农产品供给，城镇的功能则是生产商业用品，因此乡村振兴的第一要义是恢复农业生产价值（Tropman，1968）。20 世纪 80 年代后，关于发展中国家的农业经济问题学者研究较多，开始提出"持续农业"的思想。这种以农业经济为主导，同时引入政治经济思想的乡村振兴模式开始得到大力开展，拓展了乡村振兴相关研究的脉络（Mormont，1987）。20 世纪 90 年代后，国外乡村学者关于乡村振兴的研究进一步拓展，不再局限于过去聚焦于乡村经济、社会、文化、生态等领域，逐渐与乡村性、乡村空间、乡村生活等相关联，并且将乡村社会、文化、道德等价值观方面纳入乡村振兴研究中去（Grimes，2000）。21 世纪以来，随着互联网等信息技术的迅速发展，也有学者开始研究信息化对乡村振兴的影响，大部分都认可信息技术的发展能够提高乡村居民的知识素养，通过互联网增加他们了解外面的渠道，逐步缩小城乡差距（Madsen and Adriansen，2004）。国内学者借鉴了国外发达国家和地区的经验，信息时代下的乡村振兴要通过智慧农村的建设创新乡村发展模式，将信息技术融入农村改革中，在多方试点下注重乡村基础设施的完善、推动农民参与到智慧农村建设中去，实现智慧农村的又好又快发展（李先军，2017）。

关于乡村振兴的研究主题主要落脚于城乡关系、乡村景观重塑、乡村社区、精准扶贫等方面。学者对城乡关系进行了研究，发现城乡界限逐渐模糊，空间范围上开始有交叉，经济社会联系更加紧密，一致认为城乡关系不再是过去那种对立的关系（Kalina et al.，1999）。还有学者对城乡分界点进行了评估，用实证结果证明了乡村与城市之间不存在明显的分界点（Murata and Yasusada，2002）。关于城乡人口迁移也是国内外学者的研究热点，基于加拿大城乡人口迁移调查，探讨了城乡人口迁移的影响因子（Audas and Mcdonald，2004）。从城乡对立到城乡协调是学者研究的趋势，关于城乡关系协调的研究有学者从乡村多样化、经济转型等角度进行了探讨（Toski，1998）。并且对城乡制度创新进行了讨论，主要是基于乡村危机与乡村社会变迁的角度（Howell，2001）。发展中国家乡村振兴的最终目的还是破解城乡二元结构矛盾，因此国内近年来关于乡村振兴与城乡关系的研究很多，随着"乡村振兴战略"的提出，中国城乡关系已经进入变革时期，乡村发展也进入了提档加速转型的关键时期。因此通过梳理中国城乡关系的演变以及不同时期的对策，对乡村振兴战略落地、缩小城乡差距、调整优化城乡布局具有启示性的意义（张英男等，2019）。除了人、地、钱、业是乡村振兴的关键，还有以城乡融合体、乡村综合体、村镇有机体、居业协同体"四体为一"的系统来推动乡村振兴的目标实现（何仁伟，2018；刘彦随，2018）。关于乡村景观重塑主要是从乡村地理学的角度出发，乡村景观重塑作为乡村振兴的重要实现路径，这种乡村景观规划的概念最早是由西蒙兹和刘易斯等人提出来的。

后来逐渐盛行，主要从物质景观和文化景观方面入手（Naveh，1995），需要协调好自然与人文景观的和谐，尤其是历史建筑、传统风貌、村落独特的文化等（Ruda，1998），国内关于乡村聚落空间的研究也类似这种乡村景观重塑。

由于不同的国情，国外关于乡村社区发展的研究较多，从弗里德曼和道格拉斯（Friedman and Douglass）最早提出乡村社区发展思想开始，后来弗里德曼和韦弗又对这一思想进行了修正。乡村社区的作用主要在于能够集中科学地传授农业生产技术，提高农业生产效率，并且带动乡村非农产业发展（Inayatullah et al.，1979）。而国内自从 2013 年习近平总书记在湖南湘西考察时提到"精准扶贫"，"精准扶贫"就成为学界热议的关键词。精准扶贫是 2015 年提出的，计划时间到 2020 年；乡村振兴是 2017 年提出的，计划时间到 2050 年。关于两者如何有机衔接许多学者进行了研究。精准扶贫是为了弥补乡村振兴的短板，而乡村振兴可以巩固脱贫攻坚的成果，二者互为基础和保障（郭远智等，2019；王永生等，2020）。

2.1.6　研究述评

国外对于乡村振兴的研究，更多的是用"乡村复兴"这一词，相较于中国起步较早，经典理论较多，乡村经济学、地理学、社会学、政治学等不同学科对乡村振兴的内涵、依据、实现、主题聚焦等从不同视角均进行了展开，形成了比较全面的研究体系和论点。反观国内，经过文献梳理发现，由于"乡村振兴战略"提出的时间较晚，现在学界关于"乡村振兴战略"的主题研究基本上从 2018 年开始，并且一开始还是以理论探讨为主，但是与乡村振兴相关的学理性阐释还是较为缺乏；近三年关于乡村振兴的定量分析越来越多，但是在指标体系构建上基于省级尺度或者是基于乡村振兴实践调研的居多，乡村振兴的落脚点还是尺度越细越好，尤其是目前关于县域乡村振兴的有关研究还不够完善；由于县域尺度甚至村镇级尺度乡村振兴的许多数据获取难度较大，现在学者通过实地调研的方法对乡村振兴相关案例分析的很多，这种方法一定程度上能够弥补统计年鉴上数据的缺失，但是由于区域尺度比较细化，通常集中在某地区某一个村庄，不同地区的发展差异较大，对其他地区的借鉴意义还有待进一步思考。虽然国外关于乡村振兴的研究起步早、体系完善，对中国乡村振兴的研究也有一定的启示意义，尤其是关于乡村振兴的案例分析等国外已形成许多典型模式，但是国内外乡村发展的差异较大、国情也相差很大，因此在借鉴时需要基于乡村振兴理论研究进行辨别，不能全盘接受。

2.2 新型城镇化的研究

新型城镇化相关研究视角、主要内容及代表性文献如表2-3所示。

表2-3　　　　新型城镇化相关研究视角、主要内容和代表性文献

研究视角	主要内容	代表性文献
新型城镇化的相关概念	国外使用城市化的概念，国内使用城镇化；城镇化：一个农村人口迁移、产业结构升级、生活方式由农式向城式转变的过程	相关理论：区位理论（Thünen，1826；Weber，1909）、城乡二元结构理论（Lewis，1954；Tordaro，1969）、非均衡增长理论（Perroux，1950；Hirsthman，1958）、人口迁移理论（Clark，1940）、核心—外围理论（Friedmann，1964）
新型城镇化的内涵研究	新型城镇化的核心：人口城镇化；发展方向：走集约、智能、绿色、低碳的道路	Pedersen，1970；Friedman，1966；Berliner，1977；Sutcliffe，1985；Fox，2012；方创琳，2019；欧阳慧，2021
新型城镇化的测度	单一指标：人口城镇化率；综合指标：规划出来后，参照《国家新型城镇化规划2014～2020年》上的指标体系构建；规划出来前，已有关于城镇化质量指标体系	余江，2018；吕丹，2014；王新越，2014；杨庆媛，2015；陆大道，2009；陈明，2013；魏后凯，2013；王德利，2018；龚志冬，2019
新型城镇化的动力机制	主体视角：自上而下型——政府主导、自下而上型——民间力量；动力来源：内生动力、外生动力机制；产业结构转换动力机制	Gottmann，1957；费景汉、拉尼斯，1989；贝罗克，1991；Gibbs，1997；Roger，1999；Douglass，2000；Davis，2004；Hutton，2003；辜胜阻，1991、1998；宁越敏，1998；徐盈之，2014；熊湘辉，2018；顾朝林，1999
新型城镇化的实现路径	城镇规划：不同规模城市要采取不同的路径，构建不同的城镇体系；产业结构优化：在区位条件优化的基础上，从"先城后产"的路径出发；农村发展：农村就地城镇化、农村转移人口市民化	张占仓，2013；魏后凯，2014；丛海彬，2017；李程骅，2013；李志红，2016；杨仪青，2013；杨传开，2015；Mitra，2015；Brown，2016；Gregg，2003；Cohen，2006；柳建文，2013；沈雪潋，2014；黄震方，2015；陈明星，2016

资料来源：笔者根据文献综述内容自行整理。

2.2.1　新型城镇化的相关概念

关于"urbanization"这一词，有城市化和城镇化两种解释，国外因为城镇（town）规模小，许多国家甚至不设立镇级这一单元，因此没有城镇这个概念，大多用城市化来表示农村人口向城市（city）迁移的过程。而在中国城镇这个概念十分普遍，且小城镇分布较广，也颇具人口规模，农业人口既向城市转移也向镇转移，所以国内一般采用城镇化的概念。对于城镇化的定义，目前还没有形成统一公认的标准，各学科众说纷纭、各抒己见，研究主要集中在城镇化的特征、动力机制以及发展后果等方面。经济学家把城镇化定义为一个非农转变的过程，表现为非农产值比重上升，第二、第三产业在城镇形成产业集聚；社会学家将城镇化看作一种生活方式的转变，社会结构变化作为驱动力驱动农村人口市民化；人口学家把城镇化定义为一种空间转移过程，表现为农村人口大规模向城镇迁移，带来城市蔓延、人口剧增的现象；地理学家把城镇化看作农村地域系统向城镇系统的转变，最终是为了消除城乡二元结构矛盾。总的来说，经济学界对城镇化的研究会结合其他学科的理论，将城镇化看作一个农村人口迁移、产业结构升级、生活方式由农式向城式转变的过程。

2.2.2　新型城镇化的内涵研究

国外对于城市化的研究起步较早，西班牙学者塞达（A. Serda）1867 年首次提到城市化（urbanization）这个概念，20 世纪 50 年代以后"urbanization"这一词才开始风靡全球。随着城市化进程的不断演化，对其内涵的研究也在随之改变，学者们从不同的视角对其进行了界定。但大部分学者是从人口转移的视角提出城市化是一种转移过程，具体表现在农村人口迁移至城镇的过程。20 世纪 30 年代就有学者将城市化作为一种生活方式的转变进行描述，把城市化定义为一种从乡村生活方式向城市生活方式转变的过程（Wirth，1989）。西蒙·库兹涅茨（2009）在《各国的经济增长》一书中从经济增长、经济集聚和经济结构变化等视角探讨了城市化的内涵。还有学者从城市化作用出发，将城市化定义为带动国家从落后的农业社会向工业现代化社会转变的不竭动力（Pedersen，1970）。美国学者弗里德曼（Friedman，1966）将城市化过程分为两个阶段——初级阶段和升级阶段。城市化初级阶段主要表现为人口、非农活动等的集聚，在不同规模城市化中的地域集聚，是一个非城市型景观向城市型景观转化的地域推进进程；城市化升级阶段是对初级阶段的升级，由过去地域集聚转变成地域扩散，即城镇文化、生活方式和价值观等在农村地域扩散的过程。总体来说，城市化是一个综合概念，是一种生产要素由传统农业社会向现代工业社会集中"自然过渡"的过程，因此城市化的发展离不开工业化进程和人口驱动，是一个全球化历史进程（Berliner，1977；Kelley et al.，1984；Sutcliffe，1985；Fox，2012）。

"新型城镇化"一词被人熟知是在2012年党的十八大上，官方首次提出是在2012年中央经济工作会议，不仅提到了新型城镇化，而且将新型城镇化的内涵进行了明确界定，对新型城镇化的发展方向也指出了是走集约、智能、绿色、低碳的道路，发展成为中国经济高质量增长的新动力（方创琳，2019）。由此关于新型城镇化的研究已有将近十年。新型城镇化是在传统城镇化的基础上发展起来的，基本内涵还是同传统城镇化一样，表现在城镇人口集聚、非农产值增加、城镇空间扩张以及观念转变等方面，但是在实现路径、目标、内容等方面有所改进。由于学者的研究领域及侧重点不同，关于"新型城镇化"的定义还没有一个统一的说法，但是关于新型城镇化的具体内容学界达成一致意见，即新型城镇化相比传统城镇化更强调的是"人的城镇化"，因此人口城镇化是核心。新型城镇化更强调"硬件升级"，即注重城镇内涵增长和城镇质量提升，伴随着新型工业化的发展，以城市群为主体形态、以现代新兴技术为主要动力、以城乡一体化为核心目标（欧阳慧和李智，2021）。

2.2.3　新型城镇化的测度

关于传统城镇化的测度过去用人口城镇化率表示的较多，新型城镇化相较于传统城镇化，不仅包含城镇人口比例、城镇面积，还有关于产业结构的调整、城乡统筹、生态环境优化等方面，真正实现从乡村到城镇的实质性转变。新型城镇化指标体系的构建目前学界还没有形成一套统一的标准，从新型城镇化水平评价指标体系的理论构建来看，国内学者通常有两种方式，一部分学者参照《国家新型城镇化规划（2014～2020年）》上的指标体系构建，从城镇化水平、基本公共服务、基础设施、资源环境四个方面构建新型城镇化指标体系，从国家指导层面给出了具体测算指标（余江和叶林，2018）。这一部分研究高潮是在 2014 年及以后，越来越多的学者在此基础上加以拓展完善，丰富了新型城镇化的指标体系内容，将城镇化水平更加细分为人口城镇化、经济城镇化、社会城镇化、空间城镇化等，并且增加了城乡统筹方面（吕丹等，2014；王新越等，2014；张引等，2015）。

另一部分学者在原来城镇化指标体系的基础上加以延续，通常被称作城镇化质量指标体系，2009 年就有学者从人口、经济、土地、社会四个方面构建城市化水平综合测度体系，并且是从地级市层面测度，这给后人一定的启示（陈明星等，2009）。还有学者在研究城镇化发展质量的评价指标体系中根据省级、地级市层面构建了不同的指标体系（陈明和张云峰，2013）。就发展的主要矛盾而言，提高城镇化质量，其核心在于提高城市的宜居水平，因此后面关于城镇化质量研究中很多落脚点在城市，魏后凯等（2013）对中国 286 个地级市的城镇化质量进行了综合评价报告，从城市发展质量、城镇化效率和城乡协调程度三个维度构建了城镇化质量综合评价指标体系，唯一不足的是只有 2010 年的截面数据。还有的在研究城市群时也经常用到城镇化质量测度指标体系，基本上从人口、经济、社会、经济环境、城乡统筹方面构建（王德利，2018；龚志冬和黄健元，2019）。因此，许多学者在构建新型城镇化指标体系时会借鉴城镇化质量指标体系，两者在子系统方面也有很多共通之处，即均强调城镇质量的提升，有别于"传统城镇化"。

2.2.4　新型城镇化的动力机制

关于城市化的动力机制研究，国外学者从韦伯的集聚经济理论到佩鲁的增长极理论均是关注工业化进程，强调经济增长和集聚对城市化的推动力。后面的学者从交通运输、信息产业、人口迁移等方面分析了城市化的动力机制（Gottmann，1957；费景汉等，1989）。工业化与城市化有密不可分的关系，随着制造业比重上升提供了众多就业岗位，城市化率也在不断增长（Mcmillen and Zenou，2009）。关于城市化的动力机制除了经济总量增长的推动还有居民工资收入方面对城市化的影响（贝罗克，1991；Gibbs and Bernat，1997）。还有的研究发展中国家的城市化动力机制，发现中国的城市化进程也是在工业化战略的推动下加快的，而亚太地区的城市化进程加快主要还是得益于全球贸易、生产、金融等发展迅速（Roger et al.，1999；Douglass et al.，2000；Davis and Henderson，2004）。随着经济全球化的趋势，全球化对城市化也有一定的推动力，农业、工业、服务业三大产业作为城市化发展的三大力量，也驱动着城市化进程（Lo et al.，2000；Hutton，2003）。尤其是对于纽约、伦敦、东京、上海等国际大都市，这些全球大都市的涌现与发展促进了城市化动力机制新形态的形成（Sassen，2001）。还有的研究以全球207个国家42年的面板数据作为样本，实证结果显示经济发展始终是城市化进程的不竭动力，即人均GDP作为解释变量最显著，除此之外，民主化程度和技术进步对城市化发展也有着直接的影响（Chang and Brada，2006；Henderson et al.，2002）。总体来看，国外学者侧重于城市化发展质量及其产生的影响研究，除了把城市化质量的提升归功于工业化进程，还把产业转型升级作为城市化发展质量提升的重要路径，提出城市发展应平衡经济、环境和社会各方面，注重可持续性（Kim，2005；Rasoolimanesh et al.，2012）。

国内关于新型城镇化的动力机制研究视角均有所不同，大致可以分为主体视角、动力来源以及产业结构转换。（1）从主体视角来看，早期学者将城镇化动力主体主要分为两种：自上而下型——以政府为主导，以及自下而上型——以民间力量为主导。并且根据不同的城市规模，主导力量不同。以政府为主导的自上而下型动力机制主要体现在省会城市、副省级城市及国家中心城市等大型城市发展过程中，而在江浙一带的中小城镇建设中，自下而上型动力机制则起着主导作用（辜胜阻和李正友，1998）。（2）从动力来源来看，城镇化动力机制可以分为内生动力机制与外生动力机制。随着我国市场经济体制改革的不断深入，市场行为主体的作用日益突出，宁越敏（1998）提出了"三元"城镇化动因说，较早提出城镇化进程是由政府、企业、个人三者共同作用的。后来越来越多的学者在此基础上提出政府、市场和农民是新型城镇化的主要动力源，需要处理好三者的关系，分工合作、协同推进新型城镇化的健康有序发展（杨发祥和茹婧，2014）。其中，企业作为一种市场机制驱动作用最为明显，其次是政府机制，而内在机制对新型城镇化的驱动效应最弱，不同的驱动机制在东、中、西三大地带也具有显著的区域异质性特征（赵永平和徐盈之，2014）。还有学者研究了中国新型城镇化水平及其动力，从内源动力、外向动力、政府动力、市场动力四个方面构建了新型城镇化的动力指标体系，结果发现不同动力机制的作用力不同，其中市场动力要大于外部动力，政府动力和内源动力旗鼓相当（熊湘辉和徐璋勇，2018）。（3）从产业结构转换动力机制来看，城镇化是伴随着工业化进程而发展起来的，新型城镇化就是一个产业不断地从低级向高级演变的过程。20世纪90年代就有学者将第二、第三产业崛起作为推动城镇化发展的产业动力（辜胜阻，1991；顾朝林等，1999）。虽然第二、第三产业发展在城镇化进程中起着关键作用，工业化是城镇化进程的核心动力，但是农业发展对于城镇化也很重要，农村地区作为城镇化进程中的后勤保障地，为城镇化提供了所需的原材料、人力资源等要素（陈柳钦，2005）。近年来关于产业结构升级与新型城镇化关系的研究也越来越多，但是关于产业结构升级是否加快了新型城镇化进程，以及新型城镇化进程中是否带动了产业结构升级还有待进一步研究。

2.2.5 新型城镇化战略的实现路径

（1）关于推进新型城镇化进程，不同的学者结合自己研究区域的特点给出了城镇规划方面的建议，学者观点上的共通之处在于中心城市的组织和辐射效应不可替代，要发挥其带动和纽带作用，以省会城市作为都市区的增长极，以城市群为依托，着力构建由省域到地域再到县域最后到城镇、乡村新社区的新型城镇体系（张占仓和蔡建霞，2013）。还有的学者观点更聚焦，提出中国新型城镇化道路关键在于不同规模城市之间的协调发展，构建合理的城镇化规模格局。尤其是要重视小城镇建设，培育城镇特色、提升品质、重视生态保护、降低推进成本，更重要的是要推动城乡一体化发展，提高新型城镇化水平（魏后凯和关兴良，2014）。（2）关于新型城镇化战略的实现路径，学者从产业结构优化方面入手，基于区位条件优化，从"先城后产"的路径出发提升城镇居民福祉（丛海彬等，2017）。还有的提出以建立现代产业体系为基础，以城市转型来推动新型城镇化进程（李程骅，2017）。而京津冀地区需要依托首都功能区的轴带拓展布局，大力发展中小城市，推进区域城镇融合，完善城镇体系结构（李志红，2016）。归根到底中国新型城镇化发展的路径与国外的不同之处在于除了以市场为导向，还离不开国家宏观调控的作用，要构建"产城联动"平台（杨仪青，2013）。（3）新型城镇化的发展路径也离不开农村的发展，因此有学者以湖北省为例，对农村城镇化的战略模式与对策进行了分析，主要是以生态文明建设为主线，走出一条集约式的新型城镇化发展道路（胡久生，2015）。农村就地城镇化也是目前解决"城市病"各种问题的新路径，能够避免异地城镇化导致的农村发展衰落、农业人口转移等问题，实现农民就地就业、不用离土离乡就能享受城市文明的目标（焦晓云，2015）。以山东省新型城镇化发展的路径提出推进户籍制度改革为例，通过发展县域经济、小城镇建设提升中小城市的吸引力（杨传开等，2015）。还有的从发展理念、发展目标、运作机制、实施路径和制度保障等五个维度出发构建新型城镇化发展路径，以农村转移人口市民化来推动新型城镇化建设（徐选国和杨君，2014）。

关于新型城镇化的其他方面国内外学者也进行了深入研究。国外学者主要对城市化的影响进行了探讨，认为快速的城市化会导致新的社会关系以及城市和（以前）农村人口之间的新冲突（Mitra and Kumar，2015；Brown et al.，2016）。在城市化进程中也会引发许多新的城市空间问题，实现可持续城市发展的挑战艰巨（Gregg et al.，2003；Ishwar et al.，2011；Cohen，2006）。国内学者则是在新型城镇化的背景下进行研究，如新型城镇化背景下的绿色生态城市发展、新型城镇化战略下的城市转型路径探讨等。也有学者将新型城镇化与民族地区相结合，新型城镇化在民族地区的发展主要以培育和扶持民族特色产业为主，在民族文化的基础上进行城镇规划，保证民族人口流动到城市能够快速融入，形成以特色产业驱动、民族融合、文化城镇的三种战略（柳建文，2013）；在新型城镇化背景下要重视镇级市发展，通过户籍制度、农村土地制度、投融资体制机制改革来推动镇级市发展（沈雪潋和郭跃，2014）；通过对新型城镇化背景下乡村旅游的审视和反思，认为乡村旅游面临诸多困境，要使中国的乡村旅游走出中国特色的新型城镇化发展之路，通过城乡旅游互补推动城乡协调发展以及绿色生态区的建设（黄震方等，2015；陈志瑞，2015）；而中部地区还是以传统农业发展为主，城镇化的推进主要依靠人，即通过农村剩余人口转移，农民工返乡就业、创业等推动人口城镇化来加快城镇化进程（陈明星等，2016）。

2.2.6　研究述评

从"新型城镇化"内涵的相关研究中可以看出，虽然尚无统一和明确的定义，但是有别于传统城镇化，"新型城镇化"更加注重城镇化质量，注重可持续发展，以人为本。在研究内容上，主要包括城镇化（包括新型城镇化）的概念及内涵、新型城镇化评价指标体系、新型城镇化战略的实现路径、新型城镇化的动力机制及与之相关的研究等。在新型城镇化的测度上国内学者偏向于构建指标体系，单一的指标已经不能反映新型城镇化的复杂内涵，大部分学者是在国家新型城镇化规划基础上加以改进构建的指标体系。新型城镇化实现路径与动力机制研究方面离不开几个关键要素：一是主体视角，是自上而下型——以政府为主导，还是自下而上型——以民间力量为主导。并且根据不同的城市规模，主导力量不同。因此又涉及是根据集聚经济理论发展大城市和城市群模式问题，还是发展小城镇的城镇化模式问题。二是产业结构转换动力机制在新型城镇化过程中不可避免，城镇化是伴随着工业化发展而发展起来的，城镇化进程就是产业不断地从低级向高级演变的过程。三是新型城镇化的发展路径也离不开农村的发展，这方面研究还相对薄弱，尤其是新型城镇化与乡村振兴的系统性研究还很少。目前看来，国外对城市化的研究已相当成熟，形成了众多理论并构建了相关模型。国内对新型城镇化的研究起步虽晚，但在此之前在对城镇化研究的基础上，也已逐渐形成中国特色的新型城镇化发展之路。单独研究新型城镇化的较多，但是尚未构建出一套新型城镇化路径优化的理论体系，创新性研究成果还比较缺乏，关于新型城镇化对乡村振兴带动的实现路径研究比较薄弱，理论研究跟不上实践探索。

2.3 乡村振兴与新型城镇化战略耦合的相关研究

2.3.1 战略耦合的定义

战略耦合（strategic coupling）这一概念原本是用于全球生产网络（global production network，GPN）研究中，通常是用来解释区域与全球生产网络之间的关系，尤其是用来衡量一个正在发展的区域与全球生产网络耦合的方式，最终据此确定这个区域的发展前景（刘逸，2018）。国外学者在对战略耦合研究中将战略耦合界定为一个交换的过程，即一个区域中的经济主体整合、协调好区域内资产与全球生产网络的主导者进行交换的过程，也就是区域内的企业或者政府与全球生产网络中的跨国企业者进行交换技术、生产、劳动力等资源的过程。

自从新型城镇化战略与乡村振兴战略先后提出，国内学者将战略耦合较多地应用于乡村振兴与新型城镇化两大战略的理论关系研究中，通常指乡村振兴与新型城镇化相互促进、相辅相成的一种关系（李梦娜，2019；王静和姚展鹏，2019）。因此，在实证分析中，战略耦合至今还没有一个标准的权威测度方式，但是大部分学者对乡村振兴与新型城镇化的战略耦合是通过耦合协调度模型来测度，本书在此基础上主要用耦合协调来实证分析乡村振兴与新型城镇化的关系。

乡村振兴与新型城镇化逻辑联系的本质还是"城乡关系"，在此之前最常见的相关概念有城乡协调、城乡统筹、城乡一体化、城乡融合，学术界以这些概念展开讨论和研究的有很多。它们之间的概念界定、提出时间以及联系区别如何，都需要加以厘清。

2.3.2　城乡协调

协调的含义就是指和谐一致、配合得当，协调重在强调的是一种和谐状态，也可以作为一种调节手段，通常用于系统内部或者各种结构关系之间。而城乡协调强调的是城镇和乡村两个系统之间的关系，在经济社会、生态文化等各方面应该是一种和谐融洽的关系。城乡协调的概念源于城乡二元结构矛盾，城镇和乡村作为两个独立的地域单元，只有两者处于一致的步伐、合理的状态才能改善城乡功能与结构，合理配置城乡资源，实现城乡利益结构与分配的协调发展。

国内城乡协调的研究起步较早，关于城乡协调概念的提出，20 世纪 80 年代末许学强先生在调查沿海开放地区时就用到了这一概念，指出城乡协调的动力机制分为以自上而下型主导的计划经济体制、以自下而上型主导的乡镇企业型以及外向型经济；改革开放以后，以自下而上型、外向型经济为主导的城乡协调研究逐渐兴起，学者从城乡协调的起源开始，就城乡协调的内涵、目标、动力机制以及政策措施等进行了综述（夏安桃等，2003）。关于城乡协调测度的指标体系，从城市和乡村两个子系统出发，测度其协调程度。城市系统主要分为城市生态、经济、社会三个维度，乡村系统则从农业生产、农民生活和农村经济的"三农"问题入手（张竟竟等，2007）。还有学者以经济协调、社会协调、空间协调、环境协调来测度城乡协调发展水平（高新才和魏丽莉，2010）；后面学者在此基础上加以改进，从投资协调、产业协调、收入协调、消费协调方面构建全国地级市层面城乡协调发展指数指标体系（王艳飞等，2016）；除此之外，学者更多地集中于某个区域研究城乡协调发展情况（吴殿廷等，2007；王富喜等，2009；曾福生和吴雄周，2011；王维，2017；王颖等，2018）。

2.3.3　城乡统筹

城乡统筹作为解决城乡发展不平衡问题的一项新理念，在党的十六大报告中被提出后，又在中共十六届三中全会提出"统筹城乡发展、统筹区域发展、统筹经济社会发展、统筹人与自然和谐发展、统筹国内发展和对外开放"五个统筹，城乡统筹作为第一项被予以高度重视。此后，城乡统筹的相关研究在国内掀起高潮。城乡统筹在学界没有明确的定义，但是其本质在于以城带乡，一改过去重工轻农、重城市轻农村的思想，主要发挥工业带动农业、城市带动乡村的辐射作用。城乡统筹的提出主要就是针对城乡二元结构的分割格局提出的，主要体现在城乡之间的户籍、劳动力、社会保障、住房教育等政策方面。目的在于打破城乡之间的制度隔离，统筹城乡经济、社会、政治等运行的融合机制。

目前关于城乡统筹的研究还是以理论探讨居多，有的基于生态学中的共生理论探讨城乡统筹的运作机理，结果发现市场、政府以及民间组织这三种介质的重要性（曲亮和郝云宏，2004）。还有的基于城乡之间的经济联系、空间联系、社会联系，从城乡关联视角分析城乡统筹（方丽玲，2006），并且从空间联系和功能联系角度构建了城乡关联度评价指标体系。学者对城乡统筹进行了规划方面的探讨，主要体现"阶段性"和"区域性"，并且要与区域总体规划并驾齐驱从而避免内容上的重复（赵英丽，2006）。2008 年后关于城乡统筹的发展模式陆续有人探讨，对于处于城乡不同阶段的地区要采取不同类型的城乡统筹模式，从城乡分离到乡育城市再到城乡融合阶段（郑国和叶裕民，2009）。还有学者以北京、黑龙江、安徽、西藏等地为典型地区测算了城乡效率—公平协调度，根据不同地区的发展选择统筹城乡协调发展的模式（姜晔等，2011）。其他关于城乡统筹模式的研究就是比较普遍的三种模式，即以城带乡的城市主导、以乡促城的乡镇企业拉动以及城乡互动的整体统筹规划模式（欧阳敏和周维崧，2011）。除此之外，就是关于城乡统筹的定量分析，从评价方法到指标体系构建（李岳云等，2004；陈鸿彬，2007；吴先华等，2010）再到城乡统筹的动力机制（吴永生，2006；吴丽娟等，2012）、新型城镇化背景下的实践问题（陈肖飞等，2016）等。

2.3.4 城乡一体化

城乡一体化的研究最早始于 20 世纪 80 年代，在改革开放实践中苏南地区最早使用该概念。但是"城乡一体化"这一理念官方首次提出是在党的十七大报告中，指出要走以工促农、以城带乡、城乡一体化的中国特色农业现代化道路。21 世纪以来关于城乡一体化的研究非常丰富，对其概念界定也众说纷纭，不同学科对城乡一体化的定义也不尽相同。社会学者认为，城乡一体化是要打破城乡壁垒，实现生产要素的合理配置，相对发达的城市和相对落后的农村能够紧密联系，逐步缩小城乡差距；经济学者认为，城乡一体化要加强城乡经济之间的交流和合作、农业与工业的联系，统一布局城乡产业合理分布，促使经济效应最大化；城乡规划学者认为，城乡一体化的关键是要对城乡接合部从空间角度做出统一规划，即对城乡交融区间内的相关物质要素等要进行系统安排，使得具有一定内在关联性的要素得到合理配置安排；生态学者将城乡一体化看成是城乡生态环境的有机结合，这个过程要确保城乡畅通有序、健康协调发展。20 世纪 90 年代，以城乡边缘地区为城乡一体化的研究重点开始兴起，21 世纪开始后学者们从不同角度对城乡一体化的背景、内涵、运作模式及对策等进行了全面的综合研究。表 2 - 4 列出了"城乡一体化"关键词检索出的前十五篇被引次数最高的文献，发现在早期还是以内涵方面的理论探讨居多，还有关于指标体系的构建初探。

表 2 - 4　　　　　　　　城乡一体化文献被引用情况

题目	作者	被引次数	发表年份
城乡一体化研究的进展与动态	景普秋、张复明	445	2003
城乡一体化理论与实践：回眸与评析	石忆邵	385	2003
城乡一体化评估指标体系研究	顾益康、许勇军	299	2004
全面推进城乡一体化改革——新时期解决"三农"问题的根本出路	顾益康、邵峰	293	2003
城市化·城镇化·农村城市化·城乡一体化——城市化概念辨析	周加来	288	2001
关于城乡一体化的几个问题	杨荣南	277	1997
城乡一体化理论及其规划探讨	甄峰	262	1998
城市化和城乡一体化	洪银兴、陈雯	232	2003
城乡一体化发展的动力机制及其演变分析——以宝鸡市为例	李同升、库向阳	231	2000

续表

题目	作者	被引次数	发表年份
"城乡一体化"内涵的讨论	陈雯	211	2003
城乡一体化探论	石忆邵、何书金	203	1997
城乡一体化及其评价指标体系初探	杨荣南	193	1997
从城乡二元到城乡一体——我国城乡二元体制的突出矛盾与未来走向	国务院发展研究中心农村部课题组；叶兴庆；徐小青	192	2014
城乡一体化理论研究框架	邹军、刘晓磊	188	1997
国内外城乡一体化理论探讨与思考	杨玲	179	2005

资料来源：根据中国知网检索的相关资料整理而成，数据统计截至 2021 年 7 月 30 日。

近十年关于城乡一体化的研究还是以理论探讨和实证分析相结合，在理论探讨方面，有学者按照时间演变对城乡一体化的理论渊源及其嬗变轨迹进行了系统梳理，从 20 世纪 50 年代以前的孕育与萌发，到 20 世纪 50～70 年代的转折与酝酿，再到 20 世纪 80 年代以后城乡联系理论的回归与发展（薛晴和霍有光，2010）；还有学者对国内城乡一体化理论进行了文献梳理，并且选择了成渝地区、上海地区、苏南地区、北京地区作为典型案例区进行了实践总结，对城乡一体化发展经验进行了探索（孙海和军张沛，2013；张强，2013）；当然，国外发达国家城乡一体化发展已经进入高级阶段，通过分析国外城乡一体化的理论演变以及研究认识，总结典型模式与发展经验，对我国城乡一体化发展模式的探索也具有借鉴意义（李瑞光，2011；张沛等，2014）。在城乡一体化的实证分析方面，从城乡一体化的指标体系构建到影响因素分析均有涉猎（焦必方等，2011；刘红梅等，2012），并且通过指标体系测度出全国各省份城乡一体化水平指数，发现地区间差异较大，无论是东部发达地区还是西部欠发达地区内部差异也较大（汪宇明等，2012；周江燕和白永秀，2012）。除此之外，近年来关于城乡一体化进程下的乡村问题也逐渐得到重视，开始积极探索基于"互联网＋"的城乡一体化发展模式（徐勇，2016；郭美荣等，2017）。

2.3.5 城乡融合

"融合"原意为不同的事物或者物质合成一体，城乡融合则是指城镇与乡村作为两个独立的地域单元整合在一起，合成协调健康的一体。国内城乡融合的理念第一次官方提出是在 2017 年党的十九大报告中，关于"建立健全城乡融合发展体制机制"，2018 年中央一号文件又做了进一步阐释，2019 年中共中央、国务院又出台了《关于建立健全城乡融合发展体制机制和政策体系的意见》，至此城乡融合思想逐渐深入人心。在此之前城乡统筹、城乡一体化的提出就是为了解决日益严峻的"三农"问题，但是乡村与城市发展间的差距并没有日益缩小，过去的战略思想已经无法满足新时代经济社会发展的需求，只有加快形成工农互促、城乡互补、城乡全面融合的局面才能缩小城乡差距。

　　城乡融合在党的十九大报告中首次出现，因此关于城乡融合的研究在 2017 年后进入了一个高潮。关于城乡融合的理论研究，有单独研究城乡融合制度的，界定城乡融合的内涵、总结城乡融合的问题以及实现路径（李爱民，2019）。由于乡村振兴战略也是在党的十九大报告中提出的，因此关于城乡融合与乡村振兴的研究也很多，城乡融合与乡村振兴应该是相辅相成的关系，城乡融合是实现乡村振兴的根本途径，乡村振兴目标的实现也是城乡融合成功的标志（陈丹和张越，2019）。城乡融合背景下的乡村问题研究也得到了学者们的重视，关于乡村转型与可持续发展的必要性、乡村产业的发展与乡村空间治理均是学者关注的焦点（戈大专和龙花楼，2020）。关于城乡融合的实证分析与乡村振兴问题相结合的较多，直接研究乡村振兴视角下县域尺度的城乡融合发展指标评价，在城乡经济、空间以及社会这三个基本维度的融合基础上增加了"城乡主体功能"这一准则层（曾雯等，2018）。关于省级尺度的城乡融合指标体系，有的从城乡融合的前提、动力、结果出发构建了一个逻辑框架（赵德起和陈娜，2019；郭海红等，2020），还有的基于高质量视角从"人""空间""经济""社会"及"生态环境"五个维度构建了城乡融合指标体系（周佳宁等，2020）。其他的与城乡融合相关的研究，有诸如收入差距、土地市场、城乡要素错配等与城乡融合发展（黄小明，2014；陈坤秋和龙花楼，2019；刘明辉和卢飞，2019）。

　　由此可见，中国的城乡关系经历了城乡分割到城乡协调、城乡统筹再到城乡一体化、城乡融合的发展历程（见图 2 - 1）。

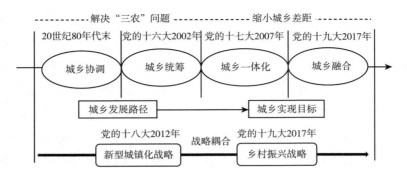

图 2 – 1　城乡相关概念演进

城乡一体化、城乡统筹、城乡融合、城乡协调等提法虽然概念上有所差异，但是总体目标一致，均是为了解决"三农问题"、缩小城乡差距。"城乡融合""城乡一体化"是城乡发展目标，"城乡协调""城乡统筹"是城乡发展路径。

首先，"城乡协调"内嵌于"城乡统筹"，城乡统筹包含城乡协调的部分含义。城乡统筹的关键点在于建立以工促农、以城带乡的发展机制，强调的是工业对农业的反哺、城市对农村的带动作用，最终目的还是统筹城乡协调发展。而城乡协调只是城乡关系中的一条线，是为了解决城乡失衡问题而协调城乡矛盾、保证城乡关系和谐顺畅。城乡协调与城乡统筹作为手段，两者强调的侧重点不同。其次，城乡融合与城乡一体化作为实现目标，在内容和含义上比较接近。城乡融合是对当前城乡关系的更高要求，强调的是乡村与城市之间的互动关系，形成"工农互促、城乡互补、全面融合、共同繁荣"互助互促的平等发展理念。而城乡一体化强调的是"以工促农、以城带乡、工农互惠、城乡一体"的城乡关系，更加凸显城市对农村的带动作用，难掩乡村处于一种被动发展的从属地位局面。这样看来，城乡融合的目标更具有发展优势，是城市与乡村之间产业、人口、资本等高频率互动的结果。最后，四个城乡概念虽然在提出时间上有先后顺序，但不单单是继承的关系。在中国城乡关系发展的不同阶段、不同地区、不同领域均有其发展需要。城乡协调强调的是一种协调关系；城乡统筹重在统筹，强调的是发展手段；城乡一体化则是城乡统筹发展的最好结果，最终实现城乡一体化的目标；城乡融合除了强调城乡一体化发展，还隐含了城乡空间上的融合，消除城乡壁垒，实现城乡差距真正缩小。

从图 2 - 2 可以看出，2000～2020 年，近 20 年的时间里学者的研究侧重点也有所不同。总体上关于城乡协调的研究最少，城乡协调概念提出的时间早，因此研究高潮集中在 2010 年前，主要是在 2004～2006 年；城乡一体化的相关研究最多，并且达到过两次研究高峰，一次是在 2010 年，另一次是在 2013 年，即 2012 年党的十八大提出"新型城镇化战略"后；城乡统筹在 2012 年前和城乡一体化的研究趋势基本相似，2010～2011 年达到研究高潮，但是在 2012 年后相关文献发表呈下降趋势；而城乡融合的研究则在 2018～2020 年达到高潮，尤其是 2017 年党的十九大报告提出"乡村振兴"战略后，2018～2019 年关于城乡融合的研究达到高峰。

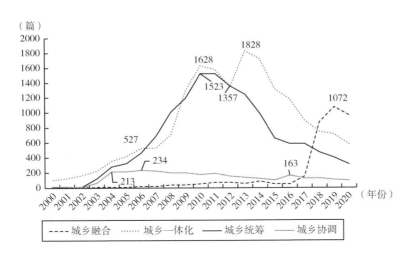

图 2 - 2　近 20 年来城乡相关概念的期刊发表情况

资料来源：笔者根据中国知网检索的相关资料绘制而成，数据统计截至 2020 年。

2.3.6　乡村振兴与新型城镇化关系的研究进展

乡村振兴战略是在 2017 年党的十九大正式提出，因此关于乡村振兴与新型城镇化战略的研究文献基本上从 2018 年开始，本书梳理了 2018～

2020 年直接研究乡村振兴与新型城镇化关系的文章（见表 2－5），发现大部分文献是关于乡村振兴与新型城镇化的理论探讨。（1）对乡村振兴与新型城镇化战略耦合机制的探索，在乡村振兴与新型城镇化内涵的基础上，分别探讨了乡村振兴与新型城镇化相互作用机制。两大战略在本质上是一致的，均是为了解决"三农"问题（徐维祥等，2019）。（2）探讨乡村振兴与新型城镇化的理论关系，无论是乡村振兴战略应与新型城镇化同步推进，还是新型城镇化战略对实现乡村振兴战略具有带动作用，学者们普遍认同两者是相互促进、互相推动的新型关系（蔡继明，2018；陈丽莎，2018）。（3）基于城乡融合的视角探讨乡村振兴与新型城镇化的内在逻辑，主要是按照"城乡统筹—城乡一体化—城乡融合"的逻辑主线。融合的过程中应聚焦两大战略的共生效应，形成多主体、多尺度、多层次的城乡协同治理体系（卓玛草，2019；叶超和于洁，2020；丁静，2019）。（4）这个过程也可能产生和遗留政策梗阻现象，因此在探究两大战略耦合关系时要在认识、政策、实践三个层面上规避政策梗阻所可能产生的后果。最终加强乡村振兴与新型城镇化的联动效应，加快农业农村现代化发展（杨嵘均，2019；文丰安，2020；苏小庆等，2020）。（5）关于乡村振兴与新型城镇化实证分析的现有文献还比较少，目前已有研究主要如下：以时间序列数据，构建中国新型工业化、新型城镇化与乡村振兴三者的指标评价体系，实证分析三者的关系，用脉冲响应证明了三者互相之间均存在显著的正向效应，相互联系、相互促进（陈国生等，2018）。以省级面板数据重构了乡村振兴与新型城镇化的指标体系，分析了全国 30 个省份的乡村振兴与新型城镇化耦合协调水平的时空格局、动态演进特征以及驱动机制（徐维祥等，2020）。剩下的均是以部分地区为例进行的研究，以中部地区为例构建了两套指标体系，通过系统耦合协调度模型评价和分析了中部六省乡村振兴与新型城镇化耦合演化发展情况（吴旭晓，2019）；基于乡村振兴与新型城镇化的耦合理论，以浙江省 2001～2017 年指标数据为样本，对两者的耦合程度进行实证分析，最后给出了两大战略协同推进的若干建议（俞云峰和张鹰，2020）。

表 2 – 5　　　　　2018 ~ 2020 年乡村振兴与新型城镇化相关研究代表性文献

研究视角	主要内容	代表性文献
乡村振兴与新型城镇化战略耦合机制探索	在乡村振兴与新型城镇化内涵的基础上，分别探讨了乡村振兴与新型城镇化相互作用机制。两大战略在本质上是一致的，均是为了解决"三农"问题	李梦娜，2018；王静、姚展鹏，2019；徐维祥、李露等，2019
乡村振兴与新型城镇化的理论关系探讨	无论是乡村振兴战略应与新型城镇化同步推进，还是新型城镇化战略对实现乡村振兴战略具有带动作用，学者们普遍认同两者是相互促进、互相推动的新型关系	陈丽莎，2018；蔡继明，2018；苏小庆、王颂吉等，2020；康永征、薛珂凝，2018
从城乡融合视角看乡村振兴与新型城镇化的内在逻辑	按照"城乡统筹—城乡一体化—城乡融合"的逻辑主线，融合的过程中应聚焦两大战略的共生效应，形成多主体、多尺度、多层次的城乡协同治理体系	叶超、于洁，2020；卓玛草，2019；丁静，2019
乡村振兴与新型城镇化战略耦合过程可能遇到的梗阻及对策	在探究两大战略耦合关系时要在认识、政策、实践三个层面上规避政策梗阻所可能产生的后果。最终加强乡村振兴与新型城镇化的联动效应，加快农业农村现代化发展	杨嵘均，2019；文丰安，2020
乡村振兴与新型城镇化关系的实证研究	多以省级面板数据，还有以部分地区为例探讨乡村振兴与新型城镇化耦合协调水平，研究方法上还比较单一	陈国生、丁翠翠等，2018；吴旭晓，2019；徐维祥、李露等，2020；俞云峰、张鹰，2020；雷娜、郑传芳，2020

资料来源：笔者根据中国知网检索的相关资料整理而成，数据统计截至 2021 年 7 月 30 日。

"乡村振兴与新型城镇化的战略耦合"是本书研究的核心命题，本书也是围绕这一中心命题展开系统性探讨与论述。与前面城乡相关概念的不同在于，以前无论是"城"还是"乡"都没有具体展开论述，即过去我们研究"城乡统筹""城乡协调"是一个过程，"城乡融合""城乡一体化"是一个结果，强调的均是"城乡关系"。但是自从国家提出"新型城镇化"与"乡村振兴"战略后，对"城"与"乡"的发展目标更加明确了，乡村振兴与新型城镇化两大战略虽然内容上有所差别，但目标上有重叠，均是为了调整城乡关系，两者紧密联系，需要结合起来实施以达到"城乡融合""城乡一体化"的目标，而这个过程可能需要统筹城乡协调发展。因此，"乡村振兴与新型城镇化的战略耦合"是在前人研究的基础上的集大成者，将四个城乡相关的概念均包含在内，既体现过程又体现结果。乡村振兴与新型城镇化的战略耦合研究为"城乡关系"治理提供了理论指导，在新时代的背景下，需要将两大战略的耦合提上日程，基于中国城乡发展复杂性、地域差异性较大的国情，结合多学科交叉整合的思路、多尺度的研究视角探析乡村振兴与新型城镇化战略耦合的时空格局和效应机制。从理论研究到实证分析再到实践检验，实现"问题—理论—战略—实践"的有机贯通。

第3章 乡村振兴与新型城镇化战略耦合的分析框架

基于前文关于乡村振兴与新型城镇化研究进展的梳理，本章通过回顾城乡相关理论，对城乡理论的延伸方向和启示进行了总结，通过探讨乡村振兴与新型城镇化的战略耦合机理和城乡交互影响机理，得出乡村振兴与新型城镇化战略耦合的启示，基于不同尺度下乡村振兴与新型城镇化的战略耦合机制，构建了本书研究框架、奠定了全书的研究理论基础。

3.1　相关基础理论

3.1.1　城乡相关理论发展梳理

3.1.1.1　马克思的城乡发展理论

马克思恩格斯理论中包含着丰富的城乡思想，运用辩证唯物主义、历史唯物主义的方法论探索了城乡发展历程，揭露了城乡之所以对立的原因，批判了资本主义条件加剧城乡对立的现象，这些在《资本论》《家庭、私有制和国家的起源》《德意志意识形态》《哥达纲领批判》《共产党宣言》等书中均有体现。

马克思恩格斯基于生产力与生产关系的矛盾来划分城乡发展历程。第一阶段，乡村从属于城市阶段。生产力在发展初期还比较低下，城乡界限还不明确但不是融合的状态，而是处于混沌合一的状态。此时的城市在乡村哺育中成长，乡村发展均以服务城市为主，城乡初始和谐且表现为一种从属关系。这在《共产党宣言》中有所论述。第二阶段，城乡对立阶段。马克思以中世纪的欧洲为典型代表，从社会大分工开始，农业与手工业分离造成城乡差距越来越大，此时的乡村不仅仅是从属于城市，而且受城市的奴役与支配，乡村在政治经济上处于弱势地位，城乡政治经济处于对立阶段。第三阶段，城乡融合阶段。马克思预见了后工业时代生产力高度发达，城乡对立会逐步消失，否则会阻碍生产力发展。在这个阶段，主要由城市带动乡村、工业促进农业发展，城乡关系由对立逐渐走向融合，这是一种必然趋势，多发生在无产阶级建立的先进国家里。马克思指出了城乡融合的两个必备条件：物质条件和社会条件。物质条件是指高度发展的生产力，这种生产力会带来大规模的大工业，大工业如果均衡分布能够缓解城乡对立。社会条件即社会主义公有制，城乡对立的根源就在于社会分工的问题和私有制的诞生，因此城乡融合要建立在生产资料公有制的基础上。资本主义制度下这种对立不会消除，反而会使城乡矛盾日益尖锐。而在社会主义公有制条件下，生产资料公有化，无论是农村还是城市居民的需求均得到满足，阶级压迫消除，最终实现城乡融合（见图3-1）。

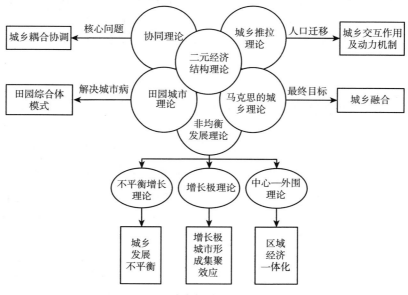

图3-1 城乡相关理论要点分析

3.1.1.2　二元经济结构理论

"二元结构"这个词最早是由荷兰社会学者伯克（Burke J. H.）提出的，后来被研究发展中国家的经济学家进一步发展，就演变成了二元经济结构理论。二元经济结构理论不仅适用于发展中国家，在发达国家发展早期也曾出现过二元经济结构问题，但鲜有人研究。

刘易斯的经典二元经济结构理论最早于 1954 年出现在《劳动力无限供给下的经济发展》一书中，后人称之为刘易斯模型，也叫无限过剩劳动力发展模型（Lewis，1954）。以现代工业部门和传统农业部门作为模型假设，在刘易斯看来，发展中国家主要是由于传统农业部门的劳动生产率和工资水平较低，而现代工业部门劳动生产率和工资水平高，因此农业部门劳动力纷纷向工业部门转移。刘易斯把发展中国家的城乡关系发展概括为两个阶段：第一个阶段是传统农业部门无限供给的劳动力，虽然农村资本供给不足，但劳动力资源丰富，这个阶段资本积累的剩余价值均进了资本家的口袋；第二个阶段是资本供给大于劳动力供给阶段，随着资本积累的增加，劳动力工资也随之增加，这时候劳动力供给反而小于资本供给。但是关于刘易斯模型很多学者给出了不同意见，首先就是劳动力供给的无限可能性不符合现实，其次是没有考虑农业部门自身发展问题。但是刘易斯的二元经济结构思想还是为后面一系列在此基础上发展的理论的出现开启了先河，为之后城乡关系的发展奠定了理论基础。

"刘—拉—费模型"是拉尼斯和费景汉在刘易斯的二元经济结构模型基础上进行修改的（Fei and Rains，1961）。在承认两个部门的基础上，拉尼斯和费景汉分成了四个阶段：第一个阶段还是劳动力无限供给阶段；第二个阶段是剩余劳动力从农业部门转移到工业部门，这时候的劳动力工资上涨但不会高于制度工资，从事农业的劳动者减少带来粮食产量下降，供不应求反而导致粮食价格和工资均会上涨；第三阶段是农业的商业化阶段，这时候农业部门和工业部门均有市场参与，工业部门想要有剩余劳动力转入就必须提高劳动力工资，否则农业部门劳动力很难转移到工业部门；第四阶段是传统农业部门实现了农业现代化，这个阶段的两部门工资水平均是由边际生产率决定。刘—拉—费模型的改进之处在于指出工业化进程中要重视农业生产率的提高，注重农业农村的发展问题，现代技术可以提高农业生产效率。

乔根森（Jorgenson，1961）的二元经济模型主要是给出了四个前提假设：一是和前面相同的两部门理论，发展中国家的工业部门和农业部门；二是农业生产需要的要素只有劳动力和土地，不存在资本积累现象；三是工业产出只需要劳动力和资本要素；四是农业部门和工业部门随着时间推移还是会有所变化。乔根森模型的核心在于剩余劳动力是工业部门发展壮大的充分必要条件，当农村劳动生产率为零时，就没有多余的劳动力向工业部门转移，大于零时剩余劳动力就会转移到工业部门。因此二元经济结构的转移主要由农业剩余是否为零决定，乔根森模型正是因为这样更加强调农业农村长远发展的重要性，不仅要通过现代化技术提高农业生产效率，也要关注市场这只"看不见的手"的调节作用。农业是整个社会发展的基础，农业生产率的提高有助于二元经济结构的转移。

哈里斯—托达罗二元经济模型与前面模型的不同之处在于将城市失业问题与二元经济结构思想相结合（Harris and Todaro，1970），这里二元经济结构的转换考虑了城市就业预期和收入水平差距。经济发展过程中由于长期忽视了农业发展的重要性，带来农村劳动力转移到城市与城市人口失业率增长并存的现象。哈里斯—托达罗模型的观点是：仅靠工业部门很难降低城市失业率，只有农村经济发展齐头并进才能缩小城市与乡村的差距。因此，要加大农村发展力度，从经济建设开始带动农民就业率提高，实现城乡就业平衡，尤其是要完善农村公共设施、改善农民生活质量，缓解农村劳动力转移现象。

3.1.1.3 田园城市理论

霍华德是最早提出田园城市理论的人，在他1989年出版的《明日的田园城市》一书中最早出现该理论（Howard，1902），这是一个最早的对城乡关系进行规划的思想理论。霍华德构建了一个模型，该模型以城市组团为对象，是用来解决城乡协调发展问题的，基本单位是"田园城市"（garden cities）。"田园城市"作为一种新型城市形态，又被称为花园城市、田园都市。霍华德最早的模型实践是在1903年英国建设的莱奇沃思（Letchworth）田园城和

1919 年建设的威尔温田园城（Welwyn），这也是现代田园城市建设的先驱。经过百年的演变，霍华德的"田园城市"理论内容越来越丰富。田园城市集城市和乡村之所长，可以赋予人们新生活、新文化。工业革命后，"大城市病"的问题愈加凸显。随着农村人口流动到城市，城市人口膨胀，规模扩大，这已经超越了城市的承载范围。同时还导致污染加剧，无法可持续发展。田园城市指明了一条道路：第一，"田园城市"规定了城市的规模，这是为了保证人类的健康发展。霍华德预置了城市人口与农村人口比例为 15 : 1。第二，田园城市是以人为本，城市的人口规模和布局方式都应考虑到人的健康发展。而城市居民也应该投入城市的建设和管理，类似于有一定的自治权。第三，"田园城市"的本质仍是城市。这意味着"田园城市"的重点仍然是城市，而非"田园""花园"。这个概念的提出是为了解决"大城市病"。就像"美丽乡村"仍然意味着以"乡村"为主，要搞清楚城乡的概念，城乡一体化不是城乡一样化。

3.1.1.4　城乡推拉理论

从 19 世纪拉文斯坦的"人口迁移律"开始，城乡推拉理论逐渐形成和发展。城乡推拉理论，顾名思义，指出了人口迁移的主要原因，一是迁出地的"推"的作用，二是迁入地的"拉"的作用。人口迁移便是这两个动作的结果。迁出地的"推"力来源于经济、社会、自然；迁入地的"拉"力同样也来自这三个方面。"推拉理论"是 20 世纪 60 年代由美国学者系统总结的，主要应用于人口迁移研究中。推拉理论指出人口迁移主要是收入的不平衡导致。在现代推拉理论里还补充了其他原因，比如具备更优质的医疗、教育等资源。城乡之间正是由于医疗、教育、公共服务等资源上的差距比较大，才导致人口不断从乡村流出，进入城市，这就是拉力作用。而农村也正是因为区位弱势、许多资源缺乏等劣势才推动着乡村人口进入城市，这是推力作用。由此城乡不断联系和变化，两者的经济、社会、文化交流、碰撞、融合、演变，一直推动着城市化的进程。城乡推拉理论从迁出地与迁入地两个方面对城市化进程和动力机制进行了分析，指出人口迁移的原因，为我国城市化动力机制的研究提供了理论基础。

3.1.1.5　非均衡发展理论

（1）不平衡增长理论。

"不平衡增长理论"是赫希曼1958年在《经济发展战略》一书中提出的，其核心观点在于，发展中国家由于资源紧张应将产业结构中关联效应最大的产业优先发展，再以此带动其他产业（艾伯特·赫希曼，1991）。经济发达地区对经济欠发达地区存在"极化效应"和"涓滴效应"，在整个经济发展过程中，由于政府干预会加大经济发达地区的"涓滴效应"，最终"涓滴效应"会大于"极化效应"。不平衡增长理论的核心就在于通过集中发展起来的某一部门带动剩余部门的发展。这主要由于落后地区的资源匮乏才导致落后，很难将资源大规模投入某部门，只能将有限的资源效用最大化，集中发展某一部门，再通过辐射效应带动剩下的发展。如果是政府部门投资可以选择公益性为主的公共部门，比如基础设施建设投资这种造福于民众的。如果是私人资本投资可以选择制造部门，尤其是具有强劲带动作用的制造部门，以带动其他部门发展。不平衡增长理论就是在资源配置不均衡的条件下，提高资源有限地区的资源利用效率，确保地区经济稳定增长。因此，对于城乡治理的启示就在于，乡村在资源有限的条件下国家应该集中有限的人才资源等重点开发某一项目，对重点开发项目采取政策倾斜，提高经济活力。同时提高城市对乡村的辐射效应和带动作用，城乡之间应该是相互影响、相互作用的。

（2）增长极理论。

"增长极"这一概念是佩鲁1950年在《经济空间：理论与应用》一文中首次提出，增长极理论应用的前提是区域经济发展不平衡的背景下。增长极的作用就是发挥扩散效应，通常出现在优质资源和要素等集聚的城市，由于优势主导部门或者优质行业等集聚在这个城市而形成的增长极。扩散效应体现在对周边城市的辐射带动效应，通常是以增长极城市为核心吸引周边城市的劳动力、资本、技术等要素流入增长极城市，最终形成集聚效应，或者是利用增长极自身的辐射效应向周边城市提供技术、资金等支持从而带动周边地区发展（季红颖，2020）。这与城乡推拉理论有些类似，均是以推动力和吸引力来加速城乡之间的融合。增长极的作用在于促使劳动力、资本、贸易等要素形成集聚效应，从而形成一个自身快速发展又能带动周边地区发展的经济中心。

（3）中心—外围理论。

中心—外围理论又称核心—边缘理论，是弗里德曼 1966 年在《区域发展政策》一书中提出（Friedman，1966），是在区域发展长期不均衡的基础上提出的，将空间结构分为中心和外围两个部分，共同构成一个完整的空间二元结构。该理论主要有三个特征，即整体性、差异性和不平等性。具体来说，中心和外围具有一致性，但是在结构上和经济发展水平上具有差异，尤其是中心和外围在地位上具有不平等性。区域发展的中心地带通常处于支配地位，而外围地带处于弱势地位，这主要是由于区域不同地带间的经济效益和条件的优越性不同而导致的，外围地带的优质资源、要素会在经济发展的推动下逐渐转移至中心地带，这就是中心—外围理论的思想。中心—外围理论在不同时期有不同特征，一般在经济发展初期，中心和外围界限还比较明显，此时外围地带的资源要素流向中心地带会导致二元结构矛盾加剧，这时候中心地带还处于单核心结构，但是到经济发展中后期，单核心被多核心逐步取代，并且在政府干预的情况下中心和外围的界限慢慢淡化，区域经济一体化趋势显现，最终带来经济社会高质量发展。

3.1.1.6 协同理论

协同理论创始于 20 世纪 70 年代，最早由德国物理学家哈肯（Hermann Haken）提出"协同"这一词，后来又逐渐完善成熟构建了协同理论框架，《协同理论导论》一书标志着这门学科的诞生。协同理论的核心思想是自然界里各个系统均是相互影响、相互合作的，这种相互作用使得系统间变得有序、相对平衡。协同理论广泛应用于多个研究领域，通过其观点和方法可以更好地发挥系统间的协同效应，实现效用最大化。协同理论作为非平衡系统理论之一，主要是用来强调不同系统从无序到有序、又从有序到混沌的规律，研究各子系统的协同行为，体现了各系统的相关性与整体性。系统协同发展主要表现出一种相互协调、促进、合作的关系，通常发生在系统内部以及各系统间。而"协同效应"是一种集体效应，通常是发生在复杂的大系统中每个子系统的相互作用关系。许多系统都存在着这种"协同效应"，能使系统从无序走向有序或者是从有序走向混沌（舒季君，2015）。因而，这种理论也适用于研究乡村振兴与新型城镇化协同推进机制问题。

3.1.2 城乡基础理论的启示与延伸方向

城乡相关理论的发展起步较早，从 19 世纪早期国外学者就开始探索关于人类城乡关系演进及其相关实践，通过对上述城乡基础理论的梳理，发现城乡理论发展具有两个鲜明的特征。第一个特征是学科的交叉性，上述理论涵盖了经济学、地理学、城乡规划学以及哲学等，虽然从马克思到刘易斯再到弗里德曼等代表性学者，从自身的专业领域对于城乡发展均提出了自己的观点，但是从他们的经典著作中还是能得出关于城乡发展的相似结论；第二个特征是虽然学科领域跨度较大、学科交叉性较强，但是每一次标志性理论的提出都是建立在前人研究的基础上，并且从自己的理论开辟了新的视角，尤其是在城乡二元经济结构理论中，很明显地看出城乡理论发展具有典型的承前启后的意义。

根据上述两个特征以及城乡发展的未来演进趋势，对城乡相关理论进行了延伸并且给出了以下启示。

（1）现有的城乡发展的相关基础理论虽然学科交叉性很强，但还是存在层次不明、未成体系的问题，各个流派的学者还是局限于自身的专业领域对城乡发展提出观点，没有形成一套完整的理论体系来全面阐释城乡发展。因此，城乡理论的一个重要延伸方向就是形成一套涵盖政治、经济、社会、文化等多个层次的完整体系，从层次上对城乡发展理论进行重构，以便于深入研究与理论阐释。

（2）现有的城乡发展理论对城乡相关作用的思想体现较少，虽然城乡推拉理论有一定的体现，但主要还是指出城乡人口迁移的原因，为城市化动力机制的研究提供理论基础。实际上，城乡相互作用是一个多维度的交互行为，包含空间、功能、技术、制度等多维度，能够促使城乡在经济、社会、文化、政治等不同层次下均能相互作用，因此城乡相互作用理论能够成为城乡发展演进中的一种纵向驱动力，值得深入探讨。

（3）大多数城乡经典理论还停留在 20 世纪，受限于当时的时代背景等客观条件约束，学界在城乡发展理论中还鲜有体现新经济、新环境。新经济主要是在信息互联网时代下共享经济、新能源经济等模式的出现；新环境主要是在环境问题日益严峻的背景下，民众对于高质量生活的追求，更加向往生态、绿色的优美环境。这些变化对于现当代城乡发展理论的延伸方向有一定启示。

3.2 乡村振兴与新型城镇化战略耦合的机理分析

通过乡村人口、土地、原材料等资源要素流动到城镇，城镇人才、资金、信息、技术等要素在城乡间自由流动，乡村振兴与新型城镇化之间存在内在逻辑关系（徐维祥等，2019）。从乡村振兴与新型城镇化的内涵、维度出发，探讨了乡村振兴与新型城镇化的战略耦合机理（见图 3-2）。二者互为补充、相互促进，形成乡村资源要素更多地流向城市，城市又反哺农村的格局，最终缩小城乡差距，努力实现城乡均衡发展。

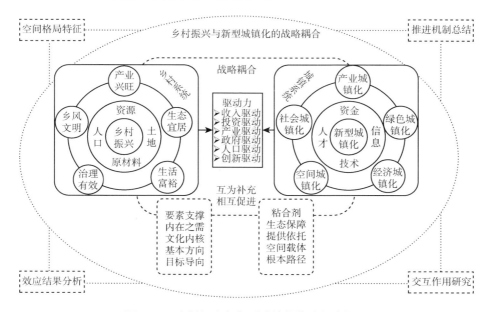

图 3-2 乡村振兴与新型城镇化战略耦合机理

3.2.1 产业兴旺与产业城镇化

乡村产业兴旺为产业城镇化发展提供要素支撑。一般来说，乡村产业发展不仅仅只有农业，还包含第二、第三产业。但是我国许多农村地区只有第一产业，第二、第三产业发展缓慢。乡镇企业也曾经"异军突起"过，后来由于国家政策的调整，乡村第二产业不具有竞争优势，发展规模不大。即便是第一产业发展成农产品加工业，产地也是集中在城镇产业园区内。实施乡村振兴战略，首要任务就是解放、发展乡村生产力，因此产业兴旺首当其冲。产业是一个地区发展的经济基础，乡村产业是否兴旺直接关系到农村产业结构发展、农业科技水平和农村市场程度。首先，乡村振兴以产业兴旺为战略重点，要求发展乡村新产业新业态，有助于新型城镇化产业结构调整，实现多样化产业开发；其次，乡村产业兴旺意味着农业科技水平提高，农业生产组织化、规模化有利于城镇产业可持续发展，有利于形成城镇产业集聚；最后，产业兴旺随之带来的农村市场化程度提高，可以促进产业城镇化进程中发展外向型产业。

产业城镇化是乡村产业兴旺的"粘合剂"。通过资金、信息、技术、人才要素的流动，引领城乡一体化，促进农村一二三产业深度融合。产业城镇化作为城镇化的发展动力，是指第二、第三产业在城镇经济结构中逐渐成为主导产业的过程，产业城镇化可以通过产业结构的调整、产业发展的可持续度和产业的外向性延伸来促进乡村产业兴旺。首先，产业城镇化通过产业结构调整发展农村特色产业，从而完善农村产业结构，提高非农产值所占比重；其次，产业城镇化要想产业可持续发展必须提高科技水平，通过科技要素流动到乡村提高农业机械化综合水平；最后，产业城镇化通过发展外向型经济吸引更多的资本要素流入乡村，提高农产品商品率，鼓励农户多参加经济合作组织等。

3.2.2 生态宜居与绿色城镇化

生态宜居是绿色城镇化建设的内在之需。生态宜居是乡村振兴的最理想状态，绿色定义了农村工业发展和基础设施建设的质量要求，明确了乡村振兴的品质要求。乡村生态宜居是绿色城镇化建设的内在之需：首先，从自然环境来看，农村地区尤其是城市周围的农村地区为我国的城市生态宜居提供着绿色空间与生态支撑。其次，从人工环境来看，生态宜居涉及生产方式、生活方式和消费模式的根本变化。因此，需要秉持资源开发与节约资源、保护环境并行的生态可持续发展原则，从而升级产业结构、转变消费方式，最终推进绿色城镇化建设的基本公共服务均等化。最后，从社会环境来看，生态宜居意味着生态意识的提高。优良的生态文化可以增强民众的绿色环保意识，形成人与自然共生的绿色理念，最终全面提高城镇环境质量，发展绿色城镇化，实现城乡统筹。

绿色城镇化为乡村生态宜居提供生态保障。生态文明视角下绿色城镇化道路，是一条旨在实现生态美丽、生产发达、生活美好的生态城镇化道路。绿色城镇化的发展观与乡村振兴"生态宜居"的理念相契合，为乡村生态宜居提供保障，有助于实现乡村可持续发展。首先，绿色城镇化提倡节约资源、环境友好、低碳环保等理念，生态环境的好坏已成为反映城镇化水平高低的标准，在这种标准下的城镇化进程可以为乡村创造良好的自然环境宜居。其次，绿色城镇化进程不仅仅是自然环境的改善，还有人工环境的改善，安全饮用水、生活垃圾无害化处理、家庭信息化覆盖等都是为乡村人工环境宜居创造条件。最后，绿色城镇化进程中实现基本公共服务的均等化直接影响农民的福利水平和生活质量，通过乡村公共服务的改善为乡村生态宜居创造一个良好的社会环境宜居。

3.2.3　乡风文明与社会城镇化

乡风文明是社会城镇化文化延续的内核。乡风文明塑造乡村振兴的主体价值，为乡村振兴提供保障。乡风文明可以起到积极引导、良好规范、凝聚力量的作用。文明乡风为乡村振兴各方面发展提供强有力的精神动力和智力支持，是社会城镇化进程得以推进和延续的内核。首先，乡风文明的建设通过文化教育建设提高农村人口平均受教育年限，提高村民的整体文明素质以及生存技能，这无疑为村民更好地融入城市生活提供了重要保障，客观上减少了城乡冲突，促进了城乡的融合发展。其次，乡风文明建设通过公共文化的发展端正农村乡风，农村乡风正不正，直接关系着我国村民对待生活、家庭、社会和自然的态度，在一定程度上也影响着社会城镇化的进程和全面小康社会的建设。最后，为了促进农村文明建设，不能忘记乡土文化本身的独立性，不能牺牲乡土文化本身的主体性，也不能以依赖城市文明的方式发展。应当在乡村文化特色与城市现代文化相融合的基础上发展，让民众不仅感受到社会的公平正义还有文化的开放包容。

社会城镇化为乡风文明建设提供依托。社会城镇化的最终目的是提高居民生活质量，展开公共设施配套供给活动，以及相应的商业体系不断完善的过程。移风易俗、涵养乡风文明是新常态下我国农村建设的基础所在。首先，社会城镇化通过教育、医疗、社会保障等公共服务体系的完善为乡村文化教育建设助力；其次，社会城镇化通过公共设施配套供给体系的完善为乡村公共文化发展提供载体，完善的制度建设和公共服务配套体系使农民积极融入城市生活让乡村的优秀文化得以传承；最后，在社会城镇化的背景下，给当地村民的自我发展和自我提升创造一个良好的人文社会环境，使其在不自觉中受到良好乡风的熏陶，自觉吸收文明乡风的价值，并内化为自身的品质，从而达到提升农民素质的目的。

3.2.4　治理有效与空间城镇化

乡村治理有效为空间城镇化提供基本方向。治理有效是乡村振兴的基础，关系着乡村治理的主体性。治理有效的要求在于高效性和组织性，调动一切主体参与到乡村振兴中，最终构建一套自治、法治、均衡发展贯穿其中的乡村治理体系。首先，乡村治理有效通过法制建设控制了民事纠纷发生数、刑事案件立案数，确保了乡村治理有效程度，为空间城镇化中城市用地规模控制提供了思路。其次，乡村治理有效通过村民自治实现，政府与农民作为重要的参与主体，在过去的空间城镇化过程中，政府发挥了主导作用。空间城镇化作为一个长期的过程，在不同发展阶段具有不同特点，面临不同的发展困境和难点，不仅需要政府还需要民众自觉主动地参与到空间投入、产出阶段中。最后，从政府主导、自上而下的治理到村民的积极参与，这种治理对于城乡均衡发展尤为重要，均衡发展也是空间城镇化最重要的环节，为空间投入、产出均衡发展，从而实现城乡均衡发展提供治理的方向。

空间城镇化是治理有效的空间载体。空间城镇化是一个过程，这个过程里非建设用地逐步向城镇建设用地转化，空间结构不断改善。空间城镇化的原始动力是产业的区位选择和空间集聚。首先，空间城镇化的改善是一个全方位的、系统的社会工程。综合治理的形式多样，有新闻媒体、工作简报、会议交流等多种方式可以为乡村治理构建平台。其次，空间城镇化的改善离不开各方参与，因此需要充分调动各方力量让全社会参与到城镇化建设中来，最终达到政府主导，多方积极有序参与的理想状态，为村民自治实践提供前提。最后，空间城镇化可以改善农村原有空间布局结构混乱，居住功能发挥不足以及城乡空间不协调等问题。对乡村进行科学规划布点，合理规划乡村建设用地、农用地空间布局，统筹基础设施和公共服务，为乡村治理有效创造发展均衡的条件。

3.2.5 生活富裕与经济城镇化

生活富裕是经济城镇化的目标导向。乡村振兴的根本要求是生活富裕，必然是和广大农民利益息息相关的富裕，是一切行为准则的目标导向。乡村振兴的最终目的就是要让农民过上富裕体面而又有尊严的生活，因此生活富裕是广大农民的最终诉求，这也是经济城镇化的目标。首先，生活富裕就是要解决与农民群众最密切相关的收入问题，农民收入水平的提高是实现经济城镇化的前提条件；其次，生活富裕不仅是看农民收入水平的提高，还要看收入结构是否得到改善，只有发展低碳循环经济才能把乡村真正建设成美丽乡村，这与经济城镇化中单位 GDP 能耗的衡量目标一致；最后，农民住房得到保障、私家车数量上升等体现农民生活质量提升的表现也是经济城镇化的最终追求，以提高居民生活水平为目标导向。

经济城镇化是实现乡村生活富裕的根本路径。经济城镇化是一个不断发展的过程，可以优化经济结构，提高经济效率，这个过程伴随着人口城镇化。首先，经济城镇化的首要目标是要提高城镇居民可支配收入，不管是从地方、国家还是全球看，经济发展的不平衡性是普遍存在的。城乡发展不均衡的首要前提就是城乡收入差距的扩大，所以通过经济城镇化带动农民收入水平提高是第一要义。其次，经济城镇化通过夯实城镇化发展的经济基础，以产业升级为依托，以低碳为取向，以循环为模式完成农村经济结构优化，提升经济效益为实现农民收入结构转型提供路径依据。最后，生活富裕与经济城镇化的战略目标一致，最终都是通过发展经济提高生活质量，增强幸福感。经济城镇化通过发展城市经济，带动乡村经济发展，最终任务是全面实现"农业强、农村美、农民富"，农民生活质量提高的目标。

3.3 城乡交互影响机理——基于"人—地（基）—业"视角

3.3.1 乡村振兴对新型城镇化的影响机理

人在新型城镇化与乡村振兴的互动中扮演着重要作用，乡村非农就业人口的增加带动了乡村非农化发展，使得乡村就业机会增多，非农就业的提升在一定程度上为城镇化进程的推动提供了依托，进一步带来基础设施公共服务水平的提升。土地作为乡村的根基所在，既是农民的居住场所，也是农业发展的沃土，在城乡发展中扮演着保障、支撑的角色。土地产权制度限制了土地的自由流动导致乡村土地资源的流动性不强，主要是通过乡村常住人口来影响城镇化。在土地资源不变的情况下，乡村土地水平提高意味着乡村常住人口减少，这部分乡村人口没有放弃土地产权，主要通过兼业化的形式在农村与城镇间流动带动了人口城镇化水平提高。乡村产业发展为城镇化的发展提供了基础性支撑。乡村产业水平的提升也就意味着劳动生产率的提高，这使得更多的乡村人口流向城镇，进一步推动人口城镇化进程。农林牧渔业是乡村发展的基础性产业，乡村产业发展促进农业生产组织化、规模化，在农民自给自足的同时也满足了城镇化的需求，为城镇产业的发展提供相应的原材料等，在提升农业生产效率的同时带动产业城镇化水平提高。

3.3.2 新型城镇化对乡村振兴的影响机理

人口城镇化对乡村振兴的影响主要通过人才吸引和就业机会传导。人口城镇化进程的加快一方面推动了社会经济的发展和城市医疗教育水平的提高，吸引了一部分乡村人口放弃农村户籍迁入城市影响了乡村非农化发展；另一方面，城镇化进程的推进中对劳动力的需求也日益增加，城镇更高的收入、更多的就业机会吸引农村劳动力流入城市，使得农民以兼业化的方式在城镇与乡村间流动，乡村常住人口因此减少。转移到城市的劳动力越多，使得农村土地经营趋向规模化、机械化，通过提高机械化水平来代替劳动力（程明洋等，2019）。同时，城镇化进程中吸引了一部分乡村人口流向城市，乡村常住人口减少，粮食产量、肉类产量则在稳定提高，从而导致乡村产业发展水平的提高。城镇基础设施对乡村振兴的影响主要是通过功能延伸传导的。城镇基础设施水平的提高主要体现在教育、医疗、社会保障方面，城镇基础设施具有延伸性，一定程度上能惠及本地乡村人口共享公共服务，离土不离乡的情结使得本地乡村人口在享受基础设施的同时更好地留在当地就业。但是乡村基础设施建设时间长、收益性低、公益性强，远落后于城镇，更加无法留住人才，也阻碍了劳动力、资金等要素从城市流入，因此乡村基础性产业的发展缺少人、地、钱的支持。产业城镇化对乡村振兴的影响主要通过需求调整来实现乡村产业规模化、高效化发展路径，城镇产业发展的同时形成产业集聚，一方面，产业集聚所需的支撑原材料促进了农村相关产业的发展，加快了农业结构调整，使得本地农民可以就地实现非农就业，推动了本地乡村人口水平的提升。另一方面，新型城镇化进程中城镇居民加大了对粮食等基础性产品的需求，带来了农产品生产原材料的发展，也推动了农业规模化生产的转变，促使农业向多元、高效方向发展，从而带动了农业产出水平的提高，进一步推进乡村产业的发展。

城镇"人—基—业"与乡村"人—地—业"的交互影响机理如图 3 - 3 所示。

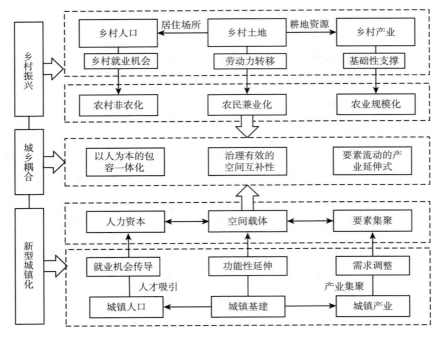

图3-3 城镇"人—基—业"与乡村"人—地—业"的交互影响机理

3.3.3 对乡村振兴与新型城镇化战略耦合的启示

基于上述城乡交互影响机理分析,从"人—地(基)—业"的视角对乡村振兴与新型城镇化战略耦合的启示如下。

乡村振兴与新型城镇化战略耦合是"以人为本的包容一体化"发展,"新型城镇化"和"乡村振兴"战略的提出均是为了解决城乡发展不平衡、不充分的问题,通过"以人为本"的核心来提高城乡居民福利水平,带动城乡共同发展。在乡村人口对新型城镇化影响效应中,应加快农业转移人口市民化,农村剩余劳动力就业化。对农业转移人口要确保和城市居民获得同质的公共服务,享有城市优质公共基础设施便利的同等权利。对农村地区应加快基础设施建设,获得和城市同质同量的公共服务,推动乡村振兴与新型城镇化耦合协调。继续有效发挥非农化发展途径带动"三农"的发展,以非农化解决农业问题、以非农务工劳动力转移解决农民问题、以城市化解决农村问题是解决"三农"问题的必经之路。

乡村振兴与新型城镇化战略耦合是"治理有效的空间互补性"发展，城市与乡村并非两个完全同质的空间，各有各的特点和功能。城乡功能分工明确，城市与农村在保留各自特色的基础上实现功能分工与互补，城市的功能主要是创造集聚效应、规模效应和空间效益，这些都是带动农村发展的动力与基础。农村主要是利用广大腹地的地域优势等发展绿色生态农业，利用不同于城市的自然资源优势吸引广大游客，为城镇化进程提供所需的生产要素，如劳动力、原材料、能源等，扩大城市消费市场、延续乡村生态宜居空间，缓解城市建设压力。在城镇化进程中建成区扩张的同时，可以通过城市功能延伸，将城市完善的基础设施建设等优质资源延伸到乡村地区，形成合理的布局。

乡村振兴与新型城镇化战略耦合是"要素流动的产业延伸式"发展，产业发展是持续提升城乡居民生活水平、最终实现共同富裕的根本途径，就是要构建城乡产业一体化发展局面，促进农村一二三产业融合，建立农民增收的长效机制。除此之外，还要形成城乡两个空间的产业互动格局，包括乡村第一产业和城市第二、第三产业之间的联动，形成一个利益共同体，共同为城乡发展带来新的机遇；城乡产业延伸应坚持基础性产业发展，扩大农业的多种功能以实现产业升级、扩展农业产业链的延伸、增加农业附加值和提升综合效益。

3.4　多尺度下乡村振兴与新型城镇化的战略耦合机制

从不同时空尺度分析乡村振兴与新型城镇化的战略耦合机制是中国城乡发展问题理论重构的前提（叶超和于洁，2020）。中国各地区发展差异大，其城乡关系也各不相同，政策转化和实施情况存在差异。省域尺度，是将国家战略转化为相应的管理条例和区域城乡发展规划，起着统筹规划的作用；城市尺度，则表现为相应的专项规划和行动计划，城乡关系通过"推拉"途径相互作用；县域尺度，是更加详细的规划和实施计划，也是城乡互动最为密切的尺度，城乡资源要素双向流动（见图3－4）。

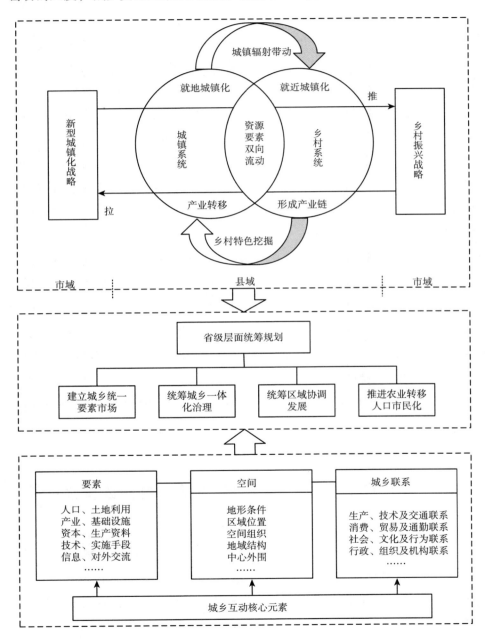

图3－4　不同尺度下城乡互动机制

3.4.1　县域尺度

县域层面是乡村系统与城镇系统互动最为密切的尺度，是连接城乡关系之间最基本的单元，也是新时期乡村振兴与新型城镇化战略耦合的基础和关键。在工业化、信息化、城镇化与农业现代化"四化同步"的基础上，县域范围内要保持城乡各自的特色和功能，通过城乡之间资源要素的双向流动打破城乡二元结构机制，最终为了合理布局城乡空间、缩小城乡差距、构建一个县域层面的城乡有机互动融合系统（曾雯等，2018）。县域层面乡村振兴与新型城镇化的战略耦合主要是通过城镇辐射带动乡村、挖掘乡村的独特内生价值，不同于过去的"以工补农、以城促乡"，乡村系统与城镇系统在县域层面作为平等主体联系紧密，尤其是要形成以县域为基本单元的城乡紧密联系的产业发展链，通过发展现代农业推动农业与第二、第三产业合理衔接。通过建设县域内"农业 +"形式的多元化联盟，建设扶持一批政府主导的农文旅高度融合、亮点突出的产业融合示范园、田园综合体等。县域作为推进乡村振兴与新型城镇化战略耦合的最佳空间地理单元，是城乡融合发展的重要切入点。县域层面乡村振兴与新型城镇化的战略耦合除了形成产业链外，还有通过在县域内流动的"就地城镇化"推动城乡耦合，以县城和中心镇作为就地城镇化的主要载体。政府通过自上而下的引导作用，推进农村土地流转和强镇建设，企业集聚带来的就业机会引导了农村人口流动的方向。

3.4.2　市域尺度

地级市处于一个比较特殊的行政区划位置，它既是宏观与微观、上层与基层的衔接点，又是城市和乡村的结合部，是连接城乡的纽带。地级市尺度扮演的是承上启下、连接城乡的角色，是真正意义上统筹城乡发展的主体。市域尺度乡村振兴与新型城镇化的战略耦合主要是通过"推"和"拉"的途径（邹开敏和庄伟光，2016）。

一是新型城镇化对乡村振兴的推动作用，自 20 世纪 90 年代中后期开始的城镇化建设浪潮，吸引了大批投资、产业集聚在城镇，带动了城镇基础设施建设。尤其是中心城市的优势地位，不仅带动了当地经济的高速增长，也拉动了所辖县的经济发展，从而带动县域经济的发展，缩小城乡差距，也引发了人类历史上罕见的大规模人口向城镇的流动。所谓"推"，就是城镇的高速发展推动了农民进城务工以寻求更多的机会，就近城镇化推动了农民职业的转变，农民兼业化加快了农村产业结构的转变以及地域空间的变化，最终实现城镇化带动乡村振兴的目标。除此之外，农民进城务工使得农民从效益相对较低的第一产业转变到收入回报较高的第二、第三产业，最直接的影响就是提高了农民收入水平，这也是城市就业带动的另一种"推"的途径。

二是乡村振兴对新型城镇化的拉动作用，县、乡财政资金来源少，只有地级市通过财政资金扶持将第二、第三产业引入农村，以开展科技、文化、卫生"三下乡"的途径来带动乡村振兴。农村由于经济文化的落后在过去很长一段时间内都是依靠各级政府的财政拨款改善，对乡村经济复兴短时间内能起到一定程度的作用，但是长期依靠财政拨款振兴乡村不是城市带动乡村的根本途径。随着城镇化进程高速发展后，城市的土地利用资源开始出现不足、城市环保意识逐渐增强的现象，城市工业尤其是高污染项目开始向农村转移，虽然造成了一定污染但也推动了农村工业化进程，实现了农村剩余劳动力就地转移，拉动了乡村经济发展。除了经济建设还有农村文化建设，从1997年开始实施的文化、科技、卫生"三下乡"活动，满足了广大农民精神文化生活需求，提高了农民素质，促进了农村乡风文明建设，对于拉动城市更多更好的项目进入农村也有一定的作用。

3.4.3 省域尺度

省级层面作为引导区域城市化与城市合理发展，协调和处理区域中各城市发展矛盾和问题，合理配置区域性空间资源的尺度，是将国家战略转化为相应的管理条例和区域城乡发展规划，扮演着推进乡村振兴与新型城镇化战略耦合的统筹角色（李兵弟和徐会夫，2004）。统筹性体现在以下四个方面。

一是建立城乡统一要素市场，要素市场一体化建设是乡村振兴与新型城镇化战略耦合中要素自由流动、平等交换的基础。具体通过建立城乡统一的劳动力市场、土地市场和金融市场来推动乡村振兴与新型城镇化的战略耦合。同时设计一定的制度安排，吸引城市中人才、资本等在农村中稀缺的发展要素流入乡村地区，以实现乡村发展和振兴。省级层面区别于地级市和县域的还在于城乡制度融合，能够打破当前以户籍制度为代表的城乡居民在教育、医疗、就业等方面的制度性差别，提高农村居民分享地区发展收益的话语权，促进城乡要素自由流动、公共资源均衡配置，推动乡村振兴与新型城镇化的战略耦合。

二是统筹城乡一体化治理，省级层面的作用还在于要纠正当前体制机制中的城市偏向政策。省级层面乡村振兴与新型城镇化的战略耦合通过思想上重视乡村治理开始，乡村治理有效作为"乡村振兴"五大内涵之一，也是一种基层治理，是国家治理体系的基础，基础地位不可动摇。省级层面作为宏观层面应该将乡村治理纳入国家治理体系中，并将其放在重要、突出的位置，加快推进城乡治理融合。在治理领域方面城乡在经济、社会、生态、文化等各方面协同发展，省级层面的城乡耦合在于可以以省域城乡规划为突破口打破城乡分割的管理体制，牢牢树立"共建共治共享"的城乡治理融合理念（年猛，2020）。

三是统筹区域协调发展，省级层面乡村振兴与新型城镇化的战略耦合还集中体现在地区协调发展的区域性，省域城乡规划中关于解决地区发展的不平衡性也是关键性问题。区域发展越来越离不开中心城市的带动，用城市促进区域经济的发展，用城镇促进区域发展的协调。省级尺度城乡耦合要从区域的角度、用区域的眼光、在区域的层面认知和解决区域发展的不平衡，解决城市与周边地区发展的不平衡。需要指出并共同认知的是，本级政府的规划只能解决本级行政区内发展的不平衡，只有上级政府的规划才能解决下级政府之间发展的不平衡，因此省域城乡规划对于统筹区域协调很有必要性。

四是推进农业转移人口市民化，跨省流动中的异地城镇化是城乡耦合中常见的现象，因此深化户籍制度改革要提上日程，户籍制度的存在使得异地城镇化形成了显著的半城镇化现象。除此之外，全省范围内要推进城乡公共资源均等化、基础设施一体化，省级层面要统筹合理划定空间范围，以市县域为整体，推动市政公用设施向城市郊区、中心镇和广大乡村延伸，加快实现县乡村道路互联互通，让农业转移人口享受到和城市市民一样的服务和体验。

基于上述分析，发现无论是县域、市域还是省域城乡互动机制都离不开三个核心元素，即要素、空间和城乡联系（李智等，2017）。城乡相互作用本质上就是城乡地域的人口、产业、资本、技术、信息等要素在城乡特定空间上所产生的各种联系。

首先是要素，要素作为区域发展的"基本构成"也是城乡相互作用的对象。无论是城市还是乡村均是由人口、土地、产业、基础设施等要素构成的，这些要素的各种组合带来了城乡地域的经济、政治、社会、文化等活动。除此之外，要素还会在城乡地域系统之间自由流动，要素的这种流动也会带来城乡地域空间内的结构变化，如城乡人口流动会影响城乡人口结构继而带来乡村土地结构变化，资本、技术等要素流动可以带来乡村产业结构升级，信息要素流动加强了乡村人口与外界的交流，有利于增强乡风文明。

其次是空间，空间作为城乡互动机制的载体也是区域发展的重要场所。城乡地域系统归根到底是一种空间圈层结构：城市作为最中心，第一个圈层就是它的直接腹地，第二个圈层是其间接腹地；在中心城市和外围乡村之间还存在过渡带，这种通勤带或者绿化带会使得周边乡村具有明显的通勤优势，但是也有可能会使得产业发展因为靠近中心城市过近受到绿化、空间等限制。因此，城乡互动机制会受到空间圈层构成以及其他地形、区域位置等空间地域条件等显著影响。

最后是城乡联系，城乡联系作为区域发展的基本属性具备城乡互动机制的根本特征。城市和乡村是两个相互独立又相互耦合、彼此开放的地域系统，作为一个地域综合体，城乡相互作用的本质还是城乡要素间的流动和联系。城乡联系的形式有很多种，包括生产联系、消费联系、社会联系、行政联系等。生产、消费作为经济活动的中心环节，城乡会围绕着原材料、粮食、商品以及服务等要素的生产消费而形成密切联系，而城市因为市场资源配置作为市场中心具有经济集聚的优势。行政、组织及机构联系主要体现在城市行政只能逐渐向中心村、自然村等逐级辐射，乡村也逐级反馈，这主要是由于城市具有较高的行政等级而产生的联系。交通联系等随着城乡之间通勤越来越便利也日益形成，除此之外，随着社会经济发展社会、文化及行为联系等也日益紧密。

第4章 乡村振兴与新型城镇化
战略耦合的格局特征

本章在前文厘清乡村振兴与新型城镇化战略耦合机理的基础上，通过重构省级层面乡村振兴与新型城镇化的指标体系，以 2004～2018 年全国 30 个省份的面板数据为样本，首先，采用耦合协调度模型测度了乡村振兴与新型城镇化的耦合协调度及各系统协调度。其次，利用空间马尔可夫链描述了乡村振兴与新型城镇化耦合协调度的动态演化特征。最后，通过地理加权回归总结了乡村振兴与新型城镇化耦合协调度变化的驱动机理。

4.1 研究方法与指标选取

4.1.1 研究方法

4.1.1.1 耦合协调度模型

"耦合"一词本来是物理学科里的术语，在经济学界通常是用来测度两个及以上系统间的协调程度。这里用来表征乡村振兴与新型城镇化两个系统的关联性，通常刻画彼此是否和谐一致的程度，揭示从不协调向协调发展的演化规律，模型具体计算公式如下：

$$C = \frac{2\sqrt{u_1 \times u_2}}{u_1 + u_2} \tag{4-1}$$

$$D = \sqrt{C \times T} \qquad (4-2)$$

$$T = \alpha u_1 + \beta u_2 \qquad (4-3)$$

其中，C 代表耦合度，用来测度乡村振兴与新型城镇化耦合作用的程度，但是耦合度无法展现出两个系统整体的"协同"效应。D 表示耦合协调度（也称协调度），是学者较多用于反映两个系统整体协调程度的变量。关于耦合协调度的分类学界还没有统一的划分标准，根据前人的研究成果（徐维祥等，2019），结合乡村振兴与新型城镇化的实际发展情况，耦合协调度分为 5个层次、3 种类型，具体如表 4－1 所示。

表 4－1　　　　　　　　　　耦合协调度类别划分标准

协调类型	数值	协调程度	亚类型	城乡发展
协调发展	$0.7 \leq D < 1$	高级协调	$R - U > 0.3$	高级协调—城镇领先
			$0.1 < R - U \leq 0.3$	高级协调—城镇先行
			$0 \leq |R - U| \leq 0.1$	高级协调
			$U - R > 0.3$	高级协调—乡村领先
			$0.1 < U - R \leq 0.3$	高级协调—乡村先行
	$0.6 \leq D < 0.7$	中级协调	$R - U > 0.3$	中级协调—城镇领先
			$0.1 < R - U \leq 0.3$	中级协调—城镇先行
			$0 \leq |R - U| \leq 0.1$	中级协调
			$U - R > 0.3$	中级协调—乡村领先
			$0.1 < U - R \leq 0.3$	中级协调—乡村先行
转型发展	$0.5 \leq D < 0.6$	初级协调	$R - U > 0.3$	初级协调—城镇领先
			$0.1 < R - U \leq 0.3$	初级协调—城镇先行
			$0 \leq |R - U| \leq 0.1$	初级协调
			$U - R > 0.3$	初级协调—乡村领先
			$0.1 < U - R \leq 0.3$	初级协调—乡村先行
失调衰退	$0.4 \leq D < 0.5$	勉强协调	$R - U > 0.3$	勉强协调—城镇领先
			$0.1 < R - U \leq 0.3$	勉强协调—城镇先行
			$0 \leq |R - U| \leq 0.1$	勉强协调
			$U - R > 0.3$	勉强协调—乡村领先
			$0.1 < U - R \leq 0.3$	初级协调—乡村先行

续表

协调类型	数值	协调程度	亚类型	城乡发展
失调衰退	$0 \leqslant D < 0.4$	濒临失调	$R - U > 0.3$	濒临失调—城镇领先
			$0.1 < R - U \leqslant 0.3$	濒临失调—城镇先行
			$0 \leqslant \mid R - U \mid \leqslant 0.1$	濒临失调
			$U - R > 0.3$	濒临失调—乡村领先
			$0.1 < U - R \leqslant 0.3$	濒临失调—乡村先行

4.1.1.2　空间相关性分析

全局 Moran's I 指数主要反映的是空间自相关性，即描述了空间单元的相邻或相近度，具体的计算过程如下：

$$Moran's\ I = \frac{n \sum_{i=1}^{n} \sum_{j=1}^{n} w_{ij}(x_i - \bar{x})(x_j - \bar{x})}{\sum_{i=1}^{n} \sum_{j=1}^{n} w_{ij} \sum_{i=1}^{n} (x_i - \bar{x})^2} \qquad (4-4)$$

其中，n 为样本量；x_i、x_j 为 i 和 j 的空间单元观察量；w_{ij} 表示空间单元 i 和 j 的邻域关系，当 i 和 j 邻近时，$w_{ij} = 1$，反之为 0。全局 Moran's I 指数的数值在 $-1 \sim 1$ 区间，Moran's I 大于 0 的是空间正相关，小于 0 的是负相关，等于 0 的是不相关。

4.1.1.3　标准差椭圆

标准差椭圆是一种用来分析属性值重心位置及其空间移动趋势的方法，构成要素包括中心坐标、方位角、长轴和短轴等（杨骞和秦文晋，2018），计算公式如下。

（1）平均中心坐标：

$$\overline{X_w} = \sum_{i=1}^{n} w_i x_i \Big/ \sum_{i=1}^{n} w_i , \overline{Y_w} = \sum_{i=1}^{n} w_i y_i \Big/ \sum_{i=1}^{n} w_i \qquad (4-5)$$

（2）方位角：

$$\theta = \arctan \left[\left(\sum_{i=1}^{n} x_i'^2 - \sum_{i=1}^{n} y_i'^2 \right) \right.$$

$$+ \sqrt{\left(\sum_{i=1}^{n} x_i'^2 - \sum_{i=1}^{n} y_i'^2 \right)^2 + 4 \left(\sum_{i=1}^{n} x_i' y_i' \right)^2} \Bigg] \Bigg/ 2 \sum_{i=1}^{n} x_i' y_i' \qquad (4-6)$$

（3）轴标准差：

$$\delta_x = \sqrt{\sum_{i=1}^{n} (x_i' \cos\theta - y_i' \sin\theta)^2 / n}, \delta_y = \sqrt{\sum_{i=1}^{n} (x_i' \sin\theta - y_i' \cos\theta)^2 / n}$$

$$(4-7)$$

式中，$(\overline{X_w}, \overline{Y_w})$ 为加权平均中心；(x_i, y_i) 为县域几何中心坐标；w_i 为权重，θ 为椭圆方位角；arctan 为反正切；sin 和 cos 分别表示正弦和余弦；x_i' 和 y_i' 分别为县域中心到平均中心的坐标偏差；δ_x 和 δ_y 分别为沿 x 轴和 y 轴的标准差。

4.1.1.4　马尔可夫链

马尔可夫通常是被用来预测事件发生的变化趋势，一般通过构造一个状态转移概率矩阵来测度事件发生状态变化的概率。首先，将被研究的属性值按照类型划分成 k 种类型，接着计算每种类型状态的概率分布及状态转移概率。这里根据乡村振兴与新型城镇化的协调类型构造一个 3×3 的马尔可夫转移概率矩阵 M（见表 4-2），假设 m_{ij} 为某省市耦合协调度从 t 年的状态 i 转移到 $t+1$ 年的状态 j 的转移概率，可采用转移的频数近似估算状态转移概率 $m_{ij} = n_{ij}/n_i$，其中，n_{ij} 表示由 t 年状态 i 转移到 $t+1$ 年状态 j 的区域数量，n_i 表示在研究样本内属于状态 i 的区域数量之和。如果某个区域的协调类型在初始年份为 i，在下一年份仍保持不变，则定义该区域类型转移为平稳；如果协调类型有所提高，则定义该区域向上转移；否则，为向下转移（肖刚等，2016）。

表 4-2　　　　　　　　马尔可夫链状态转移概率矩阵 （$N=3$）

t_i/t_{i+1}	1	2	3
1	m_{11}	m_{12}	m_{13}
2	m_{21}	m_{22}	m_{23}
3	m_{31}	m_{32}	m_{33}

空间马尔可夫与传统马尔可夫的不同之处就在于考虑了空间滞后项，补全了传统马尔可夫对区域之间空间关联性的忽视。前面的传统 $k \times k$ 阶状态转移概率矩阵 M 可以继续分解成 k 个 $k \times k$ 转移条件概率矩阵（见表 4 – 3），划分标准是以初试年份的空间滞后类型为条件，从而分析在不同空间背景下乡村振兴与新型城镇化协调类型向上或向下转移的概率。$m_{ij}(k)$ 是在 m_{ij} 的基础上以 t 年的空间滞后类型 k 为条件，从 t 年的 i 转移到 $t+1$ 年的 j 状态的概率（周亮等，2019）。而空间滞后类型 k 通过计算初试年份（2004 年）乡村振兴与新型城镇化耦合协调的空间滞后值得到的，空间滞后值是该区域邻近地区耦合协调度的空间加权平均，通过乡村振兴与新型城镇化的耦合协调度和空间权重矩阵的乘积来计算，即 $\sum_j w_{ij} y_j$，其中，y_j 表示某地区耦合协调度值，w_{ij} 表示空间权重矩阵 w 的元素（侯孟阳和姚顺波，2018）。本书采用邻接原则 0 ~ 1 定义全国省域空间尺度上的空间相邻关系，其中海南省由于地理位置特殊，这里假定与广东省相邻。

表 4 – 3 空间马尔可夫链状态转移条件概率矩阵（$N = 3$）

空间滞后	t_i / t_{i+1}	1	2	3
1	1	$m_{11/1}$	$m_{12/1}$	$m_{13/1}$
	2	$m_{21/1}$	$m_{22/1}$	$m_{23/1}$
	3	$m_{31/1}$	$m_{32/1}$	$m_{33/1}$
2	1	$m_{11/2}$	$m_{12/2}$	$m_{13/2}$
	2	$m_{21/2}$	$m_{22/2}$	$m_{23/2}$
	3	$m_{31/2}$	$m_{32/2}$	$m_{33/2}$
3	1	$m_{11/3}$	$m_{12/3}$	$m_{13/3}$
	2	$m_{21/3}$	$m_{22/3}$	$m_{23/3}$
	3	$m_{31/3}$	$m_{32/3}$	$m_{33/3}$

4.1.1.5 地理加权回归模型（GWR 模型）

如果变量存在空间自相关性，那么传统 OLS 回归模型没有考虑空间问题将不再适用。地理加权回归模型（GWR）能够弥补这一不足，对不同地区的影响进行估计，将地理位置嵌入回归参数中，反映参数在不同空间的非平稳性（王凯等，2021）。因此，地理加权回归模型能够反映回归参数的空间分布特征，公式如下：

$$y_i = \beta_0(\mu_i, \nu_i) + \sum_k \beta_k(\mu_i, \nu_i) x_{ik} + \varepsilon_i \qquad (4-8)$$

其中，y_i 为全局因变量，x_{ik} 为自变量；（μ_i，ν_i）是第 i 个采样点的坐标；$\beta_0(\mu_i, \nu_i)$ 是第 i 个采样点统计回归的常数项；$\beta_k(\mu_i, \nu_i)$ 是第 i 个采样点上的第 k 个回归参数；ε_i 是第 i 个地区的随机误差；β_0 和 β_k 为一套参数，k 为单元数。

4.1.2　指标选取与数据来源

4.1.2.1　指标体系构建

根据 2018 年发布的《乡村振兴战略规划（2018～2022 年）》，乡村振兴评价指标聚焦在"产业兴旺、生态宜居、乡风文明、治理有效、生活富裕"五个方面。国内关于乡村振兴的定量化研究近几年开始逐渐增多，乡村振兴指标体系构建也逐步完善，尤其是省级尺度相对容易些。但是目前关于省级层面乡村振兴指标数据来源还是以地区性研究为主，参考该地区当年的国民经济和社会发展统计公报的研究较多。前人的研究还是存在一定不足，无法从全国层面分析乡村振兴的时空演化特征。为此，基于数据的可获得性、完整性和连续性的角度，本书在前人研究的基础上（廖文梅等，2020），参照乡村发展相关主题的指标选取，从乡村振兴战略的五大内涵出发构建了全国省级层面乡村振兴评价指标体系，共计 24 个具体指标（见表 4-4）。

产业兴旺：（1）农林牧渔业产值比重，乡村的基础性产业还是农林牧渔产业，也是乡村的主要产业，农林牧渔业产值比重反映了乡村支柱性产业发展情况；（2）农业机械化水平，农业机械总动力与耕地面积的比值反映了农业机械化水平；（3）作物多元化，非粮播种比重越大反映了农民在粮食作物以外种植了其他经济作物，进一步说明农村产业发展具有多元性；（4）乡村非农就业比重，非农就业比重反映了农民务农以外的乡村就业情况，能够侧面

表 4－4　　　　　　　　　　省级乡村振兴指标体系

目标层	准则层	具体指标	指标含义	性质
乡村振兴（R）	产业兴旺	农林牧渔业产值比重	农林牧渔业产值/地区生产总值×100（％）	+
		农业机械化水平	农业机械总动力/耕地面积（千瓦/公顷）	+
		作物多元化	非粮播种面积/总播种面积×100（％）	+
		乡村非农就业比重	乡村从事非农林牧渔业/乡村从业（％）	+
		粮食单位面积产量	粮食产量/粮食播种面积（％）	+
		农林牧渔业产出率	农林牧渔业产值/乡村农林牧渔从业（％）	+
	生态宜居	每万人拥有村卫生室个数	村卫生室个数/乡镇人口（床/万人）	+
		每公顷耕地化肥施用量	农用化肥施用量/耕地面积（吨/公顷）	－
		人均养老服务机构数量	养老服务机构数/年末收养人数（个/百人）	+
		农村卫生厕所普及率	农村卫生厕所普及率（％）	+
		农村人均肉产量	肉类产量/农村常住人口（吨/人）	+
	乡风文明	教育文娱支出占消费支出比	农村家庭教育文化娱乐支出/消费总支出（％）	+
		每万人拥有乡镇文化站	乡镇文化站个数/农村总人口（个/万人）	+
		农村居民平均受教育年限	农村人口抽样调查计算而得（年）	+
		农村家庭移动电话拥有量	移动电话用户数/农村总农户（部/百户）	+
	生活富裕	农民人均纯收入	农村居民人均纯收入（元/人）	+
		农村人均用电量	农村用电量/农村常住人口（千瓦时/人）	+
		农村恩格尔系数	农村居民食品消费/消费总额×100（％）	－
		农村居民消费水平	农村人均消费水平（元/人）	+
		农村住户固定资产投资	农村住户固定资产投资（元）	+
	治理有效	有效灌溉率	有效灌溉面积/耕地总面积（％）	+
		农村最低生活保障人数	农村最低生活保障人数（人）	－
		每万人拥有农村村委会个数	农村村委会个数/农村常住人口（个/万人）	+
		农村人口老龄化	65 岁及以上人口占比（％）	－

注：符号"＋""－"表示指标功效，即在测度乡村振兴水平时是正向影响或负向影响。

说明乡村非农产业发展越迅猛，乡村产业发展的可能性越多；（5）粮食单位面积产量，单位粮食播种面积上的粮食产量反映了一个地区的粮食综合生产能力，说明该地区的基础性产业生产能力的强弱；（6）农林牧渔业产出率，反映出农林牧渔业生产的效率水平，是农村的基础性产业产出率。

生态宜居：（1）每万人拥有村卫生室个数，村卫生室是一个村最基础的医疗资源，也反映了一个地区的医疗硬件条件，这种硬件条件是生态宜居中生活环境的反映，不仅体现了农村医疗资源的分配，也体现了居民生活质量；（2）每公顷耕地化肥施用量，反映了农业生产污染物投放强度，农业生产中由于劳动力、土地等要素缺失，不可避免地会投入化肥、农药等物质资本，这虽然能够维持农业生产但是也会带来一定的污染和浪费，因此按照美丽乡村的目标要求化肥使用量有其目标值；（3）人均养老服务机构数量，反映了该地区的养老条件，尤其是在农村人口老龄化越来越严重的情况下，养老服务机构的需求性越来越大；（4）农村卫生厕所普及率，农村"厕所革命"关系到农村居民生活环境和卫生改善，用农村卫生厕所普及率来衡量农村的卫生环境；（5）农村人均肉产量，反映的是农村生活环境，乡村生态宜居不仅要强调人居环境建设，同时更加注重人的获得感，达到"宜居"。

乡风文明：（1）农村家庭教育文娱支出占消费支出比，随着农村居民生活水平的提高，居民有更多的精力放到精神文明建设中，闲暇活动意愿增强能够促进乡风文明提高；（2）每万人拥有乡镇文化站，乡风文明创建离不开乡镇文化站，按照《乡村振兴战略规划（2018～2022年）》的指导要求乡镇文化站的覆盖率应该达到100%；（3）农村居民平均受教育年限，反映了乡村人力资本水平，是乡风文明的宝贵资源；（4）农村家庭移动电话拥有量，乡风文明必须坚持物质文明和精神文明一起抓，农村家庭拥有移动电话数反映了当地的信息化程度，可以通过更多的渠道了解外面的信息和文明。

生活富裕：（1）农民人均纯收入，反映了农村的可支配收入，是农村实现生活富裕的基础；（2）农村人均用电量，农村用电量一方面能反映农村机械化水平，用电越多说明农村生产越多，另一方面也能从侧面反映农村居民生活水平，用电越多说明村民生活质量越高；（3）农村恩格尔系数，恩格尔系数能在一定程度上反映农村居民的生活富裕水平；（4）农村居民消费水平，消费和收入是相对的，消费水平越高从侧面也反映了农村居民生活水平在提高、收入状况良好；（5）农村住户固定资产投资，反映的是农村居民收入以外的生活水平，固定资产投资越多侧面反映了农村居民生活越富裕。

治理有效：（1）有效灌溉率，体现了农田灌溉实施程度，一定程度上反映了农地治理情况；（2）农村最低生活保障人数，最低生活保障是国家社会保障的体现，反映了社会救济制度对农村居民的保障程度，目的是实现城乡公共服务均等化的治理有效性；（3）每万人拥有农村村委会个数，村委会是乡村基层组织的主体，也是乡村治理的直接管理者，作为乡村最基层主体的目的就是以高效的治理成本为农民提供服务；（4）农村人口老龄化，反映了农民的治理程度，农村人口老龄化现象严重说明农村青壮年劳动力外流普遍，只有真正实现乡村振兴吸引农村劳动力回流，才能从根本上改善农村人口老龄化的情况。

新型城镇化的发展在传统城镇化的基础上更加强调"以人为本"，关于新型城镇化指标体系构建也趋于成熟，定量研究新型城镇化的文献越来越多。本书基于前面关于战略耦合机理的阐述，与乡村振兴相对应，以及借鉴前人的思路从产业、经济、社会、空间和绿色五个维度来构建新型城镇化评价体系（赵磊和方成，2019）。为此，本书在文献综述研究的基础之上，设计了包括 1 个一级指标，即新型城镇化发展水平，5 个二级指标，即产业城镇化、绿色城镇化、社会城镇化、经济城镇化、空间城镇化，以及 25 个三级指标，具体如表 4 - 5 所示。

表 4 - 5　　　　　　　　　　省级新型城镇化指标体系

目标层	准则层	指标层	指标含义	性质
新型城镇化（U）	产业城镇化	第三产业从业人员比重	第三产业从业人员/总就业人员 ×100（%）	+
		第三产业产值占比	第三产业产值/地区生产总值 ×100（%）	+
		年末城镇单位就业占比	城镇单位就业人员/城镇人口	+
		城镇登记失业率	城镇登记失业人数/城镇就业人数（%）	−
		人均工业增加值	工业增加值/年末总人口（元/人）	+
	绿色城镇化	人均公园绿地面积	公园绿地面积/城镇年末常住人口（平方米/人）	+
		建成区绿化覆盖率	建成区绿化覆盖面积/建成区面积（%）	+
		生活垃圾无害化处理率	生活垃圾无害化处理率（%）	+
		固体废弃物综合利用率	固体废弃物综合利用率（%）	+
		城市燃气普及率	城市燃气普及率（%）	+
		每万人拥有公共厕所	公共厕所数量/年末总人口（个/万人）	+

续表

目标层	准则层	指标层	指标含义	性质
新型城镇化（U）	社会城镇化	每百人藏书量	图书馆藏书量/年末总人口（册/百人）	+
		城镇每万人医疗机构床位数	城镇医疗机构床位数/城镇年末总人口（张/万人）	+
		每万人公共汽车营运车辆	年末公共汽车营运车辆/年末总人口（辆/万人）	+
		城镇家庭教育支出占比	城镇家庭教育支出/城镇家庭总支出（%）	+
	经济城镇化	城镇人均可支配收入	城镇可支配收入/城镇总人口（元/人）	+
		城镇居民消费水平	城镇人均消费水平（元/人）	+
		城镇恩格尔系数	城镇居民食品消费/消费总额（%）	−
		城镇家庭移动电话拥有量	城镇家庭移动电话用户数/城镇总用户（部/百户）	+
		城镇固定资产投资	城镇固定资产投资（元）	+
	空间城镇化	城镇建成区面积	城镇建成区面积（平方千米）	+
		城市人均建设用地面积	城市建设用地面积/城镇总人口（平方米/人）	+
		城市人均道路面积	城市道路面积/城镇总人口（平方米/人）	+
		城市建设用地面积占比	城镇建设用地/建成区面积（%）	+
		建成区经济密度	第二、第三产业产值/建成区面积（亿元/平方千米）	+

注：符号"＋""－"表示指标功效，即在测度乡村振兴水平时是正向影响或负向影响。

4.1.2.2　数据来源

由于西藏部分指标数据缺失严重，本书选取了 2004～2018 年除西藏及港澳台外的 30 个省（自治区、直辖市）作为研究对象。相关数据来自国家统计局年度数据，2005～2019 年的《中国统计年鉴》《中国农村统计年鉴》及各省份统计年鉴，部分省份数据缺失采用插值法补齐。

4.2　乡村振兴与新型城镇化耦合协调的空间格局特征

4.2.1　乡村振兴与新型城镇化的时空分异特征

通过熵值法（王富喜等，2013）计算出 2004～2018 年中国 30 个省份乡村振兴指数与新型城镇化水平，进一步分析研究期内 2004 年和 2018 年的乡村振兴与新型城镇化的空间分异特征（见表 4 - 6 和表 4 - 7）。

表 4 - 6　　　　　　　　　　省级乡村振兴指数空间分异

乡村振兴指数	0.0000 ~ 0.2000	0.2001 ~ 0.3000	0.3001 ~ 0.4000	0.4001 ~ 0.6000	0.6001 ~ 1.000
2004 年	甘肃、宁夏、安徽、云南、贵州、广西	黑龙江、内蒙古、吉林、河北、山西、陕西、河南、湖北、重庆、湖南、江西、四川、青海、海南	新疆、辽宁、山东、福建	江苏、浙江、广东、天津	北京、上海
2018 年	—	黑龙江、吉林、辽宁、山西、宁夏、陕西、甘肃、青海、四川、重庆、云南、贵州、广西、江西	内蒙古、新疆、河北、河南、湖北、安徽、湖南、福建、天津、海南	山东、江苏、浙江、广东	北京、上海

注：由于数据可得性，研究区域不包括西藏自治区和港澳台地区。

表 4 - 7　　　　　　　　　　省级新型城镇化振兴指数空间分异

新型城镇化振兴指数	0.0000 ~ 0.2000	0.2001 ~ 0.3000	0.3001 ~ 0.4000	0.4001 ~ 0.6000	0.6001 ~ 1.000
2004 年	黑龙江、内蒙古、青海、云南、贵州	吉林、辽宁、山西、宁夏、陕西、四川、重庆、湖北、安徽、江西、广西、新疆、甘肃、海南	河北、山东、河南、湖南、福建	北京、江苏、上海、浙江、广东、天津	—
2018 年	黑龙江、吉林、甘肃、山西、陕西、重庆、贵州、云南	内蒙古、辽宁、宁夏、河北、河南、湖北、安徽、江西、广西、海南、四川、青海、新疆	山东、江苏、浙江、福建、湖南、广东、天津	北京	上海

注：由于数据可得性，研究区域不包括西藏自治区和港澳台地区。

由表 4 - 6 可知，2004 年乡村振兴空间分布上总体呈现东部沿海高、西南西北低的发展态势，高值区域（0.4 以上）集中在东部沿海地区的江苏、上海、浙江、广东以及北京、天津。乡村振兴指数最高的是上海（0.741）、北京（0.700），其次是浙江、广东、江苏。山东、福建、辽宁、新疆处于中等水平区域（0.3~0.4），低值区域（0.2 以下）集中在西南地区的云南、贵州、广西，西北地区的甘肃、宁夏以及中部的安徽。其余省份乡村振兴指数基本上在 0.2~0.3。2018 年乡村振兴指数的空间分布特征更加明显，呈现"东高西低"的分布态势。低值区域（0.2 以下）变化明显，已基本消除，大部分省份的乡村振兴指数处于 0.2~0.4 区间的中低水平区域。高值区域（0.4 以上）增加了山东，除了福建基本覆盖了东部沿海省份，但是东部的辽宁、上海、天津的乡村振兴指数有所下降，中部省份（湖北、湖南、安徽、河南）乡村振兴指数显著提高。综合来看，2004~2018 年呈现中西部省份乡村振兴指数增速明显，东部省份略微下降，省际区域差异逐渐缩小的演变特征，空间分布上中等水平区域不断由东部向中部深入趋向均衡发展。

由表 4-7 可知，大部分省份的新型城镇化水平位于 0.2~0.4 区间，空间分布上呈现"东高西低"的阶梯状发展格局。2004 年新型城镇化水平中高值区域（0.4~0.6）分布在北京（0.555）、天津（0.577）、江苏（0.423）、上海（0.525）、浙江（0.520）、广东（0.419）；中等水平区域（0.3~0.4）分布在河北、山东、河南、湖南、福建；低值区域（0.2 以下）分布在云南、贵州、青海、内蒙古、黑龙江。2018 年上海（0.602）由中高值区域向高值区域递进，2018 年的中高值区域（0.4~0.6）除了北京外均向中等水平区域（0.3~0.4）递减。低值区域（0.2 以下）由分散趋于连片集中化，分布在西南地区的云南、贵州、重庆，西北地区的甘肃、陕西，中部地区的山西，东北地区的黑龙江、吉林。从全国层面来看，新型城镇化水平空间分布呈现东中西带状集中分布，东高西低的态势仍然较为明显，中高值区域减少，低值区域主要连片分布在西部地区，区域间新型城镇化水平差距呈现缩小的趋势。中等水平区域（0.3~0.4）的省份相对较多，但这部分地区的数量有望减小，虽然东部地区新型城镇化水平小幅波动，但对中西部地区城镇化连片治理的工作刻不容缓，以实现区域均衡发展。

4.2.2 城乡及各系统协调度的时空分异特征

4.2.2.1 时序演变特征

利用耦合协调度模型测度出乡村振兴与新型城镇化的总体协调度，以及各分系统的协调度——产业协调度、生态协调度、社会协调度、经济协调度、空间协调度。图 4-1 通过测算出 30 个省份各系统协调度的均值进行时序演变特征分析。从时间维度上看，2004~2018 年乡村振兴与新型城镇化总体协调度（城乡协调度）呈现 2013 年前小幅波动，2013 年后平稳增长的趋势；绿色城镇化与乡村生态宜居的协调度（生态协调度）最高，基本上处于 0.60~0.65，虽然有小幅波动但总体向上发展；经济城镇化与乡村生活富裕的协调发展（经济协调度）起伏波动最大，2005~2012 年呈现迅猛增长趋势，2013 年有略微下降后又出现平稳增长趋势，但是增长势头没有 2012 年前迅猛；社会城镇化与乡风文明发展的协调度（社会协调度）在 2009 年有下降趋势，但 2009 年后一直保持平稳增长的趋势；产业城镇化与乡村产业兴旺的协调度（产业协调度）和空间城镇化与乡村治理有效的协调度（空间协调度）在 2010 年前均有所波动，但是 2010 后发展趋势则出现相反方向，产业协调度

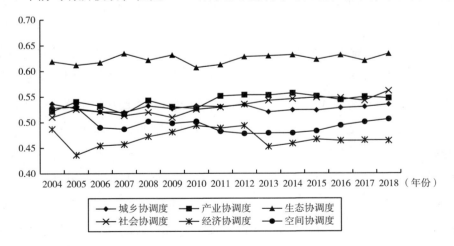

图 4-1 省级乡村振兴与新型城镇化及各分系统协调度的时序演变

注：由于数据可得性，研究区域不包括西藏自治区和港澳台地区。

向上增长时，空间协调度向下调整但近些年又有向上的趋势，这可能是由于产业集聚发展首先需要的要素就是土地、资金，因此在产业城镇化进程的同时，空间城镇化也在推进，但是乡村治理有效的程度未必跟得上乡村产业兴旺，因此造成了两条线出现不一样的发展趋势，尤其是 2010 年后正是城镇化快速发展时期。总体上看，乡村振兴与新型城镇化总体协调度及各分系统的协调度呈现向上的趋势，其中，生态协调度最高且发展稳定；经济协调度起伏波动最大，这也说明城乡经济差距仍然是城乡差距中的重中之重；社会协调度 2009 年后持续向上、势头发展良好；产业协调度近些年有所波动略有下降，而空间协调度近些年向上势头发展良好。

4.2.2.2　空间分异特征

由表 4－8 来看，测算出的乡村振兴与新型城镇化的总体协调度呈现"东高西低"的分布特征，基本上城乡协调度在 0.5 以上，处于勉强协调及以上的阶段，初级协调区域逐渐扩散，濒临失调区域已基本消失。2004 年处于高级协调阶段的省份主要分布在东部地区的北京、天津、上海、浙江，其中上海城乡协调度最高（0.790）；山东、江苏、福建、广东均处于中级协调阶段；辽宁、河北、河南、湖北、湖南等处在初级协调阶段，呈现南北带状分布；贵州的城乡协调度最低，为 0.389；新疆的城乡协调度为 0.533，发展态势良好，处于初级协调区域。2018 年贵州城乡协调度明显提高，由濒临失调跨入勉强协调区域，高级协调区域明显减少，只剩下北京、上海，但是初级协调区域不断扩散，增加了内蒙古、安徽、海南。

表 4－8　　　　　　　　　省级城乡协调度空间分异

城乡协调度	濒临失调	勉强协调	初级协调	中级协调	高级协调
2004 年	贵州	黑龙江、内蒙古、吉林、甘肃、宁夏、山西、陕西、青海、四川、云南、广西、安徽、江西、重庆、海南	辽宁、河北、河南、湖北、湖南、新疆	山东、江苏、福建、广东	浙江、北京、天津、上海

续表

城乡协调度	濒临失调	勉强协调	初级协调	中级协调	高级协调
2018年	—	黑龙江、吉林、辽宁、山西、宁夏、甘肃、陕西、青海、四川、重庆、贵州、云南、广西、江西	内蒙古、新疆、河北、河南、安徽、湖北、湖南、福建、海南	山东、江苏、浙江、广东、天津	北京、上海

亚类型划分	乡村领先	乡村先行	协调发展	城镇先行	城镇领先
2004年	—	安徽、河北、天津	黑龙江、吉林、辽宁、山西、宁夏、陕西、甘肃、青海、四川、贵州、云南、广西、江西、内蒙古、新疆、河南、湖北、湖南、福建、山东、江苏、浙江、广东、海南、重庆	北京、上海	—
2018年	—	—	黑龙江、吉林、辽宁、山西、宁夏、甘肃、青海、四川、贵州、云南、广西、江西、内蒙古、新疆、河南、湖北、湖南、福建、山东、海南、安徽、河北、天津、上海	北京、江苏、浙江、广东、陕西、重庆	—

注：由于数据可得性，研究区域不包括西藏自治区和港澳台地区。

从表4-8中还可以看出，各省份亚类型划分上也存在异质性，2004年城乡协调发展占大多数，只有安徽、河北、天津是乡村先行，北京、上海是城镇先行，其余省份均处于城乡协调发展阶段。2018年城乡发展差距扩大，城镇先行的省份数量增加，分布在北京、江苏、浙江、广东、陕西和重庆，以东部发达地区为主，乡村先行的省份已基本消失。由此可见，乡村振兴与新型城镇化的总体协调发展仍然存在阻碍，新型城镇化的进程明显要比乡村振兴的发展势头更猛，随着时间推移城镇先行的省份增多，尤其是东部发达地区更加重视乡村振兴的问题。城镇化进程加快的同时也不能忽视乡村的发展，尤其在早期城市偏向的发展政策加大了城乡差距，也为后面乡村振兴与新型城镇化耦合协调出现阻碍埋下隐患。

从省级产业协调空间分异来看（见表 4 - 9），2004 年高级协调区域集中分布在东部沿海地区，由北向南从北京到海南城乡产业协调均处于高级协调阶段。中级协调区域由北向南分布在河北、河南、湖北、湖南、广西呈现明显的带状分布，以及青海、四川。除了内蒙古和宁夏处于勉强协调阶段，其余省份均处于初级协调阶段。2018 年高级协调区域自北向南、由东向西扩散，减少了北京、天津、浙江、海南，增加了河南、湖南、广西。中级协调区域由南向北转移，从四川转移到内蒙古、辽宁，自西向东扩散增加了江西、安徽。勉强协调区域转移到黑龙江。总体来看，从 2004 到 2018 年处于中高级协调阶段的省份数量明显增加，中高级协调区域由带状向块状分布转变。城乡产业协调度中部稳步增长的同时东部地区小幅波动，最终逐渐趋向均衡发展。

表 4 - 9　　　　　　　　　　　省级城乡产业协调度空间分异

产业协调度	濒临失调	勉强协调	初级协调	中级协调	高级协调
2004 年	—	内蒙古、宁夏	新疆、甘肃、黑龙江、山西、陕西、吉林、辽宁、安徽、江西、贵州、重庆、云南	青海、四川、河北、河南、湖北、湖南、广西、上海	北京、天津、山东、江苏、浙江、福建、广东、海南
2018 年	—	黑龙江	新疆、甘肃、四川、陕西、山西、云南、贵州、吉林、上海	内蒙古、辽宁、青海、河北、北京、天津、安徽、湖北、江西、浙江、重庆、海南、宁夏	山东、江苏、福建、广东、广西、河南、湖南

亚类型划分	乡村领先	乡村先行	协调发展	城镇先行	城镇领先
2004 年	—	甘肃、山西	青海、云南、贵州、湖南、重庆、陕西、宁夏、内蒙古、吉林	新疆、黑龙江、天津、河北、河南、江西、福建、广西、四川、湖北、安徽、辽宁	海南、广东、浙江、江苏、上海、北京、山东

亚类型划分	乡村领先	乡村先行	协调发展	城镇先行	城镇领先
2018 年	—	青海、海南	甘肃、四川、云南、内蒙古、黑龙江、吉林、辽宁、湖北、江西、广西、福建、新疆	宁夏、山西、陕西、河南、河北、天津、湖南、广东、贵州	北京、安徽、江苏、浙江、上海、山东、重庆

注：由于数据可得性，研究区域不包括西藏自治区和港澳台地区。

从亚类型划分来看，2004 年产业城镇化和乡村产业兴旺差距较大，城镇领先的分布在北京、江苏、上海、浙江、广东、海南、山东，基本上分布在东部沿海发达地区。乡村先行分布在甘肃、山西。城镇领先的区域除了上海外均是城乡产业协调度处于高级协调的区域。2018 年城镇领先的省份数量有所减少，由北向南分布在北京、山东、江苏、上海、浙江、安徽、重庆。青海、海南乡村产业兴旺发展势头向上，达到乡村先行的地步，但是城镇先行的区域数量在减少。总体来看，城乡产业协调度处于中级、高级协调阶段的省份大部分是城镇先行或城镇领先的状态，说明产业城镇化进程推进比乡村产业兴旺的发展势头迅猛，乡村产业兴旺的提升空间仍然很大。

如表 4-10 所示，2004 年绿色城镇化与乡村生态宜居高级协调区域分布在北京、天津、上海，山东、浙江、福建处于中级协调阶段。大部分省份处于勉强协调阶段，西南地区的贵州、云南处于濒临失调阶段。到 2018 年中高级协调阶段的省份数量有所增加，高级协调区域增加了江苏，中级协调区域增加了湖北、广东、海南、新疆。濒临失调区域已基本消失，初级协调区域也有所增加，呈现南北带状分布。总体来看，城乡生态协调度发展势头良好，

表 4-10   省级城乡生态协调度空间分异

生态协调度	濒临失调	勉强协调	初级协调	中级协调	高级协调
2004 年	云南、贵州	甘肃、青海、山西、陕西、四川、湖南、广西、海南、黑龙江、内蒙古、吉林、安徽、江西、重庆、宁夏	辽宁、河北、河南、湖北、广东、江苏、新疆	山东、浙江、福建	上海、天津、北京

续表

生态协调度	濒临失调	勉强协调	初级协调	中级协调	高级协调
2018 年	—	甘肃、山西、陕西、四川、云南、贵州、海南、辽宁、内蒙古、吉林、江西、河北	黑龙江、青海、河南、山东、安徽、广西、湖南、重庆	海南、广东、福建、浙江、湖北、新疆、天津	江苏、北京、上海

亚类型划分	乡村领先	乡村先行	协调发展	城镇先行	城镇领先
2004 年	浙江、河北、山东、湖南	吉林、河南、湖北、江西、福建、广东、广西、四川、辽宁、江苏、天津、安徽、海南	宁夏、甘肃、陕西、山西、青海、新疆、黑龙江、内蒙古、云南、贵州、重庆、上海	北京	—
2018 年	河北、湖南、山东、河南	黑龙江、吉林、浙江、湖北、江西、福建、广西、四川、云南、贵州、辽宁、江苏、安徽、海南、新疆、青海、宁夏	甘肃、陕西、广东、内蒙古、重庆、天津、上海	山西	北京

注：由于数据可得性，研究区域不包括西藏自治区和港澳台地区。

空间格局呈现"东高西低"的分布特征，中高级协调阶段的区域明显由东向西扩大，濒临失调和勉强协调区域明显减少。

从亚类型划分来看，绿色城镇化与乡村生态宜居的发展差距分布主要以乡村先行为主。2004 年京、津、冀的城乡生态差异均有所不同，北京的绿色城镇化发展比乡村生态宜居发展更好，处于城镇先行阶段。天津处于乡村先行阶段，河北的乡村生态宜居比绿色城镇化发展更有潜力，处于乡村领先阶段。除此之外，浙江、山东、湖南城乡生态发展也均处于乡村领先阶段，东中部省份城乡生态大多处于乡村先行阶段。2018 年北京的绿色城镇化进一步发展处于城镇领先阶段，河北、山东、河南、湖南处于乡村生态宜居领先阶段，这些省份城乡生态协调度大多处于初级协调阶段，说明绿色城镇化进程还需要进一步推动。天津、上海、广东处于中高级协调阶段，是城乡生态发展差异很小的省份，其余省份大部分处于乡村先行阶段。这进一步说明生态宜居是乡村振兴的优势和财富。

如表 4 – 11 所示，城乡社会协调度从 2004 ~ 2018 年空间分异变化显著。2004 年城乡社会协调度高级协调区域分布在北京（0.780）、上海（0.856），中级协调区域只有浙江（0.644）。初级协调区域呈现块状集聚分布，主要集中在东北三省（黑龙江、辽宁、吉林），中西部的内蒙古、山西、陕西、四川、湖南，东部的天津、江苏、福建、广东。濒临失调区域分布在贵州、青海、海南。到 2018 年城乡社会协调度显著提高，大部分省份处于初级协调及以上阶段，濒临失调区域已基本消除，勉强协调区域分布在天津、安徽、重庆。虽然高级协调区域有所变化转移到湖南，但是中级协调区域省份数量明显增加，尤其是中西部省份的城乡社会协调显著得到改善。总体来看，随着时间推移中级协调区域由南向北逐渐扩散，勉强协调和濒临失调区域在西部地区变化最为显著，已突破为零。

表 4 –11　　　　　　　　　　省级城乡社会协调度空间分异

社会协调度	濒临失调	勉强协调	初级协调	中级协调	高级协调
2004 年	青海、贵州、海南	甘肃、新疆、广西、云南、河北、山东、河南、湖北、安徽、江西、重庆、宁夏	内蒙古、黑龙江、吉林、辽宁、山西、陕西、四川、湖南、广东、福建、江苏、天津	浙江	上海、北京
2018 年	—	安徽、重庆、天津	黑龙江、吉林、辽宁、甘肃、青海、山西、山东、广东、广西、贵州、四川、新疆、上海、河北、湖北、江西、福建、海南、宁夏	江苏、浙江、内蒙古、陕西、河南、云南、北京	湖南

亚类型划分	乡村领先	乡村先行	协调发展	城镇先行	城镇领先
2004 年	广东、浙江	山东、河北、江苏、安徽、河南、湖北、福建、江西、四川、陕西、甘肃、海南、湖南	黑龙江、吉林、辽宁、内蒙古、山西、宁夏、重庆、贵州、云南、广西、天津、北京	上海、青海、新疆	—

续表

亚类型划分	乡村领先	乡村先行	协调发展	城镇先行	城镇领先
2018 年	四川	甘肃、陕西、湖北、湖南、江西、山西、广西、广东、安徽、贵州、海南、河北、河南	黑龙江、吉林、辽宁、宁夏、重庆、青海、云南、内蒙古、山东、江苏、浙江、福建、新疆、北京、天津	—	上海

注：由于数据可得性，研究区域不包括西藏自治区和港澳台地区。

从亚类型划分来看，2004 年东中部地区社会城镇化和乡村乡风文明发展的进程还是以乡村先行为主，尤其是浙江、广东发达地区甚至处于乡村领先的阶段，这主要是由于社会城镇化的侧重点在城镇基础设施、公共服务建设方面，城镇基础设施配置要与进城人口相匹配，但是随着大量乡村人口流入城镇，尤其是发达地区在城镇化进程推进的同时，城镇的承载力也遭遇了挑战。到 2018 年城乡社会发展差距上有所改善，东部地区大部分实现了乡风文明与社会城镇化协调发展。但是中部地区乡风文明与社会城镇化还是以乡村先行为主，社会城镇化水平有待进一步提高，尤其是城镇基础设施公共服务要进一步实现均等化分配，实现老有所养、幼有所教、病有所医等基础服务。

如表 4 - 12 所示，经济城镇化与乡村生活富裕的协调度空间分异上两极分化现象严重，东西差距明显，东部省份大多处于初级协调及以上阶段，中西部省份均处于濒临失调和勉强协调阶段。2004 年高级协调区域主要分布在北京、江苏、上海、浙江、广东，其次天津、山东、福建处于中级协调阶段，河北、辽宁处于初级协调阶段，均集中在东部地区。濒临失调区域主要分布在西北、西南地区，中部省份大多处于勉强协调阶段。到 2018 年，高级协调区域虽然有所减少只剩下江苏、上海，但是勉强协调区域的省份数量明显增加，广西、安徽、江西城乡经济协调度显著提高从濒临失调跨到勉强协调阶段。濒临失调区域分布更加集中，主要还是连片分布在西南、西北省份以及东北的黑龙江、吉林等。

表 4 – 12   省级城乡经济协调度空间分异

经济协调度	濒临失调	勉强协调	初级协调	中级协调	高级协调
2004 年	新疆、甘肃、青海、宁夏、山西、黑龙江、安徽、江西、云南、贵州、广西、海南	内蒙古、吉林、陕西、河南、湖北、重庆、湖南、四川	辽宁、河北	山东、福建、天津	江苏、浙江、上海、广东、北京
2018 年	新疆、甘肃、青海、宁夏、山西、陕西、重庆、黑龙江、云南、贵州、海南、吉林	内蒙古、辽宁、河北、河南、湖北、湖南、四川、广西、江西、安徽	山东、福建、广东、天津	浙江、北京	江苏、上海

亚类型划分	乡村领先	乡村先行	协调发展	城镇先行	城镇领先
2004 年	—	安徽、江苏、河北、天津、辽宁	黑龙江、吉林、内蒙古、新疆、甘肃、青海、宁夏、陕西、山西、山东、河南、湖北、湖南、四川、贵州、广西、福建、浙江、江西、海南	北京、上海、广东、云南、重庆	—
2018 年	—	—	黑龙江、吉林、辽宁、新疆、甘肃、青海、四川、山西、陕西、上海、北京、河北	内蒙古、天津、山东、宁夏、河南、安徽、江苏、湖北、湖南、江西、浙江、福建、广东、广西、四川、云南、重庆、海南	—

注：由于数据可得性，研究区域不包括西藏自治区和港澳台地区。

从亚类型划分来看，2004 年大部分省份还是处于经济城镇化与乡村生活富裕协调发展阶段，部分省份出现经济城镇化发展快于乡村生活富裕程度的，如北京、上海、广东、云南、重庆。也有省份出现乡村生活富裕发展势头迅猛的，主要分布在河北、天津、安徽、江苏、辽宁，其余省份基本上处于城乡经济协调发展阶段。到 2018 年城乡经济发展差距显著扩大，东中部省份大部分处于经济城镇化先行的阶段，由东向西差距逐渐缩小。城乡经济协调发展的除了上海、北京自身协调度就高，其余省份分布在东三省的黑龙江、吉林、辽宁，西部的新疆、甘肃、青海、四川、陕西，中部的山西以及东部的河北，大多是城乡经济协调度较低的省份。

如表 4 - 13 所示，空间城镇化与乡村治理有效的协调度在空间分异上呈现明显的"东高西低"特征，空间协调度的发展势头有向下的趋势。2004 年只有北京、新疆处于中级协调阶段，天津、上海处于高级协调阶段，其余东、中部省份大多处于初级协调阶段。云南、贵州处于濒临失调阶段，西部地区大多处于勉强协调阶段。到 2018 年部分省份空间城镇化与乡村治理有效的协调度有所下降。北京从中级协调跨入高级协调，除此之外，上海仍然处于高级协调阶段。山东、天津处于中级协调阶段，城乡空间协调度位于初级协调阶段的省份数量减少，中、西部省份大多处于勉强协调和濒临失调阶段。这主要离不开城市经济发展迅速，工业化进程的加速带来了城市建设用地的扩张，城镇人口迅速增加，但空间城镇化增长的速度远远快于乡村治理有效的程度。

表 4 - 13　　　　　　　　省级城乡空间协调度空间分异

空间协调度	濒临失调	勉强协调	初级协调	中级协调	高级协调
2004 年	贵州、云南	内蒙古、吉林、甘肃、陕西、山西、重庆、四川、广西	黑龙江、辽宁、河北、山东、河南、江苏、安徽、湖北、浙江、福建、江西、湖南、广东、海南、青海、宁夏	新疆、北京	天津、上海
2018 年	重庆、云南、贵州、广西	黑龙江、吉林、辽宁、内蒙古、甘肃、青海、宁夏、山西、陕西、湖北、湖南、四川、安徽、海南	福建、广东、河北、河南、江苏、浙江、江西、新疆	山东、天津	北京、上海
亚类型划分	乡村领先	乡村先行	协调发展	城镇先行	城镇领先
2004 年	天津	重庆	吉林、内蒙古、北京、山西、宁夏、青海、湖北、安徽、福建、广西、贵州、海南	黑龙江、辽宁、河北、山东、河南、浙江、江西、湖南、云南、四川、新疆、陕西、甘肃	上海、广东、江苏

亚类型划分	乡村领先	乡村先行	协调发展	城镇先行	城镇领先
2018 年	—	上海、天津、北京	青海、海南、山西、河北	吉林、辽宁、内蒙古、陕西、宁夏、甘肃、新疆、四川、云南、贵州、广西、湖南、湖北、江西、福建、浙江、安徽、河南、重庆	黑龙江、江苏、广东、山东

注：由于数据可得性，研究区域不包括西藏自治区和港澳台地区。

从亚类型划分上来看，2004 年空间城镇化与乡村治理有效协调发展的省份和城镇先行的省份基本上各占一半；个别省份如重庆、天津是乡村治理有效比空间城镇化发展更有潜力；江苏、上海、广东空间城镇化进程远快于乡村治理有效的速度，处于城镇领先阶段。到 2018 年，空间城镇化进程先于乡村治理有效的省份数量显著增加，大约 2/3 的省份均处于空间城镇化先行的阶段，山东、江苏、广东、黑龙江甚至处于城镇领先的阶段。但是北京、上海、天津这些经济发达的地区又出现了乡村治理有效先行的情况，这主要是因为北京、上海、天津在空间城镇化快速发展的同时，人口集聚势头也发展迅猛，当空间城镇化的速度赶不上人口城镇化的速度时，就会出现城镇空间承载力难以负担的局面，此时乡村治理有效的发展前景反而更大。

4.2.3 城乡及各系统协调度的空间演化趋势

根据标准差椭圆公式（4-5）~公式（4-7），分析乡村振兴与新型城镇化耦合协调的分布整体特征及其空间移动方向。由于耦合协调度整体上移动方向变化不大，逐年分析不能显著展示出变化差异，因此这里选取 2004 年、2009 年、2014 年、2018 年四个时间点将乡村振兴与新型城镇化耦合协调及分系统协调度的标准差椭圆参数结果汇总到表 4-14 中。

表 4 – 14　　　　乡村振兴与新型城镇化耦合协调的标准差椭圆参数

协调度	年份	短半轴/千米	长半轴/千米	椭圆面积	方向角	重心 X	重心 Y
城乡协调度	2004	9.329	12.455	364.992	71.782	112.664	33.212
	2009	9.257	12.172	353.955	67.588	112.815	33.098
	2014	9.420	12.315	364.424	72.164	112.611	33.198
	2018	9.297	12.106	353.549	72.100	112.469	33.140
产业协调度	2004	9.339	12.684	372.135	77.263	112.941	33.839
	2009	9.356	12.559	369.138	75.901	112.909	33.652
	2014	9.467	12.756	379.382	75.586	112.833	33.630
	2018	9.502	12.773	381.286	76.105	112.657	33.403
生态协调度	2004	9.329	12.455	364.992	71.782	112.664	33.212
	2009	9.257	12.172	353.955	67.588	112.815	33.098
	2014	9.420	12.315	364.424	72.164	112.611	33.198
	2018	9.297	12.106	353.549	72.100	112.469	33.140
社会协调度	2004	9.135	12.635	362.561	72.375	113.155	33.981
	2009	9.081	12.706	362.495	70.227	113.231	34.117
	2014	9.278	12.894	375.800	71.877	112.386	33.783
	2018	9.345	12.789	375.451	70.258	112.308	33.588
经济协调度	2004	8.938	11.699	328.484	69.425	113.877	33.507
	2009	8.742	11.736	322.289	66.220	114.053	33.731
	2014	8.839	11.845	328.911	69.496	113.773	33.599
	2018	8.937	8.937	332.186	71.648	113.398	33.248
空间协调度	2004	9.336	12.934	379.323	79.153	112.502	33.822
	2009	9.292	12.830	374.517	80.465	112.725	33.932
	2014	9.280	12.968	378.052	81.826	112.702	33.954
	2018	9.306	12.763	373.135	79.990	112.650	33.710

注：笔者根据标准差椭圆公式（4 – 5）～公式（4 – 7）计算而得。

城乡整体协调度空间格局变化显著，形成东北—西南向的空间分布格局。标准差椭圆面积总体呈现先下降后增长再下降的趋势，且 Y 轴标准差变化显著高于 X 轴，说明乡村振兴与新型城镇化耦合协调度集中度增强，城乡协调度扩展主要沿 Y 轴即东偏北方向扩展。城乡产业协调度空间格局变化形成南—北向，重心 2004～2014 年变化不明显，均在河南省平顶山市，2018 年到达河南省南阳市。空间标准差椭圆面积先减小后持续增长，Y 轴方向变化明显高于 X 轴方向，表明城乡产业协调沿 Y 轴方向即西偏北方向显著扩展。城乡生态协调度空间格局变化显著，形成东—西向分布格局，2004～2009 年标准差椭圆方向角变化显著，逆时针旋转 4.19°，标准差椭圆面积呈现先减小后增大又减小的趋势。城乡社会协调度空间格局变化较大，形成南—北向的空间分布格局，2009～2014 年标准差椭圆面积显著增加，城乡社会协调重心按照河南省平顶山市—河南省许昌市—河南省平顶山市—河南省南阳市的轨迹变化，总体呈现由东北向西南转移的变化轨迹。城乡经济协调度空间变化显著，呈现东北—西南向的空间分布格局，2009 年后城乡经济协调度标准差椭圆面积呈现增长趋势，Y 轴标准差距离也一直在增加，城乡经济协调度重心呈现先东北进后西南移的变化轨迹。从城乡各系统协调度在不同方向的扩展变化看，城乡空间协调度格局总体变化较小，形成南—北向的空间分布格局。空间标准差椭圆面积先减小后增大又减小，Y 轴方向变化明显高于 X 轴方向，表明城乡空间协调沿 Y 轴方向即南—北向显著扩展。

4.3 乡村振兴与新型城镇化耦合协调度的动态演化特征

4.3.1 耦合协调度的时序演进特征

在前面得到的乡村振兴与新型城镇化耦合协调度的基础上，参考耦合协调划分类型标准（见表 4 - 1），将乡村振兴与新型城镇化耦合协调度按照表 4 - 1 的协调类型划分为 3 个区间，即失调衰退（0～0.5）、转型发展（0.5～

0.6）、协调发展（0.6～1.0）三种协调类型。这三种状态类型分别用 $k=1$，2，3 来表示，k 越大表示乡村振兴与新型城镇化耦合协调度越高，并且分成 2004～2011 年和 2011～2018 年两个时间段进行分析。由公式（4-8）得到的传统马尔可夫转移概率矩阵如表 4-15 所示。

表 4-15　　　2004～2018 年耦合协调度的传统马尔可夫转移概率矩阵

类型	2004～2011 年				2011～2018 年			
	n	失调衰退	转型发展	协调发展	n	失调衰退	转型发展	协调发展
失调衰退	115	0.922	0.078	0.000	96	0.958	0.042	0.000
转型发展	43	0.116	0.860	0.023	69	0.087	0.884	0.029
协调发展	52	0.000	0.019	0.981	45	0.000	0.089	0.911

　　由表 4-15 可以得出：（1）无论是 2004～2011 年还是 2011～2018 年，对角线上的数据均比非对角线上的数值大很多，最大值为 2004～2011 年协调发展保持不变的概率（0.981），最小值为 0.860，说明城乡协调类型保持不变的概率至少在 86% 以上；其中最有可能维持稳定性的是协调发展和失调衰退类型，一定程度上也反映了乡村振兴与新型城镇化耦合协调度存在"俱乐部收敛"现象。（2）两边非对角线的数值也存在分布特征，非零数值大多聚集在对角线两侧，说明乡村振兴与新型城镇化耦合协调类型的演进相对稳定，不存在跃迁的可能性，如从失调衰退类型直接跨越到协调发展类型，大部分地区只是向上或向下转移一个阶段，短时间内难以实现跨越式的类型演进。（3）位于协调发展阶段的省份存在"俱乐部趋同"现象，2004～2011 年转型发展保持原有状态的概率为 86%，向下调整的概率为 11.6%，向上转移的概率为 2.3%；2011～2018 年转型发展保持原有状态的概率为 88.4%，向下调整的概率为 8.7%，向上转移的概率为 2.9%。这说明转型发展的区域变化概率较大，2011 年后向下调整的概率显著降低，要不断拉动处于转型发展的省份更上一个台阶，扩大高水平俱乐部的规模、加大作用强度；而失调衰退的省份 2011～2018 年向上转移的概率为 4.2%，比 2004～2011 年的 7.8% 低，要引起重视避免陷入"马太效应"。

4.3.2 耦合协调度的空间演进特征

在进行空间马尔可夫概率转移分析前要对乡村振兴与新型城镇化耦合协调度进行空间自相关性分析，通过公式（4－4）的 Moran's I 指数测算得出 2004～2018 年耦合协调度的 Moran's I 值均为正，且通过了 1% 水平的显著性检验。说明邻近省份存在空间关联性，会对乡村振兴与新型城镇化的耦合协调产生影响。传统马尔可夫概率转移矩阵忽视了邻近省份的影响，空间马尔可夫将邻近省份的背景因素考虑在内，按照各省份 2004 年的空间滞后值作为划分标准构建了空间马尔可夫转移概率矩阵（见表 4－16），同时分析了 2004～2011 年、2011～2018 年区域及其邻域类型的空间转移格局（见表 4－17）。从而用来考察周边地区耦合协调类型的转移是否对本地乡村振兴与新型城镇化耦合协调类型转移产生影响。

表 4－16　　　　2004～2018 年耦合协调度的空间马尔可夫转移概率矩阵

类型		2004～2011 年				2011～2018 年			
空间滞后	$t/t+1$	n	失调衰退	转型发展	协调发展	n	失调衰退	转型发展	协调发展
失调衰退	失调衰退	87	0.920	0.080	0.000	75	0.973	0.027	0.000
	转型发展	25	0.200	0.800	0.000	37	0.108	0.892	0.000
	协调发展	0	0.000	0.000	0.000	0	0.000	0.000	0.000
转型发展	失调衰退	21	0.952	0.048	0.000	19	0.947	0.053	0.000
	转型发展	14	0.000	1.000	0.000	22	0.045	0.864	0.091
	协调发展	21	0.000	0.000	1.000	15	0.000	0.133	0.867
协调发展	失调衰退	7	0.857	0.143	0.000	2	0.500	0.500	0.000
	转型发展	4	0.000	0.750	0.250	10	0.100	0.900	0.000
	协调发展	31	0.000	0.032	0.968	30	0.000	0.067	0.933

注：笔者根据马尔可夫公式计算而得。

表 4 – 17　　　　　耦合协调度类型转移及其邻域转移的空间分布格局

空间协调度	自身向上、邻域向上	自身向上、邻域不变	自身向上、邻域向下	自身不变、邻域向上	自身不变、邻域不变	自身不变、邻域向下	自身向下、邻域向上	自身向下、邻域不变	自身向下、邻域向下
2004～2011 年	—	内蒙古、陕西、江西、海南	—	吉林、辽宁、浙江	新疆、青海、宁夏、甘肃、四川、重庆、贵州、云南、广西、广东、福建、湖南、湖北、安徽、江苏、河南、山西、河北、山东、黑龙江、天津、上海	北京	—	—	—
2011～2018 年	—	内蒙古、安徽、海南	—	湖北、湖南、重庆、广西	新疆、青海、宁夏、甘肃、四川、贵州、云南、广东、江苏、河南、山西、河北、山东、黑龙江、江西、上海、浙江、陕西、北京	吉林	—	天津	福建、辽宁

注：由于数据可得性，研究区域不包括西藏自治区和港澳台地区。

　　由表 4 – 16 可知，无论是 2004～2011 年还是 2011～2018 年，邻域背景的耦合协调度类型越高，处于协调发展的省份数量越多，处于失调衰退的省份数量越来越少。区域与邻域的城乡耦合协调类型具有协同性，当邻域类型为失调衰退时，在 2004～2011 年时段城乡协调度处于失调衰退的省份数量最多（$n=87$，占比为 41.43%）明显多于其他类型的省份数量。邻域类型为协调发展时，城乡协调类型处于协调发展的省份数量显著增加（$n=31$，占比为 14.76%）。到 2011～2018 年这种"俱乐部趋同"现象更加明显，邻域处于什么类型，区域该类型的省份数量则最多。这说明邻近区域的背景条件在城乡协调演进中扮演着重要角色，城乡耦合协调度自身就比较低的省份对邻近省份会产生负向溢出效应，而自身耦合协调度较高的省份对邻近区域产生正向溢出效应。除此之外，乡村振兴与新型城镇化耦合协调度的转移无论是向上还是向下也会受到邻近省份耦合协调类型的影响。如果邻近省份耦合协调度较低（失调衰退），那么该区域耦合协调类型向上转移会受到抑制，向下调整的可能性反而提高，如 2011～2018 年里的 $m_{12/1} = 0.027 < m_{12} = 0.042$，2004～2011 年城乡协调类型向下调整的概率比传统马尔可夫高（$m_{21/1} = 0.200 > m_{21} = 0.116$）；如果它的相邻省份乡村振兴与新型城镇化耦合协调度处于协调发展阶段，那么自身耦合协调度转移会受到邻近省份正的辐射作用，向上转移的可能性将提高，如 2004～2011 年里 $m_{23/3} = 0.250 > m_{23} = 0.023$，向下调整的可能性会降低，如 2011～2018 年里 $m_{32/3} = 0.067 < m_{32} = 0.089$，最终形成高低各自集聚的"俱乐部趋同"格局。

通过表 4-17 的空间分布格局可以看出邻域环境对一个地区城乡协调类型转移的影响，自身向上转移、邻域不变的省份 2004～2011 年分布在内蒙古、陕西、江西、海南，2011～2018 年除了内蒙古、海南外还有安徽；自身不变、邻域向上的省份 2004～2011 年分布在吉林、辽宁和浙江，2011～2018 年集中在中西部地区的湖北、湖南、重庆和广西；2004～2011 年北京自身耦合协调类型不变、邻域向下转移，2011～2018 年北京变成了自身耦合协调类型不变、邻域不变的态势，吉林自身耦合协调类型不变、邻域发生了变化由向上转成了向下；除此之外，2011～2018 年福建、辽宁均处于自身和邻域都向下调整的态势。

4.4 乡村振兴与新型城镇化耦合协调格局的驱动机理

4.4.1 地理加权回归结果

借鉴前人研究成果结合中国各省份乡村振兴与新型城镇化耦合协调进展，选取了 6 个变量作为耦合协调度形成的驱动因子，它们是：收入驱动 UDS

（城乡人均收入比）、人口驱动 POP（城镇化率）、投资驱动 UFL（城乡固定
资产投资比）、产业驱动 NID（非农产业发展）、政府驱动 GOV（政府农业支
出）、创新驱动 INV（国内专利申请授权量）。地理加权回归只能用于截面数
据，因此这里选取 2018 年变量的截面数据减去 2004 年对应的变量值，进行
标准化处理后得到各驱动因子的变化作为模型的自变量，乡村振兴与新型城
镇化耦合协调度的变化作为因变量，再用 ARCGIS 等软件计算各驱动因子的
回归系数得到表 4 – 18 ～表 4 – 23 中的数据。

表 4 – 18　　　　　　　**省级收入驱动 UDS 系数空间分异**

收入驱动 UDS 系数	– 0. 3592 ～ – 0. 3524	– 0. 3523 ～ – 0. 3364	– 0. 3363 ～ – 0. 3273	– 0. 3272 ～ – 0. 3192	– 0. 3191 ～ – 0. 3074
区域	黑龙江、吉林	内蒙古、北京、天津、辽宁、河北、山东	上海、江苏、浙江、安徽、河南、山西、陕西、甘肃、宁夏	福建、江西、湖北、湖南、重庆、四川、青海、新疆	广东、广西、海南、云南、贵州

注：由于数据可得性，研究区域不包括西藏自治区和港澳台地区。

表 4 – 19　　　　　　　**省级投资驱动 UFL 系数空间分异**

投资驱动 UFL 系数	– 0. 1497 ～ – 0. 1472	– 0. 1471 ～ – 0. 1446	– 0. 1445 ～ – 0. 1429	– 0. 1428 ～ – 0. 1413	– 0. 1412 ～ – 0. 1402
区域	内蒙古、甘肃、宁夏、青海、新疆	北京、河北、山西、陕西、四川、重庆	天津、山东、河南、湖北、湖南、云南、广西、贵州	黑龙江、吉林、辽宁、江苏、安徽、江西、广东、海南	上海、浙江、福建

注：由于数据可得性，研究区域不包括西藏自治区和港澳台地区。

表 4 – 20　　　　　　　**省级产业驱动 NID 系数空间分异**

产业驱动 NID 系数	0. 3838 ～ 0. 4187	0. 4188 ～ 0. 4608	0. 4609 ～ 0. 4915	0. 4916 ～ 0. 5216	0. 5217 ～ 0. 5379
区域	黑龙江、吉林、辽宁	北京、天津、河北、内蒙古、山西、山东、江苏、上海	浙江、安徽、福建、江西、湖北、河南、陕西、甘肃、宁夏	广东、广西、湖南、四川、重庆、贵州、青海、新疆	云南、海南

注：由于数据可得性，研究区域不包括西藏自治区和港澳台地区。

表4-21　　　　　　　省级政府驱动 GOV 系数空间分异

政府驱动 GOV 系数	0.2212 ~ 0.2300	0.2301 ~ 0.2475	0.2476 ~ 0.2567	0.2568 ~ 0.2653	0.2654 ~ 0.2773
区域	新疆	广西、海南、四川、云南、贵州、青海、甘肃	福建、江西、广东、湖北、湖南、河南、陕西、重庆、宁夏	北京、天津、河北、内蒙古、上海、江苏、浙江、安徽、山东、山西	黑龙江、吉林、辽宁

注：由于数据可得性，研究区域不包括西藏自治区和港澳台地区。

表4-22　　　　　　　省级人口驱动 POP 系数空间分异

人口驱动 POP 系数	-0.3025 ~ -0.2902	-0.2901 ~ -0.2801	-0.2800 ~ -0.2631	-0.2630 ~ -0.2522	-0.2521 ~ -0.2213
区域	云南、四川、贵州、广西、海南、青海、新疆	广东、湖南、重庆、甘肃	安徽、福建、江西、湖北、河南、山西、陕西、宁夏	北京、天津、内蒙古、河北、山东、上海、江苏、浙江	黑龙江、吉林、辽宁

注：由于数据可得性，研究区域不包括西藏自治区和港澳台地区。

表4-23　　　　　　　省级创新驱动 INV 系数空间分异

创新驱动 INV 系数	-0.2129 ~ -0.1967	-0.1966 ~ -0.1817	-0.1816 ~ -0.1645	-0.1644 ~ -0.1368	-0.1367 ~ -0.1074
区域	广东、广西、海南、云南、四川、贵州、新疆	福建、江西、湖北、湖南、重庆、青海、甘肃	上海、江苏、浙江、安徽、河南、山西、陕西、宁夏	北京、天津、内蒙古、河北、山东、辽宁	黑龙江、吉林

注：由于数据可得性，研究区域不包括西藏自治区和港澳台地区。

4.4.1.1　收入驱动

收入驱动对乡村振兴与新型城镇化耦合协调度变化的影响呈现负相关，系数绝对值空间表现上以"东北高，西南低"的态势逐层跃迁。城乡收入比对协调度变化负向影响最大的分布在黑龙江、吉林，主要集中在东北地区。负向影响最小的主要集中在西南地区的云南、贵州、广西以及沿海发达地区广东、海南。东北地区和京津冀鲁地区均是城乡收入差距负向影响高值区域，城乡收入差距也是城乡矛盾中最突出的问题之一。学界对城乡收入差距的研究一直层出不穷，城乡收入差距过大会产生社会矛盾，加剧城乡发展不平衡、不充分的现象，也会阻碍乡村振兴与新型城镇化耦合协调的进程。因此，东北地区尤其要解决好这种城乡发展不平衡问题，把提高农民收入作为乡村振兴的核心任务。

4.4.1.2 投资驱动

投资驱动对乡村振兴与新型城镇化耦合协调度变化的影响最小，并且呈负相关，说明城乡社会固定资产投资差距越大越不利于乡村振兴与新型城镇化的耦合协调。投资水平是一个地区吸引力的表征，固定资产投资比例加大有利于改善城乡社会基础设施建设，无论是为新型城镇化建设还是乡村振兴均能提供一定的支持和保障。系数绝对值空间上呈现"西北高，东南低"的分布，负向效应驱动最大的分布在西北地区的新疆、甘肃、青海、宁夏、内蒙古。这些地区本身基础设施建设还有很大的提升空间，城乡协调受固定资产投资比的负向效应影响很大。城乡固定资产投资比例越大，说明乡村固定资产投资分配比例尤其要加大，通过提高乡村吸引力使市的人才、资金、技术等要素回流。负向效应低值区分布在东南沿海的上海、浙江、福建，这些地区本身基础设施建设完善，对城乡协调度变化的负向影响没有西北地区那么大。

4.4.1.3 产业驱动

产业驱动对乡村振兴与新型城镇化的耦合协调度变化呈正相关，影响效应最大，估计系数在空间上表现为"西南高，东北低"的发展特征，驱动效应低值区域集中在东北三省——黑龙江、吉林、辽宁，其次是内蒙古、北京、天津、河北、山西、山东、江苏、上海。驱动效应高值区域集中在云南、海南，其次是西北和西南地区居多。非农产业发展是城镇化进程中的必经阶段，农村多元化产业发展能够带动乡村一二三产业融合，为农民增收提供途径。非农产业发展在促进产业结构优化升级的过程中也能加快城镇化进程，最终推动乡村振兴与新型城镇化的耦合协调。因此，西南地区尤其是具有地方特色的民族地区可以发展特色产业作为非农产业主导，以农村产业融合发展创新农业新形态来带动乡村振兴与新型城镇化的耦合协调。而东北地区城乡协调发展对非农产业的依赖性没有西南地区大，尤其是东北地区作为全国粮仓，东北粮食产量占全国近 1/4，农村基础性产业仍然是主导产业。

4.4.1.4　政府驱动

政府驱动对乡村振兴与新型城镇化的耦合协调度变化呈正相关，与产业驱动刚好相反空间分布特征为"东北高，西南低"。财政支农对城乡协调变化驱动效应最大的省份是东北三省——黑龙江、吉林、辽宁，其次东部地区居多。驱动效应最弱的是新疆，其次主要分布在西部地区的甘肃、青海、四川、云南、贵州、广西。财政支农一定程度上体现了当地政府对乡村发展的扶持力度，地方财政农林水事务支出是农村用来改善民生的重要支撑，也是农村综合开发的资金支持。要想振兴乡村，首先就要完善农村基础设施建设等民生问题，尤其是东北三省需要加大财政支农的力度，乡村振兴与新型城镇化耦合协调对财政支农的依赖度更大。

4.4.1.5　人口驱动

人口驱动对乡村振兴与新型城镇化的耦合协调也呈现负相关，并且系数绝对值空间分布上呈现"西高东低"的发展态势，负向影响由西到东逐层减弱。城镇化率对乡村振兴与新型城镇化耦合协调负向效应最大的分布在西部地区的新疆、青海、四川、云南、贵州、广西和东部地区的海南，以西部地区居多。西部地区农业生产相对于东部和中部在技术上较落后，对劳动力的依存度更高，但是农村发展落后、就业机会少也造成了乡村人口大量流向城镇，因此人口驱动对城乡协调变化的负向效应显著。但是东部发达地区本身乡村发展潜力巨大，家门口就有很多就业机会，另外农业机械化程度高也能替代乡村劳动力，因此乡村振兴与新型城镇化耦合协调发展对人口驱动因子的依赖度没有西部地区大。

4.4.1.6　创新驱动

创新驱动对乡村振兴与新型城镇化耦合协调度的变化呈现负向效应，系数绝对值在空间分布上呈现"南高北低"的发展态势，负向效应高值区域除了新疆，主要分布在四川、云南、贵州、广西、广东、海南，还是集中在南方地区块状分布。负向效应低值区域分布在黑龙江、吉林，其次是内蒙古、辽宁、北京、天津、河北、山东，主要还是集中在北方地区。创新作为经济增长的动力，对城乡协调也有复杂的影响，城乡由于不同产业部门的创新能力差异较大，导致了"科技创新的城乡二元结构"矛盾（李政和杨思莹，2018）。虽然近些年对农业科技创新的扶持力度越来越大，但是农业创新仍然滞后于工业、服务业，农村科技创新缺乏相匹配的人力资本，大量高素质劳动力向城镇转移，加上农业创新回报慢，带来农业科技创新相对较弱还无法形成促进农业发展、农民增收的长效机制。因此，西南地区需要提高创新水平，尤其是乡村科技创新的驱动力需要增强。

4.4.2　驱动机理总结

4.4.2.1　驱动因子的区域性差异

驱动因子对于不同地区的乡村振兴与新型城镇化耦合协调产生的影响作用存在较大差异。东北地区（黑龙江、吉林）乡村振兴与新型城镇化的耦合协调度变化主要受到城乡收入差距、财政支农的影响，解决好城乡不平衡不充分的问题，乡村振兴的第一要义就要建立农民增收的长效机制，加大财政支农也是关键；西北地区（新疆、甘肃、青海、宁夏、内蒙古）的耦合协调度变化则受到城乡固定资产投资的影响，要合理配置城乡固定资产投资比例，尤其是农村固定资产投资力度要进一步加大；西南地区（云南、四川、贵州、广西）主要受非农产业发展和城镇化率的影响效应最大，西南地区农村发展落后、就业机会少造成了乡村人口大量流向城镇，人口驱动对耦合协调度变化的负向效应显著，因此西南地区尤其是具有地方特色的民族地区可以发展特色产业作为非农产业主导，通过农村一二三产业融合来创新农业新业态带动乡村振兴与新型城镇化的耦合协调。除此之外，创新驱动对西南地区的负向效应也大，西南地区需要提高创新水平，尤其是乡村科技创新的驱动力需要增强。

4.4.2.2 驱动因子的正负性差异

收入驱动、投资驱动、人口驱动、创新驱动对乡村振兴与新型城镇化耦合协调度变化的影响呈现负效应，产业驱动、政府驱动对乡村振兴与新型城镇化耦合协调的影响效应呈现正相关。城乡收入差距、城乡固定资产投资差异均是造成城乡差距的矛盾之一，不仅会抑制经济增长，还阻碍乡村振兴与新型城镇化的进程，加剧区域发展不平衡、不充分的困境，无法实现共同富裕的目标。人口驱动主要反映的是城镇化率的变化，城镇化率高虽然推动了城镇化进程，但是也带来乡村人口大量流向城镇，乡村振兴动力不足，亟待增强乡村吸引力留住更多的人才；创新驱动之所以产生负向效应是因为"科技创新的城乡二元结构"，由于城镇吸引了农村高素质劳动力，农业科技创新很难有相匹配的人力资本，导致了农业科技创新较弱，而城市创新不断提高，造成城乡二元结构的差异，无法对乡村振兴与新型城镇化耦合协调起到正向作用；政府驱动和产业驱动对乡村振兴与新型城镇化的耦合协调均呈现正相关，非农产业发展既能带来农村多元化发展又能加快产业结构优化升级，推动新型城镇化进程，而地方财政农林水事务支出是农村改善基础设施、解决民生问题的重要支撑，很大程度上能够促进乡村振兴。

4.4.2.3 驱动因子的影响性差异

各驱动因子按照其影响程度大小的绝对值依次为：产业驱动 > 收入驱动 > 人口驱动 > 政府驱动 > 创新驱动 > 投资驱动。因此，发展非农产业、减小城乡收入差距、留住乡村人才是目前推动乡村振兴与新型城镇化耦合协调发展的重中之重。乡村产业振兴是乡村振兴道路上首要解决的问题，只有乡村产业得到发展才能将城市的人才、资金、信息技术等要素回流到乡村形成集聚，从根本上解决农村人口空心化等问题。政府驱动和创新驱动的影响效应系数绝对值相近，财政支农程度直接体现着当地政府对乡村发展的重视程度，因此乡村振兴作为一项系统性工程除了需要依靠农民也需要依靠政府，政府要将财政支出在"三农"方面的支持力度加大，通过完善基础设施建设、公共服务供给等方面吸引劳动力返乡，从而为提高农业科技创新提供人才支撑、资金支撑和制度支撑的平台。

4.5　本章小结

本章在厘清乡村振兴与新型城镇化战略耦合机理的基础上，以 2004～2018 年全国 30 个省份的面板数据为样本，重构了乡村振兴与新型城镇化的指标体系，采用耦合协调度模型、标准差椭圆、空间马尔可夫链以及地理加权回归模型分析了乡村振兴与新型城镇化耦合协调的空间格局特征、动态演变特征以及驱动机理。

（1）第一，乡村振兴与新型城镇化的空间分异特征：中西部省份乡村振兴指数增速明显，空间分布上不断由东部向中部深入趋向均衡发展。新型城镇化水平空间分布呈现东中西带状集中分布，中高值区域减少，低值区域主要连片分布在西部地区。第二，城乡及各系统协调度的时空演化特征：时序上，乡村振兴与新型城镇化总体协调度及各分系统的协调度呈现向上的趋势，其中生态协调度最高且发展稳定、经济协调度起伏波动最大；空间上，城乡总体协调度呈现"东高西低"的分布特征，随着时间推移城镇先行的省份增多。城乡分系统协调度上，城乡产业协调、经济协调和空间协调还是以城镇先行为主，城乡生态协调、社会协调还是以乡村先行为主。中西部省份的城乡产业协调、社会协调随着时间推移显著得到改善，城乡经济协调空间分异上两极分化现象严重，东西差距明显。第三，空间演化趋势：从城乡各系统协调度在不同方向的扩展变化看，城乡社会协调度空间格局变化较大，城乡空间协调度格局总体变化较小，均形成南—北向的空间分布格局；城乡整体协调度空间格局变化显著，形成东北—西南向的空间分布格局。

（2）乡村振兴与新型城镇化耦合协调度的动态演化特征：乡村振兴与新型城镇化耦合协调度的演进是一个相对稳定持续的过程，短时间内难以实现跨越式的发展演进，尤其是乡村振兴与新型城镇化耦合协调度高和耦合协调度低的省份存在"俱乐部趋同"现象，大部分省份还是处于自身和邻域保持不变的稳定态势。不同邻域背景对乡村振兴与新型城镇化耦合协调类型转移的影响不同，无论是 2004~2011 年还是 2011~2018 年，邻域背景的耦合协调度类型越高，处于协调发展的省份数量越多，处于失调衰退的省份数量越来越少。邻近区域的背景条件在城乡协调演进中扮演着重要角色，城乡耦合协调度自身就比较低的省份对邻近省份会产生负向溢出效应，而自身耦合协调度较高的省份对邻近区域产生正向溢出效应。

（3）第一，驱动因子的区域差异：东北地区（黑龙江、吉林）乡村振兴与新型城镇化的耦合协调度变化主要受到收入驱动、政府驱动的影响。乡村振兴的第一要义就要建立农民增收的长效机制，加大财政支农也是关键；要把提高农民收入作为乡村振兴的核心任务，加大财政支农是关键。西北地区（新疆、甘肃、青海、宁夏、内蒙古）的耦合协调度变化则受到投资驱动的影响。要合理配置城乡固定资产投资比例，尤其是农村固定资产投资力度要进一步加大。西南地区（云南、四川、贵州、广西）主要受产业驱动、人口驱动、创新驱动的影响效应最大。要提高农业科技创新水平，发展特色产业作为非农产业主导，创新农业新形态来带动乡村振兴与新型城镇化的耦合协调。第二，驱动因子的正负性差异：收入驱动、投资驱动、人口驱动、创新驱动对乡村振兴与新型城镇化耦合协调度变化的影响呈现负效应，产业驱动、政府驱动对乡村振兴与新型城镇化耦合协调的影响效应呈现正相关。第三，驱动因子的影响性差异：各驱动因子按照其影响程度大小的绝对值依次为，产业驱动＞收入驱动＞人口驱动＞政府驱动＞创新驱动＞投资驱动。

第5章 乡村振兴与新型城镇化战略耦合的效应分析

基于第4章关于乡村振兴与新型城镇化耦合协调度格局特征的空间可视化表现，本章通过构建乡村振兴与新型城镇化地级市层面的指标体系，利用耦合协调度模型测度出278个地级市2004～2018年乡村振兴与新型城镇化的耦合协调度，并且利用泰尔指数分析了乡村振兴与新型城镇化耦合协调的区域差异。通过空间杜宾模型、门槛效应模型、中介效应模型等分析了乡村振兴与新型城镇化耦合协调带来的产业结构优化效应、绿色低碳的生态效应、减贫增收的经济效应，进一步探讨了乡村振兴与新型城镇化耦合协调带来的效应结果。

5.1 指标选取与研究方法

5.1.1 指标选取

5.1.1.1 乡村振兴与新型城镇化

考虑到地级市尺度乡村振兴指标数据收集的难度大、部分指标数据缺失等原因，对乡村振兴五大内涵"产业兴旺、生态宜居、乡风文明、治理有效、生活富裕"基本评价指标做相应的调整（吴九兴和黄贤金，2020），同时为了和新型城镇化指标体系的"产业、绿色、社会、空间、经济"相对应，构建了乡村生产、乡村绿色、乡村生活、乡村空间、乡村经济五个准则层，具体包含了 15 个具体指标（见表 5 - 1）。

表 5 - 1 地级市乡村振兴指标体系

目标层	准则层	具体指标	指标含义	性质
乡村振兴（R）	乡村生产	乡村非农就业率	乡村从事非农林牧渔业/乡村从业（%）	+
		乡村从业人员占比	乡村从业人员/乡村常住人口（%）	+
		农林牧渔产值占比	农林牧渔业产值/地区生产总值（%）	+
		粮食单位面积产量	粮食产量/粮食播种面积（%）	+
	乡村绿色	每公顷耕地化肥施用量	农用化肥施用量/耕地面积（吨/公顷）	-
		农业机械化水平	农业机械总动力/耕地面积（千瓦/公顷）	+
		有效灌溉率	有效灌溉面积/耕地面积（%）	+
	乡村生活	作物多元化*	非粮播种面积/总播种面积（%）	+
		农村人均肉产量	肉类产量/农村常住人口（吨/人）	+
		农村居民家庭恩格尔系数*	农村居民食品消费/消费总额（%）	-
	乡村空间	农村人均住房面积*	农村住房面积/乡村常住人口（平方米/人）	+
		乡村人均耕地面积	耕地面积/乡村常住人口（平方米/人）	+
	乡村经济	农村居民家庭人均纯收入	农村居民人均纯收入（元/人）	+
		农村居民消费水平*	农村居民人均生活性消费支出（元/人）	+
		农村人均用电量	农村用电量/农村常住人口（千瓦时/人）	+

注：符号"＋""－"表示指标功效，即在测度乡村振兴水平时是正向影响或负向影响；＊号表示县域尺度部分地区缺失的指标。

地级市层面新型城镇化评价体系仍然从产业、经济、社会、空间和绿色五个维度来构建。为此，本书在前面省级尺度研究的基础之上，去除掉地级市层面难以获取的指标，一共选取了 20 个具体指标，具体如表 5 - 2 所示。

5.1.1.2 产业升级效应

本书拟从产业结构合理化和产业结构高级化两个维度出发计算产业结构优化综合指数（UGS），关于产业结构合理化的测度，学界主要使用标准结构

表 5 – 2　　　　　　　　　地级市新型城镇化指标体系

目标层	指标层	具体指标	指标含义	性质
新型城镇化（U）	产业城镇化	城镇第三产业从业人员比重	第三产业从业人员/总就业人员（%）	+
		第三产业产值占比	第三产业产值/地区生产总值（%）	+
		年末城镇单位就业占比	城镇单位就业人员/城镇人口（%）	+
		非农产值占比	非农业产值/地区生产总值（%）	+
	绿色城镇化	建成区绿化覆盖率	建成区绿化覆盖面积/建成区面积（%）	+
		生活垃圾无害化处理率	生活垃圾无害化处理率（%）	+
		固体废弃物综合利用率	固体废弃物综合利用率（%）	+
		污水处理厂集中处理率	污水处理厂集中处理率（%）	+
	社会城镇化	每千人移动电话年末用户数	移动电话年末用户数/年末总人口（部/千人）	+
		每百人藏书量	图书馆藏书量/年末总人口（册/百人）	+
		千人拥有医院床位数	医院床位数/年末总人口（张/千人）	+
		每万人年末公共汽车营运车辆	公共汽车营运车辆/年末总人口（辆/万人）	+
	空间城镇化	城市人均建设用地面积	城市建设用地面积/市辖区人口（平方米/人）	+
		城市人均道路面积	年末城市道路面积/市辖区人口（平方米/人）	+
		城市建设用地面积占比	城镇建设用地/建成区面积（%）	+
		建成区经济密度	第二、第三产业产值/建成区面积（亿元/平方千米）	+
	经济城镇化	城镇人均可支配收入	城镇人均可支配收入（元/人）	+
		城镇人均生活性消费支出	城镇居民人均生活性消费支出（元/人）	+
		人均地方财政收入	地方财政收入/年末总人口（元/人）	+
		居民人均储蓄存款余额	城乡居民储蓄存款余额/年末总人口（元/人）	+

注：符号"＋""－"分别表示该指标对新型城镇化的正向影响和负向影响。

法、结构效益指数法、产业偏离法和泰尔指数法四种测度方法。本书从数据可获得性、完整性角度出发借鉴前人的研究方法（干春晖等，2011），从泰尔指数角度计算产业结构的合理化程度，公式如下：

$$RIS = \sum_{i=1}^{n}\left(\frac{Y_i}{Y}\right)\ln\left(\frac{Y_i}{L_i} \Big/ \frac{Y}{L}\right) = \sum_{i=1}^{n}\left(\frac{Y_i}{Y}\right)\ln\left(\frac{Y_i}{Y} \Big/ \frac{L_i}{L}\right) \qquad (5-1)$$

其中，*RIS* 表示产业结构合理化；*Y* 表示产值；*L* 表示就业人数；*i* 表示第 *i* 产业；*n* 表示产业部门数；*Y/L* 表示生产率。当经济处于均衡状态时，各产业部门的生产率相等，即 $Y/L = Y_i/L_i$，*RIS* = 0。反之，如果产业结构偏离了均衡状态，此时 $RIS \neq 0$，*RIS* 越大，则代表经济偏离均衡状态的程度越严重，则产业结构合理化水平越低。

产业结构高级化（UIS）反映的是经济发展中的主导产业从农业向制造业、服务业演进的过程，主要表现在农业经济结构中的占比下降，服务业占比反而上升。关于产业结构高级化有学者采用非农产业比重直接测度，但是随着第三产业的崛起，产业服务化成为产业结构优化的显著特征，这里借鉴前人的研究（原毅军和谢荣辉，2014）选择使用比较多的测度方法，即第三产业与第二产业的比值来反映产业结构高级化程度。最后再通过熵值法得到产业结构优化的综合指数，指数越高说明产业结构的优化水平越高。

5.1.1.3　绿色环保效应

雾霾污染（smog pollution）的"元凶"主要来自空气中的 PM10 和 PM2.5，长期吸入均对居民身体健康有潜在的危害，而且对大气环境存在很大的威胁。近年来，较多专家学者用 PM2.5 数据作为衡量雾霾污染的指标（黄寿峰，2016），国内到 2012 年才开始检测 PM2.5 的数据，因此大部分学者都是用的美国航天局下设的哥伦比亚大学的社会经济数据应用中心检测到的卫星影像数据，再通过 ARCGIS 提取得到中国各地级市 PM2.5 数据，雾霾污染的浓度决定了雾霾污染的力度，以此表征各城市的雾霾污染。

5.1.1.4　减贫增收效应

（1）城乡收入差距。

关于城乡收入差距的测度最简单的就是城乡居民收入比，但是有学者指出这种方法不能反映城乡人口所占比重的变化，农村人口在中国城乡二元结构中仍然占有很大比重，因此许多学者提出用泰尔指数法度量城乡收入差距（RUT）（王少平和欧阳志刚，2007），不仅可以反映城乡居民收入比，还能反映城乡人口变化。具体计算公式如下：

$$teil_{i,t} = \sum_{j=1}^{2} \left(\frac{s_{ij,t}}{s_{i,t}} \right) \ln \left(\frac{s_{ij,t}}{s_{i,t}} \Big/ \frac{r_{ij,t}}{r_{i,t}} \right) \qquad (5-2)$$

其中，$teil_{i,t}$ 表示第 i 个横截单元 t 时期的泰尔指数；$j=1$，2 分别表示城镇和农村地区，r_{ij} 代表 i 地区城镇或农村人口数量，r_i 表示 i 地区的总人口，s_{ij} 反映 i 地区城镇或农村的总收入，s_i 表征 i 地区的总收入。

（2）贫困人口测度。

关于夜间灯光遥感数据的应用现在已经越来越广泛，国内学者用 DMSP – OLS 和 NPP – VIIRS 这两种数据比较多，但 DMSP – OLS 灯光数据只有到 2013 年，而 NPP – VIIRS 灯光数据不仅有最新数据，而且弥补了 DMSP – OLS 数据的一些不足之处，因此本书基于前人的研究对合成的年度平均数据进行校正处理，从而得到 2012~2019 年 NPP – VIIRS 年度夜间遥感影像。夜间灯光数据被应用于经济发展、城镇发展的很多研究中，以弥补相关统计数据上的不足。近些年国内学者基于夜间灯光数据研究贫困问题的也越来越多（潘竟虎和胡艳兴，2016），但大多是基于夜间灯光数据识别贫困，还缺少对贫困人口的量化分析。本书研究结合 Landscan 人口细分尺度数据，识别出无光有人栅格及无光有人栅格中的人口数：

$$Gpovertypop_{i,t} = Light_{i,t} \times P_{i,t} = \begin{cases} 0, Light_{i,t} = 0 \\ P_{i,t}, Light_{i,t} = 1 \end{cases} \qquad (5-3)$$

采用区县范围内无光有人栅格中的人口占整个区县总人口的比重来衡量贫困人口：

$$R_{d,t} = \frac{Z_{d,t}}{P_{d,t}} = \frac{\sum_{i \in d} Light_{i,t} \times P_{i,t}}{\sum_{i \in d} P_{i,t}} \qquad (5-4)$$

这里采用地级市所在区县范围无光有人栅格中的人口占整个区县总人口的比重的均值来衡量地级市贫困人口（poor）。

（3）普惠金融。

数字普惠金融指数从 2011 年开始每年均有编制，最新数据已经更新到 2020 年，由于数据采用了蚂蚁金服的交易大数据，十分具有代表性、连续性、完整性，弥补了过去金融方面指标体系构建的单一和不足，被学者广泛用来分析中国数字金融的发展现状。主要由覆盖广度、使用深度、数字支持服务度三个维度构成，具体指标见参考文献郭峰等（2020）。

（4）控制变量。

科教水平（EDU），本书选取科学事业、教育事业的支出和占财政总支出的比重来测度科教水平；信息化水平（IT），这里用互联网普及率来表征信息化水平；工业发展（INDU），采用第二产业增加值占 GDP 的比重来度量；经济发展（PGDP），经济增长与居民增收减贫之间密切相关，因此本书选取地区人均 GDP 来反映我国的经济发展状况；对外开放（OPE），本书选取按当年外汇平均价换算的进出口总额占地区 GDP 的比重来考察城市对外开放水平；非农发展（AGR），农业发展是乡村发展的基础性产业，但是乡村振兴除了第一产业发展还需要非农化带动，因此这里用非农产业生产总值占地区生产总值的比重来考察非农发展的减贫增收效应。最后考虑到面板数据可能存在的异方差现象，把部分变量取自然对数（见表 5 – 3）。

表 5 – 3　　　　　　　　　　　变量的描述性统计

变量	名称	样本	均值	标准差	最小值	最大值
城乡耦合	ruc	2224	0.427	0.068	0.304	0.782
贫困人口	poor	2224	0.786	0.101	0.547	0.943
城乡收入差距	rut	2224	0.084	0.045	0.005	0.279
普惠金融	lnfin	2224	4.949	0.508	2.972	5.714
非农发展	lnagr	2224	− 0.231	0.152	− 0.756	− 0.005
科教水平	lnedu	2224	− 1.600	0.186	− 2.911	− 0.988
信息化水平	lnit	2224	2.771	0.729	0.431	5.047
工业发展	lnindu	2224	16.845	1.136	11.937	19.558
经济发展	lnpgdp	2224	10.667	0.608	8.773	15.675
对外开放	lnope	2224	− 4.546	1.167	− 9.452	− 2.161

以上指标数据主要来源于 EPS 数据库、2005～2019 年《中国城市统计年鉴》、各省市统计年鉴及各市国民经济和社会发展统计公报等。截至 2019 年全国共有 293 个地级市，但是由于个别地区相关数据缺失严重，以及行政区

划的调整，还有在省级层面对上海、重庆、北京、天津四个直辖市进行了研究，因此这里地级市层面不包含直辖市和深圳、克拉玛依市、莱芜市[①]，故最终选取了 278 个地级市作为研究样本。

5.1.2　研究方法与模型设计

5.1.2.1　泰尔指数

泰尔指数（Theil index）是一种利用信息论中的熵概念度量总体差异程度的方法，不仅可以衡量差异的绝对水平，还可以分别衡量组内差距与组间差距对总差距的贡献（彭冲等，2014）。引入泰尔指数测度全国三大区域[②]乡村振兴与新型城镇化耦合协调的不均衡程度，公式如下：

$$T = T_b + T_w \tag{5-5}$$

$$T_b = \sum_{k=1}^{K} y_k \ln \frac{y_k}{n_k/n} \tag{5-6}$$

$$T_w = \sum_{k=1}^{K} y_k \left(\sum_{i \in g_k} y_{ik} \ln \frac{y_{ik}}{1/n_k} \right) \tag{5-7}$$

其中，T 为全国城乡耦合总体差异；T_b 为城市之间的城乡耦合差异；T_w 为城市内部的城乡耦合差异；k 为分区域（分为东部、中部、西部地区）；y_k 为区域内各城市城乡耦合之和占全国 278 个城市城乡耦合之和的比重；n_k 为分区域城市数量，n 为全国被研究城市数量之和（278）；y_{ik} 为 k 区域内 i 城市城乡耦合占 k 区域各城市城乡耦合之和的比重。T 越大，说明全国各城市城乡耦合之间的差异性越大；T_b 越大，说明分区域之间的城乡耦合差异越大；T_w 越大，说明分区域内部城市的城乡耦合差异越大。

---

① 深圳市由于城镇化率达到 100%，农村相关数据很少；克拉玛依市的农村许多数据缺失；2019 年 1 月，撤销地级莱芜市，辖区划归济南市，由于用的 2019 年中国地级市地图，因此莱芜市还是不包含在内。

② 东部地区包括北京、天津、河北、辽宁、上海、江苏、浙江、福建、山东、广东、海南共 11 个省份；中部地区包括山西、吉林、黑龙江、安徽、江西、河南、湖北、湖南共 8 个省份；西部地区包括云南、四川、贵州、陕西、甘肃、青海、宁夏、内蒙古、广西、重庆、西藏和新疆共 12 个省份。

5.1.2.2　模型设计

（1）基准模型：

$$rut_{it} = \beta_0 + \beta_1 ruc_{it} + \beta_2 ruc_{it}^2 + \sum Control + \varepsilon_{it} + \mu_i + \omega_t \quad (5-8)$$

$$poor_{it} = \beta_0 + \beta_1 ruc_{it} + \beta_2 ruc_{it}^2 + \sum Control + \varepsilon_{it} + \mu_i + \omega_t \quad (5-9)$$

其中，i 表示城市，t 表示年份，rut 为被解释变量城乡收入差距的泰尔指数，$poor$ 为被解释变量贫困人口，ruc 表示核心解释变量——乡村振兴与新型城镇化的耦合协调度（城乡耦合）。β_0 为常数项，$\sum Control$ 代表一系列控制变量，ε_{it} 为随机干扰项，μ_i 为个体效应，ω_t 为时间效应。

（2）非线性门槛模型：

$$rut_{it} = \phi_0 + \phi_1 ruc_{it} \cdot I(\ln fin_{it} \leq \delta_1) + \phi_2 ruc_{it} \cdot I(\delta_1 < \ln fin_{it} \leq \delta_2)$$
$$+ \phi_3 ruc_{it} \cdot I(\ln fin_{it} > \delta_2) + \lambda \ln X + \mu_2 \quad (5-10)$$

$$poor_{it} = \varphi_0 + \varphi_1 ruc_{it} \cdot I(\ln fin_{it} \leq \gamma_1) + \varphi_2 ruc_{it} \cdot I(\gamma_1 < \ln fin_{it} \leq \gamma_2)$$
$$+ \varphi_3 ruc_{it} \cdot I(\ln fin_{it} > \gamma_2) + \rho \ln X + \mu_2 \quad (5-11)$$

其中，$I(\cdot)$ 代表指示性函数，当括号中表达式不成立时，取值为 0，反之则取值为 1。样本区间可以被划分为两个区间根据门槛变量普惠金融 $\ln fin$ 是否大于门槛值 δ、γ，X 代表控制变量，其中 $\delta_1 < \delta_2$、$\gamma_1 < \gamma_2$。

（3）中介效应模型。

为了进一步验证城乡耦合减贫增收过程中普惠金融的渠道效应，考察其在乡村振兴与新型城镇化耦合减贫增收中的作用，本书依据温忠麟等提出的中介效应检验方法（温忠麟和叶宝娟，2014），建立的模型如下：

$$\ln poor(rut)_{it} = \beta_0 + \beta_1 \ln fince_{it} + \sum Control + \varepsilon_{it} + \mu_i + \omega_t$$
$$(5-12)$$

$$\ln W_{it} = \alpha_0 + \alpha_1 \ln fince_{it} + \sum Control + \varepsilon_{it} + \mu_i + \omega_t \quad (5-13)$$

$$\ln poor(rut)_{it} = \pi_0 + \pi_1 \ln fince_{it} + \pi_2 \ln W_{it} + \sum Control + \varepsilon_{it} + \mu_i + \omega_t$$
$$(5-14)$$

城乡耦合 *ruc* 是本书的核心解释变量，减贫增收是本书的被解释变量（分别为贫困人口 *poor*、城乡收入差距 *rut*），中介变量 ln*w*（这里分别指覆盖广度 *brod*、使用深度 *deep*、数字化程度 *dig*）。具体检验过程见参考文献李露和徐维祥（2021）。

（4）空间 Durbin 模型 SDM。

$$\ln ugs(PM2.5)_{it} = \beta_0 + \rho W \ln ugs(PM2.5)_{it} + \beta_1 \ln ruc_{it} + \beta_2 \ln agr_{it} + \beta_3 \ln edu_{it}$$
$$+ \beta_4 \ln it_{it} + \beta_5 \ln uri_{it} + \beta_6 \ln fd + \gamma X_{it} + \varepsilon_{it} \qquad (5-15)$$

该模型同时考虑了因变量产业结构优化指数 UGS（雾霾污染 PM2.5）与解释变量城乡耦合 RUC 的空间滞后项造成的空间溢出效应，*X* 为其他解释变量与空间权重矩阵交乘项的集合，γ 为各交乘项的估计系数，ε_{it} 表示服从独立同分布的误差项（侯孟阳和姚顺波，2018）。SDM 可将总空间溢出效应分解为直接溢出效应和间接溢出效应。

5.2　乡村振兴与新型城镇化耦合协调的演变特征

5.2.1　乡村振兴与新型城镇化的时空趋势性特征分析

通过熵值法测算了乡村振兴与新型城镇化综合指数，并且将全国均值及东、中、西部地区的乡村振兴和新型城镇水平趋势绘制成图 5-1。从整体性特征来看，2004~2018 年乡村振兴与新型城镇化总体呈平稳上升态势。从总体性特征来看，东、中、西部地区的乡村振兴与新型城镇化水平均呈现阶梯状逐层递减，即东部地区无论是乡村振兴还是新型城镇化发展均领先于中西部地区，尤其是新型城镇化方面中西部地区与东部地区发展差距相较于乡村振兴更大。从乡村振兴指数来看，全国平均水平在 0.160~0.190，东部地区乡村振兴水平高于全国平均值，中西部地区均低于全国平均值。中部地区乡村振兴水平波动较大，但总体上呈现上升趋势，尤其 2012 年后增长迅速。西部地区乡村振兴水平 2012 年前动荡起伏，2012 年后一直呈现稳步增长趋势。

从新型城镇化水平来看，全国平均水平在 0.180 ~ 0.210 波动，东部地区新型城镇化水平远高于平均水平，中部地区新型城镇化水平波动最大，西部地区新型城镇化水平稳步增长，尤其是 2012 年后均呈现显著的增长趋势，中西部之间差异在缩小，但与东部地区相比差异仍然很大。

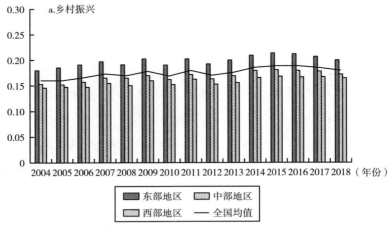

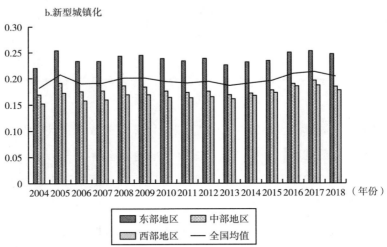

图 5 - 1　2004 ~ 2018 年乡村振兴与新型城镇化水平的时序演变特征

利用泰尔指数公式（5 - 5）~ 公式（5 - 7）测算出乡村振兴与新型城镇化的全国泰尔指数及东、中、西部地区的泰尔指数。由图 5 - 2 和表 5 - 4 可以看出，全国泰尔指数和三大地带泰尔系数均表明，中国乡村振兴指数与新型城镇化水平总体上均表现出明显的空间分布不均衡性，且组内差异远大于三大地带间的差异。泰尔指数分解结果如下：（1）总体来看，空间分布的不均衡性主要来自组内差异，组内差异占到 89.31%，三大地带间差异只有 10.69%。组内差异中影响乡村振兴与新型城镇化空间差异格局的贡献，主要来自东部地区和西部地区的内部差异。（2）构成乡村振兴指数地区差异的三大区域中，东部地区贡献最大，占到 43.24%，2012 年前有递增之势，2012 年后泰尔指数有所下降。其次是西部地区，但西部地区内部差异对乡村振兴整体差距的贡献呈下降趋势，其大小由期初的 34.66% 下降到 2018 年的 19.11%。相反，中部地区由期初的 18.23% 上升为 2018 年的 26.24%，2011

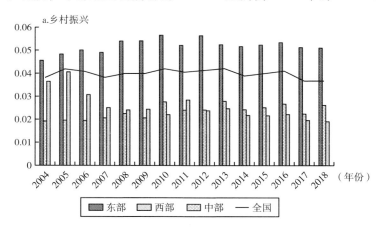

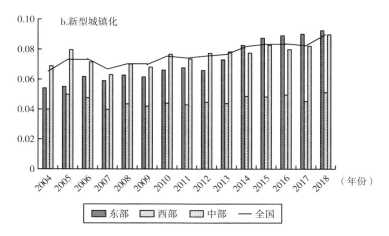

图 5 - 2　2004 ~ 2018 年乡村振兴与新型城镇化泰尔指数的变动趋势

年后中部地区乡村振兴差异超过西部地区。乡村振兴全国泰尔指数波动不大，且近些年有下降趋势。（3）构成新型城镇化水平地区差异的三大区域中，中部地区的泰尔指数波动性较小，泰尔指数的贡献率在20%左右。东部地区泰尔指数波动最大，呈现上升趋势，尤其是2012年后增长迅速。西部地区泰尔指数波动趋势和全国泰尔指数波动基本一致，也是呈现上升趋势。从贡献份额来看，东部、西部地区内部差距对全国新型城镇化水平的空间差距贡献率最大。2014年前西部地区差距大于东部地区，2014年后东部地区差距反超西部地区，说明东部地区内部城市间的新型城镇化水平差距在扩大。

表5-4　　　　　2004年、2018年中国乡村振兴与新型城镇化水平差异

指标	年份	全国泰尔指数	东部地区		中部地区		西部地区		组内差异		区域间差异	
			泰尔指数	贡献率（%）	泰尔指数	贡献率（%）	泰尔指数	贡献率（%）	泰尔指数	贡献率（%）	泰尔指数	贡献率（%）
乡村振兴	2004	0.0382	0.0456	43.24	0.0192	18.23	0.0365	34.66	0.0341	89.31	0.0040	10.69
	2018	0.0373	0.0510	51.16	0.0262	26.24	0.0191	19.11	0.0338	90.67	0.0035	9.33
新型城镇化	2004	0.0652	0.0541	30.89	0.0400	22.81	0.0690	39.35	0.0531	81.32	0.0122	18.68
	2018	0.0899	0.0924	37.74	0.0512	20.89	0.0897	36.64	0.0783	87.12	0.0116	12.88

从表5-5可以看出，2004年乡村振兴低值区域（0.1以下）分布在云南省的丽江市、昭通市，贵州省的六盘水市、安顺市，陕西省的铜川市，均分布在西部地区。高值区域（0.3以上）集中在江苏的苏州市、无锡市，广东的佛山市、东莞市以及内蒙古呼伦贝尔市，除了内蒙古外均分布在东部地区。乡村振兴中高值区域（0.2~0.3）则集中分布在东部沿海的苏南、浙北地区，东北部分地区和内蒙古部分城市，以及广州市、长沙市。其余地区乡村振兴指数主要集中在0.1~0.2。2018年低值区域明显减少，只剩下白山市，中低值区域显著地由南向北逐渐减少（0.1~0.15），中高值区域（0.2~0.3）则由北向南逐渐扩散增加。高值区域（0.3以上）集中在江苏的苏州市、无锡市、泰州市、常州市，浙江的嘉兴市、舟山市，黑龙江的黑河市、伊春市和广东的东莞市。东北地区的乡村振兴优势在于耕地富集、土壤肥沃、水质优良、气候寒冷、无农残污染、农产品功能性突出，东北地区作为中国重要的农业基地和粮仓，要继续突出生态品质优势，实施规模化绿色生产。

表 5 - 5　　　　　　　　　　　**地级市乡村振兴指数空间分异**

乡村振兴指数	2004 年	2018 年
0.000 ~ 0.1000 （低值区域）	安顺市、丽江市、六盘水市、铜川市、昭通市	白山市
0.1001 ~ 0.1500 （中低值区域）	安康市、安庆市、安阳市、巴中市、白山市、白银市、百色市、蚌埠市、宝鸡市、保定市、保山市、北海市、本溪市、亳州市、朝阳市、潮州市、承德市、池州市、崇左市、滁州市、大同市、丹东市、防城港市、抚顺市、阜阳市、赣州市、固原市、广安市、广元市、贵港市、贵阳市、桂林市、海口市、汉中市、河池市、河源市、贺州市、葫芦岛市、怀化市、淮北市、淮南市、黄冈市、黄山市、黄石市、惠州市、吉安市、揭阳市、晋城市、晋中市、景德镇市、九江市、开封市、昆明市、来宾市、兰州市、丽水市、连云港市、临沧市、临汾市、临沂市、柳州市、六安市、陇南市、娄底市、泸州市、洛阳市、吕梁市、梅州市、绵阳市、南昌市、南充市、南宁市、南阳市、内江市、宁德市、攀枝花市、平顶山市、平凉市、濮阳市、普洱市、钦州市、秦皇岛市、清远市、庆阳市、曲靖市、日照市、三门峡市、三亚市、汕头市、汕尾市、商洛市、上饶市、韶关市、邵阳市、十堰市、朔州市、宿州市、遂宁市、泰安市、天水市、铜陵市、渭南市、吴忠市、梧州市、武威市、西安市、西宁市、咸宁市、咸阳市、襄阳市、忻州市、新乡市、信阳市、邢台市、许昌市、宣城市、延安市、阳江市、宜宾市、宜昌市、玉林市、云浮市、运城市、湛江市、张家界市、长治市、中卫市、周口市、驻马店市、自贡市、遵义市	安康市、安庆市、安顺市、鞍山市、巴中市、百色市、蚌埠市、宝鸡市、保定市、北海市、亳州市、沧州市、潮州市、承德市、池州市、赤峰市、滁州市、达州市、大同市、定西市、抚顺市、阜阳市、广安市、贵港市、海口市、邯郸市、汉中市、河池市、河源市、贺州市、淮北市、淮南市、吉林市、揭阳市、晋城市、丽江市、辽源市、临汾市、临沂市、柳州市、六安市、六盘水市、陇南市、洛阳市、吕梁市、茂名市、梅州市、攀枝花市、平顶山市、平凉市、濮阳市、钦州市、秦皇岛市、清远市、三门峡市、汕头市、汕尾市、商洛市、十堰市、石家庄市、四平市、松原市、宿州市、遂宁市、天水市、通化市、铜川市、铜陵市、渭南市、芜湖市、咸阳市、忻州市、邢台市、宣城市、延安市、阳泉市、云浮市、湛江市、长春市、长治市、昭通市、肇庆市、遵义市
0.1501 ~ 0.2000 （中值区域）	鞍山市、白城市、滨州市、沧州市、常德市、郴州市、成都市、赤峰市、达州市、大连市、大庆市、德阳市、德州市、定西市、东营市、鄂州市、福州市、抚州市、阜新市、哈尔滨市、邯郸市、合肥市、菏泽市、鹤壁市、鹤岗市、衡水市、衡阳市、淮安市、吉林市、济南市、济宁市、嘉峪关市、江门市、焦作市、金昌市、金华市、锦州市、荆门市、荆州市、莱芜市、廊坊市、乐山市、辽阳市、辽源市、聊城市、龙岩市、漯河市、马鞍山市、茂名市、眉山市、牡丹江市、南平市、盘锦市、萍乡市、莆田市、七台河市、青岛市、	安阳市、白城市、白银市、保山市、滨州市、朝阳市、郴州市、成都市、崇左市、大连市、大庆市、丹东市、德阳市、德州市、东营市、鄂尔多斯市、防城港市、福州市、抚州市、赣州市、固原市、广元市、贵阳市、桂林市、哈尔滨市、合肥市、菏泽市、鹤壁市、衡水市、衡阳市、呼和浩特市、葫芦岛市、怀化市、淮安市、黄冈市、黄山市、黄石市、惠州市、吉安市、济南市、济宁市、江门市、焦作市、锦州市、晋中市、荆门市、

续表

乡村振兴指数	2004 年	2018 年
0.1501～0.2000（中值区域）	衢州市、泉州市、三明市、厦门市、商丘市、沈阳市、石家庄市、石嘴山市、松原市、宿迁市、随州市、台州市、太原市、泰州市、唐山市、铁岭市、通化市、通辽市、威海市、潍坊市、温州市、乌鲁木齐市、芜湖市、武汉市、湘潭市、孝感市、新余市、徐州市、雅安市、烟台市、盐城市、扬州市、阳泉市、宜春市、益阳市、银川市、鹰潭市、营口市、永州市、榆林市、玉溪市、岳阳市、枣庄市、张家口市、张掖市、漳州市、长春市、肇庆市、郑州市、珠海市、株洲市、资阳市、淄博市	景德镇市、九江市、开封市、昆明市、来宾市、莱芜市、兰州市、廊坊市、乐山市、丽水市、辽阳市、聊城市、临沧市、娄底市、泸州市、漯河市、马鞍山市、眉山市、绵阳市、南昌市、南充市、南宁市、南阳市、内江市、宁德市、盘锦市、莆田市、普洱市、七台河市、青岛市、庆阳市、衢州市、日照市、三明市、三亚市、厦门市、商丘市、上饶市、韶关市、邵阳市、沈阳市、石嘴山市、双鸭山市、朔州市、太原市、泰安市、唐山市、铁岭市、通辽市、温州市、吴忠市、梧州市、武汉市、武威市、西安市、西宁市、咸宁市、襄阳市、孝感市、新乡市、新余市、信阳市、许昌市、雅安市、烟台市、阳江市、宜宾市、宜春市、益阳市、银川市、鹰潭市、营口市、永州市、玉林市、岳阳市、运城市、枣庄市、张家界市、张家口市、漳州市、郑州市、中卫市、周口市、驻马店市、资阳市、淄博市、自贡市
0.2001～0.3000（中高值区域）	巴彦淖尔市、包头市、常州市、鄂尔多斯市、广州市、杭州市、黑河市、呼和浩特市、湖州市、鸡西市、佳木斯市、嘉兴市、酒泉市、南京市、南通市、宁波市、齐齐哈尔市、绍兴市、双鸭山市、四平市、绥化市、乌海市、乌兰察布市、伊春市、长沙市、镇江市、中山市、舟山市	巴彦淖尔市、包头市、本溪市、常德市、鄂州市、佛山市、阜新市、广州市、杭州市、鹤岗市、呼伦贝尔市、湖州市、鸡西市、佳木斯市、嘉峪关市、金昌市、金华市、荆州市、酒泉市、连云港市、龙岩市、牡丹江市、南京市、南平市、南通市、宁波市、萍乡市、齐齐哈尔市、曲靖市、泉州市、绍兴市、宿迁市、绥化市、随州市、台州市、威海市、潍坊市、乌海市、乌兰察布市、乌鲁木齐市、湘潭市、徐州市、盐城市、扬州市、宜昌市、榆林市、玉溪市、张掖市、长沙市、镇江市、中山市、珠海市、株洲市
0.3001～1.0000（高值区域）	东莞市、佛山市、呼伦贝尔市、苏州市、无锡市	常州市、东莞市、黑河市、嘉兴市、苏州市、泰州市、无锡市、伊春市、舟山市

注：由于数据可得性，研究区域不包括西藏自治区和港澳台地区。

如表 5 - 6 所示，2004 年新型城镇化水平的低值区域（0.1 以下）主要连片分布在西部地区以及安徽的宿州市、阜阳市、池州市，0.5 以上的高值区域只有广东的东莞市，大部分地区新型城镇化水平集中在 0.1 ~ 0.25，中高水平（0.25 ~ 0.5）区域多分布于东部沿海地区以及各个省会城市。到 2018 年低值区域（0.1 以下）明显减少，零散分布在陕西的陇南市、商洛市、安康市，云南的昭通市、临沧市，广西的河池市、贺州市、崇左市。高值区域（0.5 以上）除了广东的东莞市还增加了福建的厦门市、江苏的苏州市。新型城镇化中高水平区域由南向北逐渐增加，集中连片的分层集聚现象逐渐明显，主要集中在沿海地区的江苏南部，浙江北部，山东的威海市、青岛市、东营市，辽宁的大连市，福建的福州市、厦门市、泉州市，广东的广州市、东莞市以及郑州市、武汉市、长沙市、成都市等省会城市，中西部地区的新型城镇化水平显著提高。

表 5 - 6　　　　　　　　　地级市新型城镇化指数空间分异

新型城镇化指数	2004 年	2018 年
0.000 ~ 0.1000（低值区域）	安康市、巴中市、百色市、池州市、崇左市、阜阳市、来宾市、陇南市、南充市、内江市、平凉市、钦州市、商洛市、宿州市、天水市、昭通市	安康市、崇左市、河池市、贺州市、临沧市、陇南市、商洛市、昭通市
0.1001 ~ 0.1500（中低值区域）	安顺市、巴彦淖尔市、白城市、白山市、白银市、保山市、亳州市、朝阳市、赤峰市、滁州市、达州市、德阳市、抚州市、阜新市、赣州市、固原市、广安市、贵港市、汉中市、河池市、河源市、菏泽市、贺州市、鹤壁市、鹤岗市、黑河市、衡阳市、呼伦贝尔市、怀化市、淮安市、黄山市、吉安市、佳木斯市、荆州市、乐山市、丽江市、临沧市、六安市、六盘水市、泸州市、吕梁市、茂名市、眉山市、绵阳市、南平市、南阳市、宁德市、普洱市、七台河市、齐齐哈尔市、清远市、庆阳市、曲靖市、商丘市、朔州市、四平市、松原市、宿迁市、绥化市、随州市、遂宁市、铁岭市、通辽市、铜川市、渭南市、襄阳市、孝感市、忻州市、信阳市、宜昌市、雅安市、阳江市、伊春市、宜宾市、宜春市、益阳市、永州市、榆林市、玉林市、云浮市、运城市、湛江市、张家界市、张掖市、中卫市、资阳市、自贡市	安顺市、巴彦淖尔市、巴中市、白城市、白山市、百色市、保山市、亳州市、朝阳市、潮州市、达州市、抚州市、阜新市、阜阳市、固原市、广安市、贵港市、菏泽市、鹤岗市、黑河市、淮南市、鸡西市、佳木斯市、揭阳市、荆州市、来宾市、临汾市、六安市、娄底市、吕梁市、茂名市、眉山市、梅州市、南充市、南阳市、内江市、宁德市、平凉市、普洱市、钦州市、清远市、庆阳市、曲靖市、汕尾市、商丘市、上饶市、四平市、松原市、宿州市、绥化市、随州市、遂宁市、天水市、通辽市、渭南市、梧州市、武威市、咸宁市、孝感市、忻州市、信阳市、阳江市、伊春市、宜宾市、宜春市、益阳市、永州市、玉林市、云浮市、运城市、枣庄市、湛江市、张家界市、张掖市、中卫市、驻马店市、资阳市、遵义市

续表

新型城镇化指数	2004 年	2018 年
0.1501～0.2500（中值区域）	安庆市、安阳市、蚌埠市、宝鸡市、北海市、本溪市、滨州市、常德市、潮州市、郴州市、承德市、大同市、丹东市、德州市、定西市、鄂州市、防城港市、广元市、葫芦岛市、淮北市、淮南市、黄冈市、鸡西市、吉林市、济宁市、焦作市、揭阳市、金昌市、锦州市、晋城市、晋中市、荆门市、九江市、开封市、莱芜市、丽水市、连云港市、辽阳市、辽源市、聊城市、临汾市、临沂市、龙岩市、娄底市、梅州市、牡丹江市、南宁市、攀枝花市、平顶山市、萍乡市、莆田市、濮阳市、衢州市、日照市、三门峡市、三明市、三亚市、汕头市、上饶市、韶关市、邵阳市、十堰市、石嘴山市、双鸭山市、泰安市、通化市、乌兰察布市、新余市、徐州市、延安市、盐城市、阳泉市、鹰潭市、营口市、玉溪市、岳阳市、枣庄市、张家口市、漳州市、长治市、肇庆市、周口市、驻马店市、遵义市	安庆市、安阳市、白银市、宝鸡市、保定市、北海市、滨州市、常德市、承德市、池州市、赤峰市、滁州市、大同市、丹东市、德阳市、德州市、定西市、鄂州市、抚顺市、赣州市、桂林市、邯郸市、汉中市、河源市、鹤壁市、衡水市、葫芦岛市、怀化市、淮安市、淮北市、黄冈市、吉安市、吉林市、荆门市、九江市、酒泉市、开封市、莱芜市、乐山市、连云港市、辽阳市、辽源市、聊城市、临沂市、六盘水市、龙岩市、泸州市、漯河市、绵阳市、南平市、平顶山市、萍乡市、莆田市、濮阳市、七台河市、齐齐哈尔市、日照市、三门峡市、汕头市、韶关市、邵阳市、十堰市、石嘴山市、双鸭山市、朔州市、宿迁市、铁岭市、通化市、铜川市、吴忠市、襄阳市、新乡市、新余市、徐州市、许昌市、宣城市、雅安市、延安市、盐城市、阳泉市、榆林市、玉溪市、岳阳市、张家口市、肇庆市、周口市、自贡市
0.2501～0.5000（中高值区域）	鞍山市、包头市、保定市、沧州市、常州市、成都市、大庆市、东营市、鄂尔多斯市、佛山市、福州市、抚顺市、贵阳市、桂林市、哈尔滨市、海口市、邯郸市、合肥市、衡水市、呼和浩特市、湖州市、黄石市、惠州市、济南市、嘉兴市、嘉峪关市、江门市、金华市、景德镇市、酒泉市、昆明市、兰州市、廊坊市、柳州市、洛阳市、漯河市、马鞍山市、南昌市、南通市、盘锦市、秦皇岛市、青岛市、泉州市、汕尾市、石家庄市、台州市、太原市、泰州市、唐山市、铜陵市、威海市、潍坊市、温州市、乌海市、芜湖市、吴忠市、武汉市、西安市、西宁市、湘潭市、新乡市、邢台市、许昌市、烟台市、扬州市、宜昌市、银川市、长春市、长沙市、镇江市、郑州市、舟山市、株洲市、淄博市	鞍山市、蚌埠市、包头市、本溪市、郴州市、大庆市、防城港市、广元市、贵阳市、海口市、衡阳市、呼伦贝尔市、黄山市、黄石市、惠州市、济宁市、江门市、焦作市、金昌市、金华市、锦州市、晋城市、晋中市、景德镇市、廊坊市、丽江市、丽水市、柳州市、洛阳市、马鞍山市、牡丹江市、南昌市、南宁市、南通市、攀枝花市、盘锦市、秦皇岛市、衢州市、三明市、石家庄市、台州市、泰安市、泰州市、唐山市、铜陵市、潍坊市、乌海市、乌兰察布市、芜湖市、西安市、咸阳市、湘潭市、邢台市、烟台市、扬州市、宜昌市、鹰潭市、营口市、漳州市、长春市、长治市、株洲市、淄博市

续表

新型城镇化指数	2004 年	2018 年
0.5001～1.0000（高值区域）	大连市、东莞市、广州市、杭州市、南京市、宁波市、厦门市、绍兴市、沈阳市、苏州市、乌鲁木齐市、无锡市、中山市、珠海市	沧州市、常州市、成都市、大连市、东莞市、东营市、鄂尔多斯市、佛山市、福州市、广州市、哈尔滨市、杭州市、合肥市、呼和浩特市、湖州市、济南市、嘉兴市、嘉峪关市、昆明市、兰州市、南京市、宁波市、青岛市、泉州市、三亚市、厦门市、绍兴市、沈阳市、苏州市、太原市、威海市、温州市、乌鲁木齐市、无锡市、武汉市、西宁市、银川市、长沙市、镇江市、郑州市、中山市、舟山市、珠海市

注：由于数据可得性，研究区域不包括西藏自治区和港澳台地区。

5.2.2　乡村振兴与新型城镇化耦合协调的区域差异

以全国 278 个城市为基本空间单元，通过耦合协调度模型测度出地级市乡村振兴与新型城镇化的耦合协调度，将中国乡村振兴与新型城镇化耦合协调度总体差异分解为东部、中部、西部地区间的差异以及分区域内各城市之间的差异（见表 5 - 7）。结果发现，中国乡村振兴与新型城镇化耦合协调度差异均主要来源于中国分区域内的差异，从乡村振兴与新型城镇化耦合协调度泰尔指数的实际数值来看，2004～2018 年中国城乡耦合区域内泰尔指数均远大于区域间泰尔指数，区域内泰尔指数随着时间推移越来越大，贡献率均在 90%以上。区域间泰尔指数随着时间推移逐渐减小，贡献率在 5%～8% 波动，这表明城乡耦合的区域内差异越来越大于区域间差异（杨骞和刘华军，2012）。

表 5 - 7　　　　按照三大区域划分的城乡耦合泰尔指数及贡献率

年份	全国 T	东部 T_d	贡献率（%）	中部 T_z	贡献率（%）	西部 T_x	贡献率（%）	区域内 T_w	贡献率（%）	区域间 T_b	贡献率（%）
2004	0.0090	0.0095	40.43	0.0037	15.73	0.0084	35.68	0.0071	91.84	0.0019	8.16
2005	0.0099	0.0094	36.89	0.0044	17.27	0.0094	36.89	0.0077	91.05	0.0023	8.95
2006	0.0101	0.0106	42.12	0.0042	16.43	0.0081	31.99	0.0077	90.54	0.0024	9.46

续表

年份	全国 T	东部 T_d	贡献率 (%)	中部 T_z	贡献率 (%)	西部 T_x	贡献率 (%)	区域 内 T_w	贡献率 (%)	区域 间 T_b	贡献率 (%)
2007	0.0093	0.0104	44.39	0.0036	15.24	0.0073	31.33	0.0072	90.95	0.0021	9.05
2008	0.0094	0.0111	45.77	0.0038	15.56	0.0075	30.75	0.0075	92.08	0.0019	7.92
2009	0.0096	0.0111	45.29	0.0036	14.92	0.0077	31.43	0.0075	91.64	0.0020	8.36
2010	0.0099	0.0114	44.52	0.0039	15.26	0.0083	32.42	0.0079	92.20	0.0020	7.80
2011	0.0098	0.0112	43.85	0.0038	14.64	0.0087	34.05	0.0079	92.54	0.0019	7.46
2012	0.0099	0.0112	44.00	0.0037	14.51	0.0085	33.58	0.0078	92.10	0.0020	7.90
2013	0.0100	0.0118	45.52	0.0036	13.76	0.0087	33.33	0.0081	92.62	0.0019	7.38
2014	0.0103	0.0128	47.63	0.0040	14.80	0.0084	31.16	0.0085	93.58	0.0017	6.42
2015	0.0106	0.0136	48.04	0.0042	15.01	0.0088	31.15	0.0090	94.19	0.0016	5.81
2016	0.0105	0.0136	48.55	0.0043	15.24	0.0085	30.45	0.0089	94.24	0.0016	5.76
2017	0.0100	0.0134	50.09	0.0038	14.38	0.0081	30.33	0.0086	94.80	0.0014	5.20
2018	0.0105	0.0136	48.64	0.0045	16.01	0.0083	29.80	0.0089	94.45	0.0016	5.55

从三大区域泰尔指数的实际数值来看，东部地区最大，西部地区次之，中部地区最小，这表明东部地区内部城乡耦合差异依次大于西部地区和中部地区。东部地区泰尔指数逐年增加，贡献率在40%～50%波动。西部地区泰尔指数随着时间推移有下降趋势，贡献率在30%～37%波动。中部地区泰尔指数最低，波动不大，贡献率基本上在13%～17%波动。以上表明三大区域对总体差异的影响不同，其中以东部地区对总体差异的影响最大。东部地区乡村振兴与新型城镇化耦合协调度虽然高，但是城市之间差异较大。中部地区城乡耦合地区间差异不大，城市间发展比较均衡。

如表5－8所示，2004年乡村振兴与新型城镇化的耦合协调度低于0.3的分布在陕西的陇南市、云南的昭通市，耦合协调度高于0.7的就只有广东的东莞市。中高水平区域（0.5～0.7）分布在广东的广州市、佛山市、中山市、珠海市，江苏的南京市、常州市、无锡市、苏州市，福建的厦门市，浙江的杭州市、绍兴市、嘉兴市、宁波市，以及内蒙古的鄂尔多斯市。中西部地区乡村振兴与新型城镇化耦合协调度基本上处于0.3～0.4区间。到2018年中部地区城乡协调度明显提高，耦合协调度低于0.3的低水平区域已基本消失，耦合协调度在中低水平阶段（0.3～0.4）的城市也明显减少，大部分地区耦合协调度处于

0.4～0.5 区间。位于中高水平阶段（0.5～0.7）的东部沿海城市数量明显增加，还有分布在成都市、长沙市、武汉市、郑州市、青岛市、威海市、东营市、大连市、沈阳市，基本上为省会城市以及副省级城市，大多经济发达或具有区位优势，为乡村振兴与新型城镇化的耦合协调提供了基础。总体来看，从 2004～2018 年乡村振兴与新型城镇化耦合协调度处于中低水平及以下阶段的城市数量逐渐减少，中高水平区域数量逐渐向中部地区扩散，耦合协调度处于中高水平阶段的城市基本上为东部沿海发达城市以及省会城市（副省级城市）。

表 5－8　　　地级市乡村振兴与新型城镇化耦合协调的空间分异

耦合协调度	2004 年	2018 年
低度耦合协调 （0.000～0.3000）	陇南市、昭通市	—
中低耦合协调 （0.3001～0.4000）	安康市、安庆市、安顺市、安阳市、巴中市、白城市、白山市、白银市、百色市、蚌埠市、宝鸡市、保山市、北海市、滨州市、亳州市、朝阳市、潮州市、承德市、池州市、赤峰市、崇左市、滁州市、达州市、大同市、丹东市、德阳市、防城港市、抚州市、阜新市、阜阳市、赣州市、固原市、广安市、广元市、贵港市、汉中市、河池市、河源市、菏泽市、贺州市、鹤壁市、衡阳市、葫芦岛市、怀化市、淮安市、淮北市、淮南市、黄冈市、黄山市、吉安市、揭阳市、晋城市、晋中市、荆州市、九江市、开封市、来宾市、乐山市、丽江市、连云港市、临沧市、临汾市、临沂市、柳州市、六安市、六盘水市、娄底市、泸州市、洛阳市、吕梁市、茂名市、眉山市、梅州市、绵阳市、南充市、南宁市、南平市、南阳市、内江市、宁德市、攀枝花市、平顶山市、平凉市、濮阳市、普洱市、七台河市、钦州市、清远市、庆阳市、曲靖市、日照市、三门峡市、三亚市、汕头市、商洛市、商丘市、上饶市、韶关市、邵阳市、十堰市、朔州市、松原市、宿迁市、宿州市、随州市、遂宁市、泰安市、天水市、铁岭市、铜川市、渭南市、梧州市、武威市、咸宁市、咸阳市、襄阳市、孝感市、忻州市、新余市、信阳市、宣城市、雅安市、延安市、阳江市、宜宾市、宜春市、益阳市、永州市、榆林市、玉林市、云浮市、运城市、枣庄市、湛江市、张家界市、张掖市、长治市、肇庆市、中卫市、周口市、驻马店市、资阳市、自贡市、遵义市	安康市、安顺市、巴中市、白城市、白山市、百色市、宝鸡市、保定市、保山市、北海市、亳州市、朝阳市、潮州市、承德市、池州市、赤峰市、崇左市、达州市、大同市、德阳市、抚顺市、抚州市、阜阳市、固原市、广安市、贵港市、汉中市、河池市、河源市、菏泽市、贺州市、衡水市、葫芦岛市、淮北市、淮南市、吉林市、揭阳市、来宾市、乐山市、辽源市、临沧市、临汾市、临沂市、六安市、六盘水市、陇南市、娄底市、泸州市、漯河市、吕梁市、茂名市、眉山市、梅州市、南充市、南阳市、内江市、宁德市、平顶山市、平凉市、普洱市、七台河市、钦州市、清远市、庆阳市、三门峡市、汕头市、汕尾市、商洛市、商丘市、上饶市、韶关市、四平市、松原市、宿州市、绥化市、遂宁市、天水市、通化市、通辽市、铜川市、渭南市、梧州市、武威市、咸宁市、孝感市、忻州市、信阳市、宣城市、雅安市、延安市、阳江市、宜宾市、宜春市、玉林市、云浮市、运城市、枣庄市、湛江市、张家界市、长春市、昭通市、肇庆市、中卫市、驻马店市、资阳市、自贡市、遵义市

续表

耦合协调度	2004 年	2018 年
中度耦合协调 (0.4001~0.5000)	鞍山市、巴彦淖尔市、包头市、保定市、本溪市、沧州市、常德市、郴州市、成都市、大连市、大庆市、德州市、定西市、东营市、鄂州市、福州市、抚顺市、贵阳市、桂林市、哈尔滨市、海口市、邯郸市、合肥市、鹤岗市、黑河市、衡水市、呼和浩特市、呼伦贝尔市、湖州市、黄石市、惠州市、鸡西市、吉林市、济南市、济宁市、佳木斯市、嘉峪关市、江门市、焦作市、金昌市、金华市、锦州市、荆门市、景德镇市、酒泉市、昆明市、莱芜市、兰州市、廊坊市、丽水市、辽阳市、辽源市、聊城市、龙岩市、漯河市、马鞍山市、牡丹江市、南昌市、南通市、盘锦市、萍乡市、莆田市、齐齐哈尔市、秦皇岛市、青岛市、衢州市、泉州市、三明市、汕尾市、沈阳市、石家庄市、石嘴山市、双鸭山市、四平市、绥化市、台州市、太原市、泰州市、唐山市、通化市、通辽市、铜陵市、威海市、潍坊市、温州市、乌海市、乌兰察布市、乌鲁木齐市、芜湖市、吴忠市、武汉市、西安市、西宁市、湘潭市、新乡市、邢台市、徐州市、许昌市、烟台市、盐城市、扬州市、阳泉市、伊春市、宜昌市、银川市、鹰潭市、营口市、玉溪市、岳阳市、张家口市、漳州市、长春市、长沙市、镇江市、郑州市、舟山市、株洲市、淄博市	安庆市、安阳市、鞍山市、巴彦淖尔市、白银市、蚌埠市、包头市、本溪市、滨州市、沧州市、常德市、郴州市、滁州市、大庆市、丹东市、德州市、定西市、鄂州市、防城港市、阜新市、赣州市、广元市、贵阳市、桂林市、哈尔滨市、海口市、邯郸市、合肥市、鹤壁市、鹤岗市、黑河市、衡阳市、呼和浩特市、呼伦贝尔市、怀化市、淮安市、黄冈市、黄山市、黄石市、惠州市、鸡西市、吉安市、济南市、济宁市、佳木斯市、江门市、焦作市、金昌市、锦州市、晋城市、晋中市、荆门市、荆州市、景德镇市、九江市、酒泉市、开封市、昆明市、莱芜市、兰州市、廊坊市、丽江市、丽水市、连云港市、辽阳市、聊城市、柳州市、龙岩市、洛阳市、马鞍山市、绵阳市、牡丹江市、南昌市、南宁市、南平市、攀枝花市、盘锦市、萍乡市、莆田市、濮阳市、齐齐哈尔市、秦皇岛市、曲靖市、衢州市、日照市、三明市、三亚市、邵阳市、十堰市、石家庄市、石嘴山市、双鸭山市、朔州市、宿迁市、随州市、台州市、太原市、泰安市、唐山市、铁岭市、铜陵市、潍坊市、温州市、乌兰察布市、芜湖市、吴忠市、西安市、西宁市、咸阳市、湘潭市、襄阳市、新乡市、新余市、邢台市、徐州市、许昌市、烟台市、盐城市、扬州市、阳泉市、伊春市、宜昌市、益阳市、银川市、鹰潭市、营口市、永州市、榆林市、玉溪市、岳阳市、张家口市、张掖市、漳州市、长治市、周口市、株洲市、淄博市
中高耦合协调 (0.5001~0.7000)	常州市、鄂尔多斯市、佛山市、广州市、杭州市、嘉兴市、南京市、宁波市、厦门市、绍兴市、苏州市、无锡市、中山市、珠海市	常州市、成都市、大连市、东营市、鄂尔多斯市、佛山市、福州市、广州市、杭州市、湖州市、嘉兴市、嘉峪关市、金华市、南

续表

耦合协调度	2004 年	2018 年
中高耦合协调 （0.5001～0.7000）		京市、南通市、宁波市、青岛市、泉州市、厦门市、绍兴市、沈阳市、苏州市、泰州市、威海市、乌海市、乌鲁木齐市、无锡市、武汉市、长沙市、镇江市、郑州市、中山市、舟山市、珠海市
高度耦合协调 （0.7001～1.0000）	东莞市	东莞市

注：由于数据可得性，研究区域不包括西藏自治区和港澳台地区。

关于乡村振兴与新型城镇化的耦合协调水平前面已经进行了分析，现有研究关于这方面的文献也逐渐变多，但是关于乡村振兴与新型城镇化耦合协调带来的效应结果还鲜少有人进行研究。乡村振兴与新型城镇化两大战略的提出归根到底是为了解决"三农问题"，减小城乡差距，实现经济高质量发展。因此，本章除了分析乡村振兴与新型城镇化的耦合协调水平外，根据乡村振兴与新型城镇化的内涵维度，按照乡村产业兴旺与产业城镇化、乡村生态宜居与绿色城镇化、乡村生活富裕与经济城镇化的耦合机理，从产业、生态、经济三个角度出发，通过产业结构的优化效应、绿色环保的生态效应、减贫增收的经济效应分析乡村振兴与新型城镇化耦合协调带来的效应结果。关于乡村乡风文明与社会城镇化、乡村治理有效与空间城镇化，由于数据的可获得性，目前还未找到合理的指标替代结果变量，还需要后面研究进一步探索。这里统一将乡村振兴与新型城镇化的耦合协调度作为核心解释变量 RUC。

5.3　产业结构的优化效应

5.3.1　理论机制分析

乡村振兴与新型城镇化战略耦合是助推农业结构优化调整、巩固和提高农作物生产质量的重要抓手。在保障农作物产量的同时也要大力发展农作物新品种，通过研发新型农业生产技术加强对优质种植地的充分利用，因地制宜地实施乡村基础产业振兴计划，不仅要巩固提高粮食生产能力也要促进农业结构优化调整。在乡村振兴与新型城镇化战略耦合体系下，城镇化进程中伴随着信息化、工业化与农业现代化有机结合。农业结构调整主要体现在对优质农产品产业提供技术上的支持、政策上的倾斜，通过农业科技成果创新与城镇化相结合，城市与乡村、工业与农业互助互促的发展态势来推动农业现代化进程。在产业优化升级过程中还要注意生态保护，不仅要形成农民增收的长效机制，也要保证农业长期高质量发展。现代农业园区就是集农产品的绿色生态与农业园的休闲旅游为一体，通过政府支持、市场参与、农民主导，促进农业与第二、第三产业联动发展，形成"三生"（生产、生活、生态）空间的"协同融合"，在构建现代化产业发展体系的同时探寻文化、旅游、养生为一体。

5.3.2 空间溢出效应

在进行空间杜宾模型前首先检验下城乡耦合协调度及产业升级指数的空间自相关性，结果显示，2004～2018 年城乡耦合协调 RUC 的 Moran's I 指数均为正（0.113～0.276），产业升级 UGS 的 Moran's I 指数同样为正（0.244～0.636），大部分年份通过了 1% 水平的显著性检验，说明乡村振兴与新型城镇化耦合协调、产业结构优化指数均存在显著的空间依赖性，因此需要采用空间杜宾模型进一步考察其空间溢出效应。

本书分别建立了 3 种不同空间权重矩阵下城乡耦合对产业升级空间回归模型，估计结果见表 5 - 9，并且还进行了普通 OLS 面板回归对比。根据 Hausman 检验，判定模型选择固定效应更合理；根据 $Log\ L$、R^2 判定模型的拟合优度，空间杜宾模型（SDM）拟合优度比 OLS 回归结果好，说明考虑空间相关性的必要性，空间自相关系数 ρ 的估计值均通过了 1% 显著性水平检验，说明乡村振兴与新型城镇化的耦合协调对邻近地区也有一定的辐射效应。三个不同空间权重下，城乡耦合对产业升级均产生显著的正向影响，其中经济距离下乡村振兴与新型城镇化耦合协调对产业升级的正向系数最大为 0. 059。直接效应即本地区乡村振兴与新型城镇化耦合协调对本地区产业升级的影响，结果显示，在经济距离下直接效应最强，系数为 0. 047，在邻近距离下直接效应系数最小为 0. 016；间接效应反映的是本地区城乡耦合对邻近地区产业升级的影响，结果显示，本地区乡村振兴与新型城镇化耦合协调对邻近地区的溢出效应为负，在地理距离下的负向效应最强，系数为 - 0. 674，邻近距离下负向效应系数最小，为 - 0. 355。

表 5 - 9　　　　城乡耦合协调对产业升级影响的空间计量估计结果

变量	OLS - 固定效应		地理距离		邻近距离		经济距离	
	Coef.	t 值	Coef.	t 值	Coef.	t 值	Coef.	t 值
ruc	0. 037 ***	3. 560	0. 031 ***	3. 770	0. 036 ***	2. 930	0. 059 ***	4. 420
agr	- 0. 150 ***	- 6. 710	- 0. 229 ***	- 23. 260	- 0. 217 ***	- 20. 810	- 0. 202 ***	- 20. 070
edu	0. 018	1. 250	0. 017	1. 560	0. 026 **	2. 300	0. 014	1. 280
it	0. 049 ***	3. 730	0. 025 **	2. 240	0. 024 **	2. 160	0. 027 **	2. 390
uri	- 0. 049 **	- 2. 090	0. 002	0. 020	- 0. 025 *	- 1. 770	- 0. 013	- 1. 040
fd	0. 091 ***	4. 340	0. 041 ***	3. 090	0. 051 ***	3. 840	0. 051 ***	3. 590
$pgdp$	- 0. 042 **	- 2. 270	- 0. 067 ***	- 5. 170	- 0. 101 ***	- 7. 440	- 0. 086 ***	- 5. 440
$W \times ruc$			- 0. 204 *	- 1. 750	- 0. 263 ***	- 5. 720	- 0. 451 ***	- 5. 560
$W \times agr$			0. 265 ***	7. 860	0. 125 ***	8. 520	0. 171 ***	8. 160
$W \times edu$			0. 059 *	1. 940	0. 044 ***	2. 720	0. 054 **	2. 320
$W \times it$			- 0. 161 **	- 2. 370	0. 002	0. 120	0. 032	1. 180
$W \times uri$			0. 029	0. 550	0. 001	0. 040	- 0. 035	- 1. 150
$W \times fd$			0. 405 ***	3. 260	0. 093 ***	3. 740	0. 102 ***	2. 830
$W \times pgdp$			- 0. 073	- 1. 600	0. 068 ***	3. 680	- 0. 008	- 0. 290
ρ			0. 742 ***	15. 950	0. 352 ***	20. 080	0. 333 ***	11. 230
$direct$			0. 030 ***	3. 730	0. 016 ***	3. 400	0. 047 ***	3. 110
$indirect$			- 0. 674 *	- 1. 66	- 0. 355 ***	- 6. 030	- 0. 626 ***	- 5. 810
$total$			- 0. 644 *	- 1. 690	- 0. 339 ***	- 4. 870	- 0. 579 ***	- 5. 360
$Log\ L$			7571. 575		7554. 001		7435. 593	
R^2	0. 295		0. 453		0. 433		0. 409	

注：***、** 和 * 分别代表 1%、5% 和 10% 的显著性水平。

在控制变量上，非农发展 *agr* 对产业升级的影响系数均为负，尤其是在地理距离下负向效应更显著。这主要是由于非农化发展初期大多是形成以工业化推动非农化的模式，因此工业化发展势头迅猛，但是随着产业结构优化升级对第三产业更高的需求，以工业化为主的非农化发展对产业结构高级化、合理化反而产生了负向影响，这还需要一定的发展过程才能产生正向影响。科教支出水平 *edu* 对产业升级的影响效应在不同距离下均为正，但是在 OLS、地理距离、经济距离结果下均未通过显著性检验，在邻近距离下正效应通过了 5% 水平的显著性检验。互联网普及率 *it* 在不同距离下对产业升级的影响均为正效应，且通过了显著性检验，说明互联网发展对产业结构优化尤其是第三产业发展具有显著的推动作用。城乡收入差距 *uri* 对产业结构优化升级在邻近距离下为负效应且通过了 10% 水平的显著性检验，在地理距离和经济距离下均未通过显著性检验，说明城乡收入差距越大越不利于产业优化升级。金融发展 *fd* 对产业升级的影响效应在不同距离下均为正，且通过了显著性检验，金融产业的发展通过多元化融资为产业的优化提供支撑，这对于调整产业结构，促进产业升级具有重要的影响。经济发展 *pgdp* 对产业优化升级的影响在不同距离下均呈现负向效应，并且通过了显著性检验，经济发展未必就一定带来产业结构优化，也可能加剧产业结构的偏离程度。

5.3.3 空间异质性分析

考虑到中国地域广袤、地区间差异显著的现实，将全国 278 个城市分成东部、中部和西部地区进行分地区样本回归，并且根据上述结果采用地理距离的空间权重以揭示乡村振兴与新型城镇化耦合对国内产业结构优化升级影响的区域特征。从分区域回归结果来看（见表 5 - 10），城乡耦合对产业结构优化升级的影响存在空间异质性差异。具体而言，本地城乡耦合对产业升级的正向效应在东部地区系数为 0.242，在西部地区为 0.150，中部地区虽然为负但未通过显著性检验。表征城乡耦合空间溢出效应 $W \times ruc$ 的回归系数值在东部地区为 1.555，通过了 1% 水平的显著性检验，在中部和西部地区均为负效应，系数分别为 - 2.207、- 2.216，且通过了显著性检验。进一步，从城乡耦合对产业结构优化升级的直接和间接影响系数来看，东部地区乡村振兴与新型城镇化的耦合不仅能推动本地产业结构优化升级，还能带动周边城市产业升级（李东坤和邓敏，2016）。但在中西部地区，这种正向溢出效应还未出现，中部城市本地城乡耦合并不能促进本地和邻近城市产业升级，甚至带来邻近城市产业升级水平下降；西部地区则是本地城乡耦合可以带来本地产业结构升级优化，但是对邻近城市产生负向溢出效应。

表 5 - 10　　　　　　　　　　　　分地区异质性检验

变量	东部地区		中部地区		西部地区	
	Coef.	t 值	Coef.	t 值	Coef.	t 值
ruc	0.242 **	2.380	-0.031	-0.190	0.150 **	2.770
agr	-0.313 ***	-4.530	-0.305 ***	-7.940	-0.186 ***	-4.250
edu	0.053 *	1.810	0.017	0.290	0.103 *	1.930
it	0.018 *	1.930	-0.003	-0.060	0.128 **	2.410
uri	0.037	0.920	0.102 **	2.160	-0.029	-0.780
fd	-0.028	-0.960	-0.109 *	-1.700	0.107 ***	2.930
$pgdp$	-0.054 *	-1.890	0.019	0.260	0.126 ***	2.600
$W \times ruc$	1.555 ***	3.100	-2.207 **	-2.240	-2.216 *	-1.900
$W \times agr$	0.550 **	2.490	0.238	1.480	0.275	1.540
$W \times edu$	0.158	1.320	0.606 **	2.470	0.245 **	2.42
$W \times it$	0.048	0.380	0.301	0.760	-0.703 **	-2.020
$W \times uri$	0.252 *	1.730	-0.099	-0.250	-0.211	-0.810
$W \times fd$	0.068	0.330	-1.822 ***	-2.970	0.690	1.580
$W \times pgdp$	-0.028	-0.180	-0.953 ***	-2.750	0.429	1.610
ρ	0.130	1.180	0.615 ***	6.890	-0.385 ***	-3.060
$direct$	0.251 **	2.410	-0.081	-0.470	0.174 **	2.840
$indirect$	1.808 ***	2.760	-5.940 **	-2.250	-1.689 *	-1.930
$total$	2.059 ***	3.160	-6.021 **	-2.250	-1.515 **	-1.960
$citis$	96		100		82	
R^2	0.532		0.671		0.582	

注：***、** 和 * 分别代表 1%、5% 和 10% 的显著性水平。

控制变量中非农发展 *agr* 在东部、中部、西部地区对产业升级的影响显著为负，其中，东部地区的负向效应更显著，但是溢出效应为正，中西部地区非农发展的溢出效应均未通过显著性检验。科教支出水平 *edu* 在东部、中部、西部地区直接效应和溢出效应均为正，但是在西部地区的本地效应更强，在中部地区的溢出效应更大，系数为 0.606。互联网普及率在东部和西部地区对产业升级产生显著的正向效应，尤其是西部地区互联网发展更有利于优化产业升级，但是对邻近地区的溢出效应显著为负。城乡收入差距 *uri* 在中部地区对产业升级影响为正，并且通过了 5% 水平的显著性检验，但是溢出效应并不显著，说明中部地区城乡收入差距加大更多地体现在城镇优势，因此对于城镇产业结构优化升级有推动作用，中部地区乡村产业还是以第一产业为主。金融发展对产业升级的影响在中部地区本地和溢出效应均显著为负，在西部地区本地效应显著为正，这说明在中部地区，金融发展对第二产业的促进作用高于第三产业，抑制了产业升级。而在西部地区金融发展水平本身就低，如果金融发展能够达到一定的规模量，对产业结构优化升级将会产生质的飞跃，但是这种带动作用在本身金融发展高地的东部地区无法体现出来。经济发展 *pgdp* 在东部地区对产业升级的影响显著为负，在西部地区本地效应显著为正，这主要是由于东部地区本身经济发展水平高，但是当经济发展达到一定阶段，本地产业结构发展出现了不均衡的现象，这也就加剧了本地产业结构的偏离程度。西部地区的经济发展较为落后，此时经济发展对本地产业机构优化升级的正向效应还是十分显著的。

5.4 绿色环保的生态效应

5.4.1 理论机制分析

乡村振兴与新型城镇化进程中无法避免的话题就是城乡生态文明建设问题。城镇化进程初级阶段以工业化为主必然带来工业生产污染，但是那时候经济条件有限、防污减污设备还不够完善，邻近的乡村就成了污染转移的首选区域。那时候的乡村在技术水平本就落后的情况下，生态问题也陷入发展困境，对于振兴乡村、建立新型城乡关系都造成了很大的阻碍。自从新型城镇化、乡村振兴战略提出后，绿色低碳的城镇化发展之路、乡村生态宜居均被提上日程，因此乡村振兴与新型城镇化战略耦合必须重视城乡生态文明建设这一议题，以绿色发展理念推动城乡均衡发展、循环发展、可持续发展，注重城乡发展过程中的节约、低碳、清洁等问题，协同推进乡村振兴与新型城镇化中的生态融合互补，实现城乡美美与共。

新型城镇化由"量变"进入"质变"阶段，在城镇化提质增效阶段，一些大中城市开始注重生态文明建设问题，采用清洁生产技术、环境治理技术等以应对生产中的污染问题，或者是通过城市布局将一些污染企业转移到一些非污染敏感区域，从而减少对居民的污染危害。由于乡村振兴与新型城镇化耦合协调程度逐渐提高，这个阶段的城市规划越来越注重生态治理，协调好人与自然的关系。城市人均绿地面积、公共绿化普及率也均大幅提高，城乡矛盾也趋于弱化，城市和农村的界限开始模糊。这时乡村振兴与新型城镇化战略耦合的绿色效应开始凸显，对生态环境的正向效应逐渐增强，乡村的生态环境也不再仅依赖于城镇化的发展，自身也开始注重生态宜居的建设，城镇化进程从数量增长变为质量改善。

5.4.2　雾霾污染的动态演化特征

这里用核密度估计法来描述中国城市雾霾污染的动态演化及其特征，通过分析核密度图的波峰形状、数量来判断城市雾霾污染的分布、形态、演化以及两极分化的问题（刘晓红，2019）。核密度估计的基本形式为：

$$f_n(x) = \frac{1}{nh} \sum_{i=1}^{n} K\left(\frac{x_i - \bar{x}}{h}\right) \tag{5-16}$$

其中，n 是样本观测值数量，$\bar{x}$ 代表样本观测值均值，h 是带宽（一个较小的大于 0 的值），$K\left(\frac{x_i - \bar{x}}{h}\right)$ 为核函数。通常带宽和核函数是要进行选择的，为得到最佳拟合效果，借鉴现有研究，选取常用的 Epanechnikov 核函数，并且最佳带宽的选择遵循均方误差最小原则，选择基于数据的自动带宽（王惠等，2015）。选取 2004 年、2008 年、2011 年、2015 年和 2018 年五个年度作为雾霾污染 PM2.5 的考察剖面（见图 5-3）。

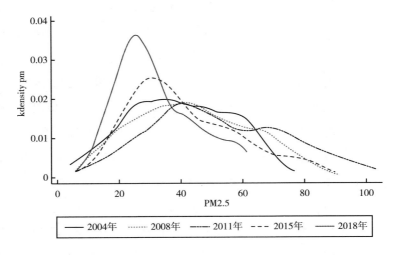

图 5-3   PM2.5 核密度

为了分析中国城市雾霾污染的动态演化，本书研究利用 2004~2018 年中国城市 PM2.5 的数据，通过 Stata14.0 画出核密度分布曲线。如图 5-3 所示，PM2.5 的动态演化特点如下：首先，在位置分布上，PM2.5 的核密度曲线整体上向左偏移，这从全国总体上来看雾霾污染有缓解趋势。其次，除了 2004 年特殊外，随着时间推移从 2008 年、2011 年、2015 年到 2018 年，2018 年主峰值最高，2011 年主峰值最低，主峰值升高说明波峰对应的核密度在升高。除此之外，核密度对应曲线的宽度逐渐变窄，这表明全国城市之间雾霾污染的差异在逐渐缩小。最后，核密度分布曲线的右尾逐渐向左偏移，可见全国范围内雾霾污染严重的城市数量在不断减少，雾霾治理初见成效。2004 年和 2011 年核密度曲线分布出现"双峰"的趋势，且波峰宽度更宽说明雾霾污染在这两年出现两极分化的情况，两极分化下雾霾污染在城市间的差距有扩大的趋势，需要引起重视。其他年份基本上呈单峰分布状态，这表明雾霾污染较为收敛。

5.4.3　空间溢出效应

本书分别建立了 3 种不同空间权重矩阵下城乡耦合对雾霾污染空间回归模型的结果（见表 5 - 11），以及普通 OLS 回归结果进行对比。根据 Hausman 检验，判定模型选择固定效应更合理；根据 R^2 判定模型的拟合优度，空间杜宾模型（SDM）经济距离下的拟合程度最高。空间自相关系数 ρ 的估计值均通过了 1% 显著性水平的检验，说明存在显著的空间溢出效应。三个不同空间权重下，城乡耦合在地理距离与经济距离下对雾霾污染均产生显著的负向影响，在邻近距离下结果不显著这可能是由于邻近城市城乡耦合对本地雾霾污染的促减效应还未显现出来。其中经济距离下乡村振兴与新型城镇化耦合协调对雾霾污染的促减效应最强，系数为 - 0.298，地理距离下城乡耦合对雾霾污染的负向系数为 - 0.033。直接效应即本地区乡村振兴与新型城镇化耦合协调对本地区雾霾污染的影响，结果显示，在经济距离下直接效应最强，系数为 - 0.305，在邻近距离下直接效应系数为 - 0.020；间接效应反映的是本地区城乡耦合对邻近地区雾霾污染的影响，结果显示，本地乡村振兴与新型城镇化耦合协调对邻近地区的溢出效应为负，在地理距离下的负向效应最强，系数为 - 10.389，经济距离下负向效应系数为 - 0.353。

表 5 - 11　乡村振兴与新型城镇化耦合对雾霾污染影响的空间溢出效应

变量	OLS - 固定效应		地理距离		邻近距离		经济距离	
	Coef.	t 值	Coef.	t 值	Coef.	t 值	Coef.	t 值
ruc	- 0.341 ***	- 2.700	- 0.033 ***	- 5.610	0.011	0.440	- 0.298 ***	- 4.730
agr	- 0.004	- 0.140	- 0.074 ***	- 5.820	0.001	0.110	- 0.157 ***	- 10.570
edu	- 0.012	- 0.470	- 0.050 ***	- 3.730	0.007	1.070	- 0.089 ***	- 5.770
it	- 0.181 ***	- 4.610	- 0.026 *	- 1.900	- 0.001	- 0.230	- 0.076 ***	- 4.760
uri	0.216 ***	4.840	0.044 ***	2.650	- 0.011	- 1.390	0.067 ***	3.680
fd	- 0.049 **	- 2.180	0.026	1.640	- 0.023 ***	- 3.120	0.034	1.700
pgdp	- 0.026 *	- 1.730	- 0.081 ***	- 5.160	0.001	0.140	- 0.073 ***	- 3.290
$W \times ruc$			- 0.205 ***	- 5.510	- 0.050	- 1.500	0.097	0.760
$W \times agr$			- 0.151 ***	- 3.750	- 0.002	- 0.210	0.332 ***	10.540

续表

变量	OLS - 固定效应		地理距离		邻近距离		经济距离	
	Coef.	t 值	Coef.	t 值	Coef.	t 值	Coef.	t 值
$W \times edu$			− 0.039	− 1.110	− 0.007	− 0.800	0.078 **	2.390
$W \times it$			− 0.281 ***	− 3.520	− 0.019 *	− 1.820	− 0.127 ***	− 3.190
$W \times uri$			0.437 ***	7.110	0.007	0.690	0.157 ***	3.580
$W \times fd$			− 0.724 ***	− 5.430	0.022	1.610	− 0.088 *	− 1.750
$W \times pgdp$			0.188 ***	4.010	− 0.004	− 0.400	0.166 ***	4.160
ρ			0.977 ***	6.450	0.946 ***	5.440	0.709 ***	3.110
direct			− 0.069 ***	− 3.170	− 0.020	− 0.500	− 0.305 ***	− 4.640
indirect			− 10.389 *	− 1.680	− 0.656	− 1.250	− 0.353 ***	− 2.610
total			− 10.458 *	− 1.690	− 0.677	− 1.220	− 0.658 *	− 1.930
Log L			6644.264		5753.909		9250.661	
R^2	0.151		0.269		0.179		0.375	

注: ***、** 和 * 分别代表 1%、5% 和 10% 的显著性水平。

总体上看，除了城乡收入差距 uri 外，其他变量对雾霾污染均具有促减效应。非农发展 agr 在地理距离和经济距离下对雾霾污染的本地效应均显著负相关，说明发展非农产业对雾霾污染的减小是具有一定作用的。科教支出 edu 对雾霾污染的影响效应显著为负，在经济距离下空间溢出效应为正，说明增加城市科教事业支出可以促进科技创新，提高环境效率，减小本地雾霾污染，但是这种溢出效应对周边城市则会加剧雾霾污染。互联网发展 it 对雾霾污染的本地效应和溢出效应均呈现负相关，信息化的到来改变了居民的生活方式、改革了企业的生产方式，可以转变资源利用方式从源头上减少污染排放。同时，信息化可以带来技术的创新，对雾霾治理实时有效监测，及时采集有效数据发出预警功能。城乡收入差距 uri 在经济距离和地理距离下对雾霾污染本地效应和空间溢出效应均显著为正，说明城乡收入差距加大会带来雾霾污染加剧，城乡收入差距越大说明城镇化进程越快，带来了城镇雾霾污染加重等一系列问题。金融发展 fd 在 OLS 结果下系数为 − 0.049，且通过了 5% 水平的显著性检验，说明金融发展具有显著的减霾效应。即金融发展每增加 1 个单位，PM2.5 会相应降低 0.049 个单位。经济发展 pgdp 对雾霾污染的回归系数显著为负，经济发展水平高的地区为了改善环境污染问题，政府对雾霾治理的资金投入也越多，从而加大雾霾治理的力度。

同上，按照东部、中部和西部地区进行分样本回归，并且根据上述结果采用地理距离的空间权重以揭示乡村振兴与新型城镇化耦合对雾霾污染影响的区域特征（见表 5 - 12）。具体而言，本地城乡耦合对雾霾污染的影响效应在东部地区系数为 0.495，在中部地区为 0.656，在西部地区为 - 1.003。表征城乡耦合空间溢出效应 $W \times ruc$ 的回归系数值在东部地区为 2.201，通过了 5% 水平的显著性检验，在中部和西部地区均为负效应，系数分别为 - 7.900、- 7.705，且通过了 1% 水平的显著性检验。

表 5 - 12　　　　　　　　　　　分地区异质性检验

变量	东部地区		中部地区		西部地区	
	Coef.	t 值	Coef.	t 值	Coef.	t 值
ruc	0.495 **	2.030	0.656 **	2.030	- 1.003 **	- 2.210
agr	0.072	0.900	- 0.130 **	- 2.020	0.083	1.130
edu	0.203 *	1.920	0.131	1.060	0.223 **	2.520
it	- 0.063	- 0.990	- 0.272 ***	- 2.800	0.169	1.210
uri	- 0.394	- 1.540	- 0.305 ***	- 2.810	- 0.527 ***	- 5.090
fd	- 0.189 *	- 1.980	- 0.246	- 1.470	0.243 **	2.280
pgdp	- 0.021	- 0.200	0.051	0.350	- 0.027	- 0.250
$W \times ruc$	2.201 **	2.000	- 7.900 ***	- 4.230	- 7.705 ***	- 3.690
$W \times agr$	- 1.131 **	- 2.440	- 0.259	- 0.730	- 0.028	- 0.060
$W \times edu$	1.410 ***	3.970	2.371 ***	4.710	- 0.717	- 1.250
$W \times it$	- 2.099 ***	- 3.970	- 1.514 *	- 1.660	3.617 ***	2.920
$W \times uri$	0.714	1.210	1.179 *	1.640	- 2.286 ***	- 2.700
$W \times fd$	- 2.251 ***	- 4.780	- 0.785	- 0.610	3.307 ***	4.100
$W \times pgdp$	1.325 ***	2.810	- 0.624	- 0.840	- 0.553	- 1.200
ρ	0.953 ***	7.580	0.946 ***	8.810	0.097	0.370
direct	1.119 ***	3.340	- 0.769 ***	- 3.510	- 1.031 **	- 2.100
indirect	55.665 ***	2.710	- 38.624 ***	- 3.230	- 10.496 **	- 2.030
total	56.784 ***	2.730	- 39.392 ***	- 3.210	- 11.527 **	- 2.030
citis	96		100		82	
R^2	0.679		0.732		0.468	

注：***、** 和 * 分别代表 1%、5% 和 10% 的显著性水平。

进一步分析空间异质性原因，中国东部地区的乡村振兴与新型城镇化耦合协调加剧了雾霾污染，还将通过空间溢出效应加剧邻近城市的雾霾污染，这是因为东部地区乡村振兴与新型城镇化的耦合协调对雾霾污染的影响效应还处在加剧阶段，在城乡逐渐融合、东部地区城市经济高度发展的同时，虽然一些大中城市开始有意识地采用清洁生产技术、环境治理技术来减少生产污染，但是东部地区内部发展差异也较大。有些城市还处于城镇化进程加快阶段，重视数量而忽视质量，城镇化在快速发展过程中还是带来了雾霾污染问题，或者是将污染企业转移到周边农村地区，加剧了农村生态困境。

中部地区城乡耦合加剧了本地城市雾霾污染，空间溢出效应缓解了邻近城市的雾霾污染。中部地区城乡耦合相较西部地区进入了中级阶段，城镇化也进入了提高阶段。在这一阶段，城市的优越性逐渐体现，越来越多的乡村劳动力、手工业、制造业均大规模地流入城市，商业集聚。这个时期主要通过工业化带动城镇化发展，许多重点核心城市规模不断扩大，但也带来了环境污染、交通拥挤、住房紧张等问题，城市对于生态环境的破坏逐渐凸显。这种情况下虽然城乡耦合对社会化大生产的推动作用显著增强，但是对本地雾霾污染的加剧效应也逐渐显著。

在西部地区直接效应和间接效应均能缓解本地和邻近城市的雾霾污染，这主要是由于西部地区城乡耦合还处于初级阶段，城镇化进程还远落后于东部地区，但是此时的城市还保持着原始的自然属性，热岛效应等城市现象还未凸显。西部地区的城市与乡村界限还很明显，乡村通过供应农产品才与城市有所交集。这一时期的城市与周围生态环境的矛盾还很小，因此乡村振兴与新型城镇化耦合协调不仅对本地具有促减效应，对周围城市也具有促减效应。

5.5 减贫增收的经济效应

5.5.1 理论机制分析

乡村振兴与新型城镇化战略耦合重点要解决的就是城乡发展不平衡、不充分的问题。城乡耦合就是要对减小城乡教育、医疗卫生、就业等方面的差距落实具体举措，尤其是城乡收入差距是城乡发展不平衡中的突出矛盾之一。乡村振兴与新型城镇化战略耦合就是要借助政府的力量推动城乡户籍制度改革，使得农业转移人口市民化普及开来，让这部分农民收入水平看得见地增加。另外还要借助企业的发展带来产业集聚，增加对乡村劳动力的需求量，使得更多农民有机会摆脱贫困走向城市、增强城市经济活力，也让自己的生活得到改善。同时，乡村振兴与新型城镇化战略耦合实现城乡要素双向流动，可以在政策扶持下吸引城市科教文卫等方面的人力资本涌入乡村建设中，完善乡村基础设施建设、医疗卫生、教育等民生工程。通过城市产业链的延伸，不仅可以解决农村剩余劳动力就业问题，还可以因地制宜地发展地方特色产业，建立农民增收的长效机制，提高农民收入从而缩小城乡收入差距。最后，协同推进贫困地区乡村振兴与新型城镇化战略耦合对于促进长期减贫有效，城乡间均衡配置资源能够为贫困地区振兴乡村创造机遇，城市作为一个增长极也能够通过产业、人口等要素集聚辐射乡村地区，促进农村发展。

5.5.2　门槛效应

为了直观地分析乡村振兴与新型城镇化的耦合与城乡收入差距、贫困人口之间的关联机制，图 5-4 显示了城乡耦合与城乡收入差距、贫困人口之间关系的散点图。可以看出，城乡耦合与城乡收入差距之间存在较为显著的负向关系，城乡耦合与贫困人口之间也为负相关。但是散点图仅仅是对变量之间关系的初步刻画，本书接下来将在模型中加入其他控制变量，并通过基准模型对问题进行更进一步的考察（刘金全和毕振豫，2019）。

表 5-13 中（1）~（4）分别汇报了全国样本的城乡收入差距、贫困人口的随机效应（Re）和固定效应（Fe）回归结果。在估计方法的选择上，我们同时采用了固定效应和随机效应模型，由于 Hausman 检验都拒绝随机效应模型，本书接下来只汇报固定效应模型的回归结果。

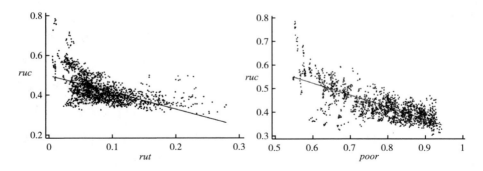

图 5 – 4　城乡耦合与城乡收入差距、贫困人口的散点图

表 5 – 13　　　　　　城乡耦合对城乡收入差距、贫困人口的估计结果

变量	城乡收入差距				贫困人口			
	（1）随机效应		（2）固定效应		（3）随机效应		（4）固定效应	
	Coef.	t 值	Coef.	t 值	Coef.	t 值	Coef.	t 值
ruc	− 0. 581 ***	− 3. 780	− 0. 752 ***	− 4. 080	− 0. 679 ***	− 3. 480	− 0. 502 ***	− 2. 930
ruc^2	0. 471 ***	2. 940	0. 591 ***	2. 970	0. 985 ***	4. 590	0. 638 ***	3. 380
$lnagr$	− 0. 042 ***	− 4. 170	− 0. 060 ***	− 4. 920	0. 110 ***	8. 090	0. 066 ***	5. 490
$lnedu$	0. 023 ***	5. 570	0. 024 ***	5. 590	0. 001	0. 050	− 0. 015 **	− 2. 590
$lnit$	− 0. 009 ***	− 7. 900	− 0. 010 ***	− 7. 500	− 0. 002	− 0. 320	0. 006	0. 910
$lnindu$	− 0. 008 ***	− 6. 530	− 0. 009 ***	− 6. 420	0. 022 *	1. 760	0. 026 **	2. 390
$lnpgdp$	− 0. 017 ***	− 9. 360	− 0. 014 ***	− 7. 700	− 0. 029 ***	− 3. 540	− 0. 034 ***	− 4. 750
$lnope$	− 0. 001	− 1. 050	− 0. 003	− 0. 440	− 0. 028	− 0. 640	− 0. 073 *	− 1. 930
$\_cons$	0. 603 ***	14. 880	0. 642 ***	13. 630	0. 411 ***	8. 890	0. 439 ***	11. 100
hausman	chi2（9）= 66. 67 Prob > chi2 = 0. 000				chi2（9）= 411. 53 Prob > chi2 = 0. 000			
R^2	0. 458		0. 461		0. 641		0. 681	

注：***、** 和 * 分别代表 1%、5% 和 10% 的显著性水平。

首先，观察本书的核心解释变量乡村振兴与新型城镇化的耦合协调（ruc），在（1）~（4）方程中，城乡耦合无论是对城乡收入差距的泰尔指数（rut）还是贫困人口（poor）回归系数均为负，且均通过了 1% 水平的显著性检验。据此推定，乡村振兴与新型城镇化耦合协调具有减贫增收效应。其次，城乡耦合的增收减贫效应可能存在倒"U"型关系，即在乡村振兴与新型城镇化耦合协调初期，城乡耦合的水平过低未必能达到增收减贫效应，而在城乡耦合发展后期由于乡村振兴与新型城镇化水平均有所提高，以市场或政治的逻辑推进乡镇和农村地区的发展和持续性减贫，达到减贫增收效应。基于此，本书加入了城乡耦合的二次项 ruc^2。回归结果显示，城乡耦合一次项的系数为负，二次项的系数为正，且这两个系数都在 1% 的水平下显著。这个结果表明，城乡耦合对城乡收入差距、贫困人口的影响的确呈现倒 "U" 型关系，需要进一步验证。

　　在控制变量上，乡村振兴与新型城镇化耦合协调对城乡收入差距的固定效应中非农发展（$\ln agr$）、互联网普及（$\ln it$）、工业发展（$\ln indu$）、经济发展（$\ln pgdp$）均对城乡收入差距产生负向效应且通过了显著性检验，无论是经济发展、非农产业发展还是规模以上工业企业发展均对城乡收入差距减小有利。对外开放（$\ln ope$）对城乡收入差距无显著影响，这可能是由于城乡二元结构矛盾，对外开放水平的影响效应主要还是体现在城镇，乡村被辐射的影响较小，所以无法对城乡收入差距产生显著影响。科教支出水平（$\ln edu$）的提高反而扩大了城乡收入差距，这主要是由于政府财政支出具有城镇倾向，尤其是科技支出大多体现在城镇方面，而城乡教育资源的不均衡也尤为突出，因此科教支出水平会对减小城乡收入差距产生消极影响。乡村振兴与新型城镇化战略耦合对贫困人口的固定效应影响中，控制变量里科教支出水平（$\ln edu$）、经济发展（$\ln pgdp$）、对外开放（$\ln ope$）均产生显著的减贫效应，互联网普及（$\ln it$）的减贫效应还不显著。非农发展（$\ln agr$）、工业发展（$\ln indu$）对贫困人口均具有促增效应，这主要是由于中国农业生产还没有完全实现农业现代化，工业品的销售价格还是高于农产品的收购价格，因此从事农业生产的收益远低于非农生产，故非农产业比重扩大以及工业发展反而加剧了贫困人口。

　　本部分进一步尝试分析乡村振兴与新型城镇化耦合协调与城乡收入差距、贫困人口可能存在的非线性关系。金融发展作为现代经济体系的核心要素之一，它能否带来减贫增收目前是学界热议的一个话题，基于此，本部分以普惠金融（$\ln fin$）作为门槛回归变量，以揭示城乡耦合对城乡收入差距、贫困人口的影响规律与门槛特征。检验结果如表 5 - 14 所示。检验结果表明，普惠金融的单一门槛和双重门槛效应均通过了显著性检验，均在 1% 水平下显著，三重门槛效应未通过检验。这也充分说明，城乡耦合对城乡收入差距、贫困人口的影响确实存在着门槛效应，并且呈现双门槛效应。

表 5 – 14　　　　　　　　　　门槛效应自抽样检验结果

被解释变量	门槛变量	门槛个数	F 值	P 值	临界值		
					10%	5%	1%
城乡收入差距 (rut)	普惠金融 (lnfin)	单一门槛	323.190 ***	0.000	29.099	35.139	43.027
		双重门槛	68.840 ***	0.000	19.404	23.930	30.334
		三重门槛	44.580	0.440	70.282	77.621	98.159
贫困人口 (poor)	普惠金融 (lnfin)	单一门槛	84.490 ***	0.003	44.532	52.652	64.090
		双重门槛	37.160 ***	0.000	17.928	20.695	26.958
		三重门槛	11.210	0.740	31.055	35.311	50.480

注：P 值为采用"自助法"（bootstrap）得到的概率值，＊、＊＊和＊＊＊分别表示 10%、5% 和 1% 的显著性水平。

　　门槛效应检验后，再对门槛值进行估计与检验，由表 5 – 15 可知，普惠金融（lnfin）在城乡耦合对贫困人口中对应的门槛估计值分别为 4.242 和 5.406，对应的原始值普惠金融指数（fin）分别为 69.560 和 222.831；普惠金融（lnfin）在城乡耦合对城乡收入差距的影响效应中作为门槛变量对应的门槛估计值分别为 4.750 和 4.978，对应的原始值普惠金融指数（fin）分别为 115.620 和 145.120。门槛变量均处于原假设接受域内，由此可以认为上述门槛值是真实有效的。除此之外，为了更为清晰地观测门槛值的估计和置信区间的变化，利用 Stata 14.0 进行绘图得到图 5 – 5、图 5 – 6，通过绘制似然比函数图可以识别门槛值，观测置信区间。在 95% 的置信区间内，贫困人口的普惠金融门槛值分别为 4.242 和 5.406，城乡收入差距的普惠金融门槛值分别为 4.750 和 4.978，与图中相对应。综上所述，城乡耦合的减贫增收效应在双重门槛模型下通过了显著性检验，表明，乡村振兴与新型城镇化耦合协调与贫困人口、城乡收入差距确实存在非线性关系。

表 5 – 15　　　　　　　城乡收入差距与贫困人口的门槛值估计结果

被解释变量	普惠金融门槛值一			普惠金融门槛值二		
	估计值	原始值	95% 置信区间	估计值	原始值	95% 置信区间
贫困人口 (poor)	4.242	69.560	[4.217, 4.253]	5.406	222.831	[-0.934, -0.891]
城乡收入差距 (rut)	4.750	115.620	[4.727, 4.900]	4.978	145.120	[4.949, 4.981]

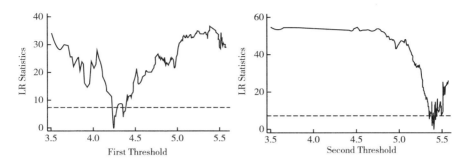

图 5 - 5　贫困人口的普惠金融门槛效应

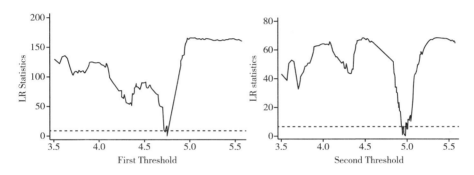

图 5 - 6　城乡收入差距的普惠金融门槛效应

在乡村振兴与新型城镇化耦合协调对贫困人口的减贫效应中，普惠金融作为门槛变量，估计结果如表 5 - 16 所示。当普惠金融（ln*fin*）≤4.242 时，城乡耦合对贫困人口的影响系数为 - 0.015，并且未通过显著性检验，即在普惠金融指数较小区间内，城乡耦合对贫困人口的减贫效应还未发挥出；当4.242 < ln*fin* ≤ 5.406 时，普惠金融指数逐渐提高，城乡耦合对贫困人口的减贫效应也开始凸显，系数为 - 0.022，通过了 10% 水平的显著性检验，即城乡耦合协调水平每提高一个单位，贫困人口会减小 - 0.022 个单位；当普惠金融（ln*fin*）> 5.406 时，城乡耦合对贫困人口的系数为 - 0.029，减贫效应逐渐增强并且通过了 5% 水平的显著性检验。从以上分析可以看出，随着普惠金融指数的提高，城乡耦合对贫困人口的减贫效应逐渐增强。

表 5 – 16   贫困人口的面板门槛模型估计结果

贫困人口的门槛效应	Coef.	Std. Err	t	P > |t|	95% 置信区间	
lnagr	− 0. 047 ***	0. 012	− 2. 690	0. 007	− 0. 070	− 0. 024
lnedu	0. 016	0. 009	1. 460	0. 144	− 0. 001	0. 005
lnit	− 0. 004	0. 006	− 1. 340	0. 180	− 0. 017	0. 008
ln$indu$	− 0. 016 ***	0. 011	− 3. 530	0. 000	− 0. 030	− 0. 001
ln$pgdp$	− 0. 012 ***	0. 008	− 2. 620	0. 009	− 0. 020	− 0. 002
lnope	0. 078 **	0. 037	2. 050	0. 040	0. 006	0. 150
$Ruc \cdot I(\ln fin \leqslant 4.242)$	− 0. 015	0. 013	− 1. 160	0. 247	− 0. 040	0. 010
$Ruc \cdot I(4.242 < \ln fin \leqslant 5.406)$	− 0. 022 *	0. 013	− 1. 720	0. 086	− 0. 048	0. 003
$Ruc \cdot I(\ln fin > 5.406)$	− 0. 029 **	0. 013	− 2. 220	0. 026	− 0. 054	− 0. 003
_$cons$	0. 846 ***	0. 011	80. 320	0. 000	0. 825	0. 867

注：*** 、** 和 * 分别代表 1%、5% 和 10% 的显著性水平。

在乡村振兴与新型城镇化耦合协调对城乡收入差距的增收效应中，普惠金融作为门槛变量，估计结果如表 5 – 17 所示。当普惠金融（lnfin）≤4. 750 时，城乡耦合对城乡收入差距的影响系数为 − 0. 058，且通过了 10% 水平的显著性检验，即城乡耦合协调水平每提高一个单位，城乡收入差距会减小 0. 058 个单位；当 4. 750 < lnfin ≤ 4. 978 时，普惠金融指数逐渐提高，城乡耦合对城乡收入差距的负向效应也逐渐凸显，系数为 − 0. 092，通过了 1% 水平的显著性检验；当普惠金融（lnfin）> 4. 978 时，城乡耦合对城乡收入差距的负向效应持续增强，系数为 − 0. 114，并且通过了 1% 水平的显著性检验。从以上分析可以看出，随着普惠金融指数的提高，城乡耦合对城乡收入差距的增收效应也逐渐增强。

表 5 – 17   城乡收入差距的面板门槛模型估计结果

城乡收入差距的门槛效应	Coef.	Std. Err	t	P > |t|	95% 置信区间	
lnagr	− 0. 058 ***	0. 011	− 5. 380	0. 000	− 0. 080	− 0. 037
lnedu	0. 013 ***	0. 004	3. 390	0. 001	0. 006	0. 021
lnit	− 0. 024 *	0. 022	− 1. 740	0. 082	− 0. 040	0. 002
ln$indu$	− 0. 019	0. 040	− 1. 150	0. 251	− 0. 096	0. 059
ln$pgdp$	− 0. 063 ***	0. 027	− 4. 050	0. 000	− 0. 100	− 0. 040

续表

城乡收入差距的门槛效应	Coef.	Std. Err	t	P > | t |	95% 置信区间	
lnope	− 0.001	0.001	− 1.190	0.236	− 0.002	0.001
$Ruc \cdot I$（lnfin≤4.750）	− 0.058 *	0.034	− 1.730	0.084	− 0.125	0.008
$Ruc \cdot I$（4.750＜lnfin≤4.978）	− 0.092 ***	0.034	− 2.720	0.007	− 0.158	− 0.026
$Ruc \cdot I$（lnfin＞4.978）	− 0.114 ***	0.033	− 3.430	0.001	− 0.178	− 0.049
_cons	0.233 ***	0.030	7.820	0.000	0.175	0.291

注：***、** 和 * 分别代表 1%、5% 和 10% 的显著性水平。

5.5.3　渠道效应

本部分通过中介效应细化衡量普惠金融发展中的覆盖广度、使用深度和数字化程度，并区分各渠道在减贫增收效应上的差异，可为今后选择普惠金融发展的减贫增收方向提供参考依据。表 5 – 18 中第 1 列考察了乡村振兴与新型城镇化耦合对城乡收入差距的总效应，结果显示，在控制其他一系列变量的基础上，城乡耦合对城乡收入差距具有显著的促减效应，在 10% 的水平上显著，回归系数为 − 0.097，说明乡村振兴与新型城镇化耦合每提高一个百分点，城乡收入差距减少 0.097 个单位。普惠金融覆盖广度渠道效应下，第 2 列显示了城乡耦合对普惠金融覆盖广度的估计系数显著为正，说明乡村振兴与新型城镇化耦合能够带来普惠金融覆盖广度扩大。第 3 列在引入覆盖广度（brod）后，城乡耦合对城乡收入差距的估计系数仍然为负，并且绝对值有所减小，普惠金融覆盖广度对城乡收入差距也具有促减效应，表明覆盖广度在城乡耦合与城乡收入差距之间发挥着中介效应。

表 5 –18　　　　　　　　普惠金融不同维度增收效应的系数估计结果

变量	总效应	覆盖广度		使用深度		数字化程度	
	rut	brod	rut	deep	rut	dig	rut
ruc	− 0.097 * （− 1.70）	1.981 *** （7.66）	− 0.065 *** （− 3.34）	2.121 *** （8.97）	− 0.059 *** （− 3.63）	3.278 *** （10.14）	− 0.067 *** （− 3.12）
brod			− 0.016 *** （− 8.64）				

续表

变量	总效应	覆盖广度		使用深度		数字化程度	
	rut	*brod*	*rut*	*deep*	*rut*	*dig*	*rut*
deep					-0.018^{***} (-8.83)		
dig							-0.009^{***} (-5.92)
Control	YES	YES	YES	YES	YES	YES	YES
year	YES	YES	YES	YES	YES	YES	YES
city	YES	YES	YES	YES	YES	YES	YES
Obs.	3058	3058	3058	3058	3058	3058	3058
Adj. R^2	0.474	0.437	0.497	0.355	0.498	0.234	0.485
中介效应		0.327		0.394		0.304	
Sobel 检验		$Z=5.732\ P=0.000$		$Z=6.292\ P=0.000$		$Z=5.111\ P=0.000$	

注：***、**和*分别代表1%、5%和10%的显著性水平。

  普惠金融使用深度渠道效应下，第4列展示了城乡耦合对普惠金融使用深度（*deep*）的估计系数显著为正，说明乡村振兴与新型城镇化耦合能够带来普惠金融使用深度加深。第5列在引入使用深度（*deep*）后，城乡耦合对城乡收入差距的估计系数仍然为负，说明普惠金融使用深度对城乡收入差距也具有促减效应。普惠金融数字化程度渠道效应下，第6列显示了城乡耦合对普惠金融数字化程度的估计系数为3.278。第7列在引入数字化程度（*dig*）后，城乡耦合对城乡收入差距的影响效应仍然为负，说明普惠金融数字化程度对城乡收入差距也具有促减效应。此外，本书还利用了Sobel检验法对普惠金融三个渠道的中介效应显著性进行了检验，Sobel检验的结果显示Z值均通过了1%的显著性检验。三个渠道中使用深度的中介效应绝对值最大，在总效应中所占比重约为39.40%。说明在乡村振兴与新型城镇化耦合的增收效应中，普惠金融使用深度的渠道效应最强，要继续完善农村金融体系，尤其是丰富、便捷的金融服务以满足农村居民的全方位需求，提高农村居民消费水平以减小城乡收入差距。

  表5-19中第1列考察了乡村振兴与新型城镇化耦合对贫困人口的总效应，结果显示，在控制其他一系列变量的基础上，城乡耦合对贫困人口具有

显著的减贫效应，在 1% 的水平上显著，回归系数为 - 0.558，说明乡村振兴与新型城镇化耦合每提高一个百分点，城乡收入差距减少 0.558 个单位。普惠金融覆盖广度渠道效应下，第 2 列显示了城乡耦合对普惠金融覆盖广度的估计系数显著为正。第 3 列在引入覆盖广度（brod）后，城乡耦合对贫困人口的影响效应仍然显著为负，系数为 - 0.539。普惠金融覆盖广度对贫困人口也具有促减效应，表明覆盖广度在城乡耦合与城乡收入差距之间发挥着中介效应。普惠金融使用深度渠道效应下，第 4 列展示了城乡耦合对普惠金融使用深度（deep）的估计系数显著为正，第 5 列在引入使用深度（deep）后，城乡耦合对城乡收入差距的估计系数仍然为负，并且绝对值有所减小，普惠金融使用深度对城乡收入差距存在促减效应。普惠金融数字化程度渠道效应下，第 6 列显示了城乡耦合对普惠金融数字化程度的影响效应为正。第 7 列在引入数字化程度（dig）后，城乡耦合对城乡收入差距的影响效应显著为负，说明普惠金融数字化程度对城乡收入差距也具有促减效应。此外，本书还利用了 Sobel 检验法对普惠金融三个渠道的中介效应显著性进行了检验（刘志阳和李斌，2017），Sobel 检验的结果显示 Z 值均通过了 1% 的显著性检验。三个渠道中数字化程度的中介效应绝对值最大，在总效应中所占比重约为 7.80%。说明普惠金融在农村地区需要深化数字化支持服务程度，通过移动端口等数字技术手段，农村、低收入地区的居民完全可以在自己生活的空间范围内完成交易，成为金融服务的受益者，不再受地理范围的局限，从而进一步减少贫困人口（宋晓玲，2017）。

表 5 - 19　　　　　　　普惠金融不同维度减贫效应的系数估计结果

变量	总效应	覆盖广度		使用深度		数字化程度	
	rut	*brod*	*rut*	*deep*	*rut*	*dig*	*rut*
ruc	- 0.558 *** (- 18.22)	1.981 *** (7.66)	- 0.539 *** (- 17.32)	2.121 *** (8.97)	- 0.524 *** (- 16.81)	3.278 *** (10.14)	- 0.515 *** (- 16.44)
brod			- 0.010 *** (- 3.39)				
deep					- 0.016 *** (- 5.08)		

续表

变量	总效应	覆盖广度		使用深度		数字化程度	
	rut	*brod*	*rut*	*deep*	*rut*	*dig*	*rut*
dig							−0.013 *** (−5.68)
Control	YES	YES	YES	YES	YES	YES	YES
year	YES	YES	YES	YES	YES	YES	YES
city	YES	YES	YES	YES	YES	YES	YES
Obs.	3058	3058	3058	3058	3058	3058	3058
Adj. R²	0.474	0.437	0.497	0.355	0.498	0.234	0.485
中介效应		0.036		0.062		0.078	
Sobel 检验		$Z = -3.101\ P = 0.001$		$Z = -4.419\ P = 0.000$		$Z = -4.958\ P = 0.000$	

注: *** 、** 和 * 分别代表 1%、5% 和 10% 的显著性水平。

5.6 本章小结

本章通过测度出地级市乡村振兴与新型城镇化的耦合协调度，分析乡村振兴与新型城镇化战略耦合带来的效应结果。利用空间杜宾模型、门槛效应模型、中介效应模型等分析乡村振兴与新型城镇化耦合的产业结构优化效应、绿色低碳的生态效应、减贫增收的经济效应。

（1）用泰尔指数法测度了全国地级市东部、中部、西部三大区域乡村振兴与新型城镇化耦合协调的不均衡程度，分析了乡村振兴与新型城镇化的时空趋势性特征，发现东部地区无论是乡村振兴还是新型城镇化发展均领先于中西部地区，但是构成乡村振兴与新型城镇化空间差距的三大区域中东部地区贡献最大。乡村振兴与新型城镇化耦合协调度差异也均主要来源于中国分区域内的差异，东部地区乡村振兴与新型城镇化耦合协调度虽然高，但是城市之间差异较大，中部地区城乡耦合地区间差异不大，发展比较均衡。

（2）产业结构优化效应与绿色低碳生态效应均是通过构建 3 种不同空间权重矩阵分析乡村振兴与新型城镇化对产业升级、雾霾污染的空间回归结果，建立了普通 OLS 面板模型与空间杜宾模型 SDM 便于进行对比，并且进行了东部、中部、西部三大地区异质性检验。结果显示，乡村振兴与新型城镇化对产业升级产生显著的正向影响，空间溢出效应在东部和中西部地区均存在，但作用效果相反，东部地区乡村振兴与新型城镇化的耦合不仅能推动本地产业结构优化升级，还能带动周边城市产业升级；经济距离下乡村振兴与新型城镇化耦合协调对雾霾污染的促减效应最强，东部地区的乡村振兴与新型城镇化耦合加剧了雾霾污染，还将通过空间溢出效应加剧邻近城市雾霾污染；中部地区城乡耦合加剧了本地城市雾霾污染，缓解了邻近城市的雾霾污染；而在西部地区，直接效应和间接效应均能缓解本地和邻近城市的雾霾污染。

（3）乡村振兴与新型城镇化耦合协调具有减贫增收效应。城乡耦合的减贫增收效应可能存在倒"U"型关系，即在乡村振兴与新型城镇化耦合协调初期，城乡耦合的水平过低未必能达到增收减贫效应，而在城乡耦合发展后期，由于乡村振兴与新型城镇化水平均有所提高，以市场或政治的逻辑推进乡镇和农村地区的发展和持续性减贫，达到减贫增收效应。门槛效应检验中，随着普惠金融指数的提高，城乡耦合对贫困人口的减贫效应从不显著到显著增强，城乡耦合对城乡收入差距的增收效应一直显著逐渐增强。覆盖广度、使用深度和数字化程度三大渠道效应检验中，在乡村振兴与新型城镇化耦合的增收效应中，普惠金融使用深度的渠道效应最强，占到 39.40%；减贫效应中数字化程度的渠道效应最强，占到 7.80%。

第6章 乡村振兴与新型城镇化的耦合模式及实现路径

——以长三角地区典型模式为例

结合长三角典型案例区经验和启示以及笔者对苏浙沪的调研，本章在四种城乡关系背景下拓展了乡村振兴与新型城镇化的战略耦合模式，以小城镇建设促进城乡耦合的"新苏南模式"，以产业集群推动城乡耦合的"温州—义乌商贸模式"，以生态文旅推动城乡耦合的"安吉模式"，以都市农业推动城乡耦合的上海郊区模式。并且对应不同的耦合模式提出了不同的实现路径：要素融合、产业融合、生态融合、空间融合。

6.1 小城镇建设促进城乡耦合——新苏南模式

6.1.1 主要特征

"苏南模式"最早的发源地是指过去以苏州、无锡、常州统称的苏南地区，2000年时江苏省又对苏南地区重新划分，增加了南京、镇江，至此现在的苏南地区包括苏州、无锡、常州、镇江、南京五个地级市，经济总量在全国名列前茅。20世纪80年代，苏南地区以"乡镇企业异军突起"闻名，主要以农村工业化为发展动力，促进了农村经济社会的全面繁荣，这就是早期"苏南模式"的雏形。最早是1983年费孝通在他的《小城镇·再探索》一书中提到的（费孝通，1984），传统苏南模式通常是指20世纪90年代以前的苏南地区发展模式，是以乡村集体企业为主要特点的，以工补农的形式促进农村发展，最终实现就地城镇化的目的。一般来说，传统"苏南模式"中的乡镇企业是以集体经济为主体的，通过农村工业化来推动农村产业结构调整，是一种以大中城市为依托，通过多行业、多渠道的结合加快农民共同富裕的农村经济发展模式。当然也有人把"苏南模式"直接定义为以江苏省南部的农民率先展开的以兴办村集体经济为主的工业企业、依托中心城市市场调节机制为主、县乡干部为主要决策者、共同富裕为根本目标的农村经济发展模式。

　　20世纪90年代中期作为分水岭（有学者具体定为1996年），学者将这个时间之后的苏南农村经济发展模式称为"新苏南模式"。"传统苏南模式"与"新苏南模式"的具体区别（见表6-1）如下（武小龙和谭清美，2019）：（1）核心要义。传统苏南模式的立足点还是促进乡村经济发展，随着制度创新、社会形态的变化，新苏南模式的核心则是城乡融合，从乡村本位出发的"乡村城镇化"到城乡平衡发展的"城乡融合"，这就是苏南乡村建设的演进特征。（2）经济增长动力。苏南模式在早期主要是通过小城镇和乡镇企业的带动发展乡村经济，这种发展模式还停留在"内生型"为主导的模式。20世纪90年代后，随着国家沿海开放战略的实施以及上海浦东开放政策的辐射，新苏南模式动力逐渐由"内生型"转向"外向型"的发展模式，外向经济、对外贸易、海外投资迅速发展，逐渐形成"三外"型经济增长方式。（3）产权结构形式。传统苏南模式还是以集体所有制经济为主导，但是在市场经济和沿海开放的冲击下，传统苏南模式遭遇困境。苏南乡镇企业受温州模式的启发，通过组建企业集团、与外商合资等形式，将集体所有制改制成混合所有制结构，主要由"股份制、民营、外资"组成，这就是新苏南模式中现代企业管理制度的雏形，核心就在于从集体所有制转向股份制公司。（4）经济增长方式。过去传统苏南模式的产业布局是"粗放型、分散型"的特点，这种布局形式导致资源配置效率不高、产品附加值低下等问题。20世纪90年代中后期后，工业园区和经济开发区的建立带来了乡村工业企业逐渐集中化布局。除此之外，城乡工业企业互动性也逐渐增强，乡镇工业企业逐步形成竞争优势，体现在企业规模、技术装备以及产品质量方面，均能够与城镇工业企业旗鼓相当，经济增长方式由"粗放型"逐渐向"集约型"转变。

表 6 - 1   "传统苏南模式"与"新苏南模式"的区别

项目	传统苏南模式	新苏南模式
发展阶段	20 世纪 70 年代至 90 年代前期（1996 年之前）	20 世纪 90 年代后期（1996 年之后）
典型特征	以乡镇企业发展为主（内生型）	发展外向型经济（外经、外贸、外资）
管理模式	地方政府主导干预	企业改制、政企分开（政府引导）
资源配置手段	以指导性计划配置为主	市场配置为主（政府引导与市场调节结合）
经济增长方式	粗放型，产品附加值低	集约型、规模化经营，产品附加值高
经济发展理念	以"经济增长"为核心，不顾及环境污染（生态失调）	"五位一体"协调发展，绿色 GDP
产权制度	公有性质，生产资料归全体居民所有	混合经济模式（股份制、民营、外资经济）
产业结构	以传统工业为主	第二、第三产业并举
空间分布	乡镇企业零星分散（城外）	工业园区集中布局（进城）
发展目标	促进乡村经济发展	推进城乡融合

  资料来源：武小龙，谭清美. 新苏南模式：乡村振兴的一个解释框架 [J]. 华中农业大学学报（社会科学版），2019（2）。

6.1.2 案例区域选择

6.1.2.1 无锡市江阴市澄东片区

  江阴市隶属于无锡，地处长三角，是"新苏南模式"中重要的县级市代表。改革开放以来，江阴的经济地位一直位于全国前列，江阴经济的最大特色就是村镇经济。江阴城乡发展规划中重要的一区就是指澄东片区，也在新苏南模式发展中扮演着重要的角色，澄东片区包括村镇齐头并进的周庄镇、拥有闻名天下华西村的华士镇和坐拥知名企业海澜之家的新桥镇。截至 2019年，三镇总面积约为 170.2 平方千米，总人口约为 22.47 万人，地区生产总值为 826.24 亿元，占全市 1/5 的经济总量（见表 6 - 2）。三镇均入选 2019

年中国乡镇综合竞争力 100 强，但在发展过程中又各自具有鲜明的特色。

表 6 - 2　　　　　　2019 年江阴市各镇（街道）、园区社会经济指标

区域	GDP（亿元）	第二、第三产业占比（％）	非农人口占比（％）	规模以上工业产值（亿元）	进出口总额（万美元）	人均可支配收入（元）
高新区	686.64	99.9	100.00	1079.47	889216	56914
临港开发区	829.62	99.2	42.12	1172.66	595954	54775
澄江街道	599.9	99.9	100.00	410.78	99799	62468
南闸街道	71.89	97.3	11.78	97.63	15153	50800
云亭街道	149.69	99.3	100.00	168.02	41036	57922
月城镇	66.93	96.5	15.40	99.5	20731	51562
青阳镇	81.09	97.1	12.00	116.56	24734	48022
徐霞客镇	145.24	96.9	27.11	202.31	51299	51764
华士镇	266.37	99.3	24.52	552.99	109478	58895
周庄镇	348.33	99.5	44.14	874.49	310589	63488
新桥镇	211.54	99.6	5.79	729.68	49671	65026
长泾镇	73.16	97.6	36.93	109.11	30395	51724
顾山镇	96.73	97.7	33.99	144.23	40607	53629
祝塘镇	105.58	97.1	29.92	152.76	62082	52126

注：临港经济开发区辖璜土镇、夏港街道、申港街道、利港街道。
资料来源：《江阴统计年鉴 2020》，其中缺失数据通过乡镇所在县的官网进行整理。

（1）周庄镇——村镇发展齐头并进，具有典型的"苏南模式"特征。

周庄镇位于江阴市东部，经济社会发展均位于江阴各乡镇之首，一直位于全国综合实力千强镇前 100 名，江苏省乡镇综合实力百强排名中前十名。行政面积约为 76 平方千米，下辖 15 个村委会。2019 年周庄镇三产比重分别为 0.5％、68.5％、31％，工业保持高速增长，2019 年周庄镇规模以上工业总产值为 874.49 亿元，仅次于高新技术产业开发区和澄江街道（市政府所在地）。周庄镇的经济发展特点在于工业经济的规模较大，中心镇发挥着重要作用，无论是经济实力还是城镇规模均具有一定的实力，对周边村镇也具有辐射效应。从而形成中心镇区与周边行政村、行政区的经济发展齐头并进的局面，具有典型的"苏南模式"特征（耿宏兵和曹广忠，2009）。

（2）华士镇——一枝独秀，将传统苏南模式效果发挥到极致。

号称"天下第一村"的华西村就坐落于江阴市东部的华士镇，一个下辖2个社区、27个行政村，总面积达到74.64平方千米的乡镇，也是苏南乡镇工业的发祥地之一。以"离土不离乡，进厂不进城"的华西村就是通过发展集体经济将传统苏南模式效果发挥到极致。近年来华士镇地区产业结构不断调整，2019年华士镇地区生产总值为266.37亿元，三产比重分别为0.6%、68.3%、31.1%。工业保持高速增长，2019年华士镇规模以上工业产值为552.99亿元。虽然2019年华士镇的非农户籍人口占比仅为24.52%，但是华士镇的非农经济增长迅速，也带来了大量的外来劳动力，然而地区城镇化率还跟不上经济结构升级的步伐。

（3）新桥镇——管理体制创新初见成效。

新桥镇镇域面积19.6平方千米，总人口6.5万人左右，下辖9个行政村和5个社区居委会。新桥镇作为江苏省首批特色小镇之一，以"时裳小镇"著称。新桥镇是江阴市城乡发展一体化示范镇，拥有国内服装行业龙头企业——海澜集团，因此也被评为中国纺织服装名镇。2019年完成地区生产总值211.54亿元，公共财政预算收入16.23亿元，居民人均可支配收入6.50万元。从2001年开始，新桥镇镇政府就开始推行"三集中"措施，把农民住宅区向镇区集中转移，把土地向规模化集中经营，把工业企业迁移至园区集中管理。新桥镇的目标是建成长三角乃至全国第一个无村镇，这些举措将新桥镇带上了城乡合治的新征程，为澄东片区整体推行城乡合治提供了借鉴。

周庄、华士、新桥三镇在发展中，规模经济发挥了重要作用。如表6-3所示，2019年全市开票销售收入前30名工业企业中该三镇有企业11家，占比大于1/3，其他入选的企业大多落户园区内发展。2019年全市开票销售收入前30名村（社区）中该三镇有13个村庄入选，其中周庄镇占到8个村，华士镇占到5个村。三个镇在抓好技改投入的同时，工业园区也作为新的载体吸引了新的企业入驻，形成企业集聚进一步加强招商引资的吸引力。截至2019年末，周庄镇有工业企业1827个，其中规模以上企业有209个；新桥镇有工业企业284个，其中规模以上企业有46个；华士镇有工业企业1000余家，其中上市公司3家。乡镇企业在经历一个阶段的发展后，企业形成规模集聚也是一种必然趋势，而到这个阶段乡镇工业园区不可或缺。乡镇工业园区作为一个关键要素，周庄镇、华士镇、新桥镇利用自身的区位优势和当时的优惠政策，通过工业园区这个载体吸引外资、民资和社会资本等，引进了大量资本和企业，把工业园区办得红红火火。这不仅培育了经济发展新的增长点，扩大了经济总量，还加快了企业集聚的进度，提高了乡镇企业的发展水平。

表 6 – 3　　　　　　　**2019 年全市开票销售收入前 30 名工业企业**

名次	单位名称	所属地	所在村	实绩（万元）
1	海澜集团有限公司	新桥镇	周庄镇三房巷村	5644240
2	中信泰富特钢集团股份有限公司	高新技术产业开发区	璜土镇花港苑村	5361556
3	江阴澄星实业集团有限公司	澄江街道	华士镇华西新市村	4493118
4	三房巷集团有限公司	周庄镇	夏港街道长江村	4230527
5	江苏新长江实业集团有限公司	临港经济开发区	申港街道创新村	3344854
6	江苏华西集团有限公司	华士镇	周庄镇华宏村	2463086
7	江苏阳光集团有限公司	新桥镇	夏港街道三联村	2427948
8	远景科技集团	临港经济开发区	利港街道陈墅社区	1415317
9	江苏扬子江船业集团公司	江阴 – 靖江工业园区	璜土镇小湖村	1410282
10	江苏华宏实业集团有限公司	周庄镇	徐霞客镇任九房村	1336075
11	江苏西城三联控股集团有限公司	临港经济开发区	申港街道于门村	1257408
12	法尔胜泓昇集团有限公司	澄江街道	周庄镇倪家巷村	1194736
13	双良集团有限公司	利港街道	周庄镇周庄村	1118121
14	江苏新潮科技集团有限公司	澄江街道	申港街道滨江村	915416
15	江苏利电能源集团	临港经济开发区	华士镇陆丰村	860452
16	江阴江东集团公司	周庄镇	华士镇龙河村	729161
17	江阴苏龙热电有限公司	澄江街道	周庄镇周西村	662682
18	大明重工有限公司	江阴 – 靖江工业园区	华士镇曙新村	654683
19	阿尔法（江阴）沥青有限公司	临港经济开发区	高新区东新村	640642
20	江苏福尔泰铜铝集团	华士镇	徐霞客镇璜东村	629471
21	江阴模塑集团有限公司	周庄镇	月城镇沿山村	627584
22	江阴市长乐新科技电源有限公司	周庄镇	周庄镇宗言村	622423
23	江阴华润制钢有限公司	月城镇	南闸街道观山村	611089
24	中船澄西船舶修造有限公司	高新技术产业开发区	长泾镇花园村	604231

名次	单位名称	所属地	所在村	实绩（万元）
25	瀚宇博德科技（江阴）有限公司	澄江街道	周庄镇长乐村	601295
26	江苏嘉盛新材料有限公司	临港经济开发区	祝塘镇建南村	573918
27	江苏蝙蝠塑料集团有限公司	华士镇	申港街道东刘村	535936
28	江苏向阳集团有限公司	华士镇	华士镇红苗村	490843
29	江阴天江药业有限公司	高新技术产业开发区	周庄镇长寿村	431026
30	江苏利安达集团有限公司	澄江街道	徐霞客镇方园村	425791

资料来源：《江阴统计年鉴 2020》，缺失数据通过乡镇所在县的官网进行整理。

6.1.2.2 苏州市昆山市

苏南地区在改革开放后经济腾飞的重要标志就是"乡镇企业异军突起"，现在这些乡镇企业成为外资嫁接的桥梁，苏州市昆山市以外资企业密集而闻名，外向型经济成为 21 世纪苏南地区经济快速增长的引擎，是苏南小城镇向外扩散的主要途径。2019 年苏州市规模以上外资工业产值达 199870072 亿元，占规模以上工业总产值近 60%，规模以上外商和港澳台商投资工业企业达到 3961 个，占规模以上工业企业（11042 个）超过 1/3 的比例。苏州市进出口总额 3190.9 亿美元，其中，国有企业 167.2 亿美元（占比 5%）、民营企业 724.9 亿美元（占比 23%）、外商及港澳台商投资企业 2297.5 亿美元（占比 72%）①，因此外向型经济是苏州工业经济发展的重要标志，部分主要指标如表 6-4 所示。

表 6-4　　　　　　　2019 年苏州市外向型经济部分主要指标

地区	进出口总额（亿美元）	本年新设外资项目数（个）	历年累计批准项目数（个）	本年新增注册外资（万美元）	历年累计注册外资（万美元）	本年实际使用外资（万美元）	历年累计实际使用外资（万美元）
苏州全市	3190.9	994	23350	1134200	20155508	461545	13244487
苏州市区	1660.1	553	12431	530854	10842415	253294	6865347
常熟	225.8	59	1414	108478	2115885	49764	1468268

---

① 资料来源：《苏州统计年鉴 2020》。

续表

地区	进出口总额（亿美元）	本年新设外资项目数（个）	历年累计批准项目数（个）	本年新增注册外资（万美元）	历年累计注册外资（万美元）	本年实际使用外资（万美元）	历年累计实际使用外资（万美元）
张家港	343.6	40	1348	161560	1524965	39782	1315870
昆山	826.7	266	6394	221212	4085971	74710	2579291
太仓	133.6	76	1763	112096	1586272	43995	1015711

注：历年累计批准项目和注册外资指未终止注销企业。

资料来源：《苏州统计年鉴 2020》，缺失数据参考各市（县）统计公报。

　　昆山的地理位置优越，位于上海和苏州之间，从 20 世纪开始就开启了一条"自费办开发区"的道路，1992 年获批国家级开发区，2000 年又成为首个国内封关运作的出口加工区。依托外向型经济和开发区建设，昆山多年高居全国百强县（市）榜首（孔翔和杨帆，2013）。昆山经济的特点就是外向型经济，尤其是"新苏南模式"形成后，外向型经济成为苏南经济发展的主力军。2019 年，昆山实现地区生产总值 4045.06 亿元、工业总产值 1912.96 亿元、进出口总额 826.7 亿美元，占全市进出口总额的 26%[①]。本年新设外资项目达到 266 个，仅次于苏州市区。本年新增注册外资达到 221212 万美元，实际利用外资金额 74710 万美元，表现出很强的竞争力。

　　昆山市下辖 10 个镇，由于自身资源条件、文化传统等的不同，昆山各镇呈现出色彩缤纷、亮点频出的发展特征。2019 年昆山市分区镇地区生产总值情况如表 6 - 5 所示。2019 年昆山市外向型经济部分主要指标如表 6 - 6 所示。（1）玉山镇作为昆山市的政治、经济、文化和现代化工商业重镇，蝉联全国综合实力千强镇第一。2019 年，玉山镇完成地区生产总值 820 亿元，占到全市的 1/5；工业总产值 1360 亿元，增长 6.2%。（2）巴城镇区域面积 157 平方千米，2019 年入选第七批中国历史文化名镇，凭借昆曲入选 2018 ~ 2020 年度"中国民间文化艺术之乡"名单。2019 年全年实现地区生产总值 200.1 亿元，第二产业产值 88.17 亿元，第三产业产值达到 106.34 亿元。（3）花桥镇由于地理位置优越，号称"江苏东大门、苏沪大陆桥"。行政管理上是按照"南北

---

① 资料来源：《2019 年昆山市国民经济和社会发展统计公报》。

分治"，南部花桥经济开发区与花桥镇"区镇合一"，北部蓬朗地区由昆山经济技术开发区代管。作为"中国 10 大最佳服务外包园区"的花桥国际商务城早在 2006 年就设立，依靠紧邻上海的地理优势发展服务业。2019 年花桥经济开发区完成地区生产总值 326.5 亿元，其中第三产业占到 82.78%，规模以上服务业单位数有 81 个。（4）周市镇作为历史文化名镇，与昆山经济开发区仅一河之隔，2019 年实现地区生产总值 301.10 亿元，规模以上工业企业有 221 个，工业增加值达到 843015 万元。（5）千灯镇区位优势明显，距离上海虹桥机场仅 30 千米，距离苏州市中心也仅 35 千米。作为昆山南部的产业重镇、国家农业示范区、中西国际科技合作基地、国家火炬计划昆山电路板特色产业基地等载体，千灯镇汇集了电子新材料、高端汽车组件、品牌民生用品、商贸物流等主导产业。（6）陆家镇作为中国对外开放的先导区，以电子、轻工、机械、化工四大产业作为支柱。2019 年，陆家镇实现地区生产总值 156.20 亿元，财政收入 15.22 亿元，三次产业比为 0.22∶55.45∶44.32，财政支出 7.51 亿元。（7）张浦镇镇域面积 110 平方千米，人口有 25 万人。张浦形成了"甲鱼、西瓜、蘑菇、花卉苗木、传统水产、无公害粮油"六大农业特色产业，作为农业集约化的典型镇，张浦镇用园区化、工业化的理念经营农业，走出了一条现代都市农业之路（孔亚男，2014）。2019 年张浦镇完成地区生产总值 238.9 亿元，同比增长 4%，其中第二产业占比最高达到 62.9%，财政收入 49.75 亿元位于各镇榜首。（8）周庄镇作为江南六大古镇之一，以旅游业为主导产业，利用自身的自然资源优势、文物古迹以及人文景观等资源，开发了旅游业相关的休闲娱乐等产业，并且带动了餐饮、商贸等行业。但是周庄镇经济发展还是居于昆山市末尾，2019 年地区生产总值 43.10 亿元，第一产业占比 8.1%、第二产业占比 26.0%、第三产业占比 65.9%。（9）锦溪镇作为江苏省的"南大门"，素有"中国民间博物馆之乡"的美誉。2019 年全年完成地区生产总值 109.5 亿元，工业增加值 47.3 亿元，第二产业占比 66.7%，居于昆山市各区镇之首。（10）淀山湖镇镇域总面积 65.84 平方千米，作为中国民间文化艺术（戏曲）之乡，2019 年完成地区生产总值 104.90 亿元，第二产业占比 57.3%，第三产业占比 39.6%。

表6-5　　　　　　　　2019年昆山市分区镇地区生产总值　　　　　　　单位：亿元

镇（区）	GDP	第一产业	第二产业	第三产业	财政收入	财政支出
昆山开发区	1501.17	1.42	873.10	626.65	156.35	74.96
昆山高新区	841.34	2.28	380.50	458.56	110.30	55.05
花桥经济开发区	326.50	0.52	55.68	270.28	44.86	30.27
张浦镇	238.90	4.01	150.23	84.70	49.75	33.99
周市镇	301.10	1.52	158.84	140.73	44.44	30.70
陆家镇	156.20	0.34	86.61	69.23	15.22	7.51
巴城镇	200.10	5.60	88.17	106.34	24.21	15.38
千灯镇	222.30	4.01	135.01	83.28	45.80	25.40
淀山湖镇	104.90	3.30	60.10	41.50	24.03	13.88
周庄镇	43.10	3.50	11.20	28.40	4.41	4.66
锦溪镇	109.50	3.90	73.00	32.60	9.34	5.56

注：2012年整合玉山镇、花桥镇成为昆山高新区及花桥经济开发区，形成"三区八镇"格局。
资料来源：《苏州统计年鉴2020》《2019年昆山市国民经济和社会发展统计公报》。

表6-6　　　　　　　　2019年昆山市外向型经济部分主要指标

区镇	进出口总额（亿美元）	实际利用外资（万美元）	规模以上工业企业单位数（个）	工业增加值（万元）	规模以上服务业单位数（个）
昆山开发区	622.41	29174	437	8855991	149
昆山高新区	69.92	19517	332	3036932	88
花桥经济开发区	13.06	6000	70	341599	81
张浦镇	15.53	5500	270	976119	23
周市镇	15.67	4000	221	843015	35
陆家镇	14.41	5600	94	644434	42
巴城镇	14.38	1851	191	598487	22
千灯镇	22.28	4000	248	948256	22
淀山湖镇	9.97	2054	120	473116	11
周庄镇	1.35	90	20	42821	5
锦溪镇	27.74	600	87	932104	4

注：2012年整合玉山镇、花桥镇成为昆山高新区及花桥经济开发区，形成"三区八镇"格局。
资料来源：《苏州统计年鉴2020》《2019年昆山市国民经济和社会发展统计公报》。

　　苏南小城镇建设的最大特色就是以发展工业为主，借助自身紧邻市中心或仅靠大城市的区位优势，拓展乡镇工业企业与大城市企业的紧密联系渠道。

以工业为主导的产业作为培育对象，并且进行改造和提升、扩大规模，同时发展民营企业，壮大乡镇企业的经济实力。在乡镇企业逐步壮大的同时，通过兴办工业园区招商引资，把各类企业汇集到小城镇，形成产业集聚、特色鲜明的小城镇建设局面。昆山经济发展的最大特色是开发区建设，并且由市政府和镇政府集中开发管理，政府能够集中有限的开发资金为工业园区提供优质的配套基础设施建设，吸引更多的企业入驻，形成良性循环。最著名的"昆山经济技术开发区"一开始只有 3.75 平方千米，到 1992 年 8 月被国务院批准为国家级经济技术开发区时规模已达 10.4 平方千米（孔亚男，2014）。到 2019 年开发区总面积达到 921.3 平方千米，荣获 2018 年国家级经济技术开发区综合发展水平考核评价排名第 5 名①。

6.1.3　模式分析

苏南小城镇建设是"苏南模式"中最具特色的地方，也是苏南地区 20 世纪 80 年代城镇化进程中最强劲的动力。乡镇企业在城镇与乡村互动中发挥着重要作用，在大中城市的辐射效应下，乡镇企业异军突起，形成产业集聚，带动了小城镇的发展。小城镇的发展吸引了乡村剩余劳动力转移到城镇工业生产领域，发挥了城镇对周边农村的辐射带动效应。乡镇企业作为连接城镇与乡村的重要载体，农村地区为乡镇企业提供了劳动力和广大腹地，小城镇为乡镇企业提供了企业集聚、吸引人才的场所。最终城乡经济互动更加频繁，促进了乡村振兴，驱动了小城镇发展，逐步协调城镇与乡村均衡增长。小城镇推动乡村振兴与新型城镇化耦合的机制如图 6 - 1 所示。

苏南小城镇建设随着苏南模式的演变而变化，从农村集镇发展到现代中心城镇，其背后反映的是苏南模式的演进过程。苏南小城镇发展主要抓住了产业、交通和开发区建设三大契机。

（1）产业是苏南小城镇发展的根基所在。

农业、工业和第三产业的发展是推动苏南小城镇建设的三大力量。城镇化

---

① 资料来源：《2019 年昆山市国民经济和社会发展统计公报》。

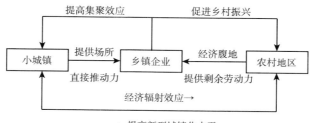

图 6 - 1 小城镇推动乡村振兴与新型城镇化耦合的机制

本质上是一个迁移的过程，即农村人口和其他要素资源等转移到城市的过程，其中产业结构调整是其中一个重要的表现。因此，在苏南地区城镇化进程中，产业结构的演进为苏南模式提供了不竭的动力，当然还有改革开放的红利以及国家政策优惠等因素。苏南小城镇建设在外向型经济的推动下，产业结构也发生了很大的变化。早期以自给自足的小农经济为主，到如今以工业为主导，各个小镇各有其产业特色，最终形成了工业中心和商贸交易中心镇，这个过程都是从第一产业向第二、第三产业演变的过程。按照发达国家发展历程，在工业化进程中，三次产业比重初期呈现金字塔形，到工业化加速时期会转变成纺锤形，即第二、第三产业比重远大于第一产业，同时第二产业比重通常大于第三产业（见表6-7，这里不包含园区）。2019年昆山、江阴的城镇产业比重，除了昆山巴城镇、周庄镇以发展旅游服务业等第三产业为主，其余城镇均处于第二产业占比最大、第一产业比重最小的阶段。因此产业是城镇化进程中的不竭动力，是城镇发展的支撑，只有形成产业集聚才能吸引更多的人才流入。

表 6 -7 　　　　　　　　 **2019 年昆山、江阴小城镇的产业构成** 　　　　　　　　 单位:%

地级市	县级市	建制镇	第一产业	第二产业	第三产业
苏州	昆山	张浦镇	1.68	62.88	35.45
		周市镇	0.50	52.75	46.74
		陆家镇	0.22	55.45	44.32
		巴城镇	2.80	44.06	53.14
		千灯镇	1.80	60.73	37.46
		淀山湖镇	3.15	57.29	39.56
		周庄镇	8.12	25.99	65.89
		锦溪镇	3.56	66.67	29.77

续表

地级市	县级市	建制镇	第一产业	第二产业	第三产业
无锡	江阴	月城镇	3.50	49.80	46.70
		青阳镇	2.90	64.50	32.60
		徐霞客镇	3.10	61.30	35.60
		华士镇	0.60	68.30	31.00
		周庄镇	0.50	68.50	31.00
		新桥镇	0.40	69.00	30.60
		长泾镇	2.30	62.80	34.80
		顾山镇	2.20	59.70	38.00
		祝塘镇	2.90	73.50	23.60

资料来源:《苏州统计年鉴 2020》《江阴统计年鉴 2020》。

(2) 交通建设为苏南小城镇发展带来机遇。

苏南小城镇建设中交通建设起着关键作用,各地政府也提出了"交通先行"的重要性。交通运输是城镇化进程中的重要基础,为城镇化发展起着支撑作用。以昆山市花桥镇为例,花桥经济开发区有着优越的地理位置优势,凭借着距离昆山市中心 16 千米,距离上海虹桥机场 25 千米的区位,成为上海大都市的后花园、江苏的东大门。除此之外,花桥镇政府不仅利用地理优势,还加强交通建设,作为中国第一条跨省地铁线路——上海 11 号地铁线(见图 6 - 2)于 2013 年开通,再次让花桥招商引资具有优势,花桥不仅地理上邻近上海,基础设施建设也全面融入上海,让许多对上海房价望而却步的人居住在花桥、工作在上海成为一种可能,也让昆山市利用交通优势承接更多更优质的制造业项目。因此,综合交通体系建设的重要性不言而喻,可以推动城镇化进程、带动产业提升,产业转型升级与城镇化建设、综合交通体系建设也都是密不可分的,苏南小城镇正是抓住了这一发展契机。

图 6 - 2 上海市轨道交通 11 号线运行线路示意图

注:资料来源于百度百科上海地铁 11 号线运行线路示意图。

（3）开发区建设为苏南小城镇发展提供"产镇融合"平台。

开发区指中央和省级地方政府划定的一块区域，主要是用于推行优先鼓励产业发展政策。从 20 世纪 90 年代开始，全国就兴起了开发区建设浪潮，这一方面促进了工业化水平的快速提升，另一方面也带来了城市空间规模的拓展，通常都是非农人口和非农产业的聚集地。从 21 世纪初开始，苏南小城镇建设也进入了开发区建设阶段，这也是新苏南模式发展的第三阶段。工业园区的开发给乡镇企业发展也带来了新的机遇，无论是企业数量上还是质量、产业类型上均有了飞跃。工业园区的存在提供了更多的就业岗位，可以让农村大量劳动力向小城镇集中，又为小城镇在商业服务、交通通信等方面提供了物质基础和资金来源。昆山就是很好地抓住了首批国家级开发区建设的契机，让招商引资也进入了一个新的阶段，由过去内资转向外资。一开始获批国家级开发区的昆山，经济实力也还是很弱，土地开发资金都不足，但是通过优质的服务吸引了外资，从此开始了"以商引商"的良性循环过程。苏州、无锡 31 个开发区建设中昆山就有 4 个，国家级和省级各有 2 个（见表 6－8）。

表 6－8　　　　　**2019 年苏州、无锡开发区建设情况一览**　　　　单位：万美元

级别	地级市	开发区名称	所属地	注册外资	进出口总额
国家级开发区	苏州	苏州工业园区	苏州市吴中区	194102	7739259
		苏州高新技术产业开发区	苏州市虎丘区	51000	4197800
		昆山经济技术开发区	苏州市昆山市	65563	6352537
		张家港保税区	苏州市张家港	70132	1538891
		苏州太湖国家旅游度假区	苏州市吴中区	720	27642
		昆山国家高新技术产业开发区	苏州市昆山市	50929	804681
		常熟经济技术开发区	苏州市常熟市	89075	1234317
		吴江经济技术开发区	苏州市吴江区	47735	1429359
		太仓港经济技术开发区	苏州市太仓市	65628	939679
		张家港经济技术开发区	苏州市张家港	75338	1372507
		吴中经济技术开发区	苏州市吴中区	19392	592343
		苏州浒墅关经济开发区	苏州市虎丘区	6746	2249633
		相城经济开发区	苏州市相城区	19831	454796
		常熟高新技术产业开发区	苏州市常熟市	45325	562964

续表

级别	地级市	开发区名称	所属地	注册外资	进出口总额
国家级开发区	无锡	无锡高新技术产业开发区	无锡市新吴区	131516	5057097
		江阴高新技术产业开发区	无锡市江阴市	50131	1004439
		宜兴环保科技工业园	无锡市宜兴市	9090	55601
		宜兴经济技术开发区	无锡市宜兴市	26383	280589
		锡山经济技术开发区	无锡市锡山区	36393	392347
		太湖国家旅游度假区	无锡市滨湖区	12587	37360
省级开发区	苏州	昆山旅游度假区	苏州市昆山市	3848	238502
		汾湖高新技术产业开发区	苏州市吴江区	11079	175838
		昆山花桥经济开发区	苏州市昆山市	67693	173995
	无锡	无锡空港经济开发区	无锡市新吴区	6338	116382
		江阴临港经济开发区	无锡市江阴市	22455	633574
		江阴—靖江工业园区	泰州市靖江市	5046	9342
		宜兴陶瓷产业园区	无锡市宜兴市	1369	50196
		惠山经济开发区	无锡市惠山区	23425	202264
		蠡园经济开发区	无锡市滨湖区	3973	110177
		无锡经济开发区	无锡市滨湖区	306	46050
		无锡太湖山水城旅游度假区	无锡市滨湖区	6000	21119

6.2 以产业集群推动城乡耦合——温州—义乌商贸模式

6.2.1 温州模式

温州市作为浙南的经济文化中心，地理上位于浙江省东南部山区，虽然东临东海、与台湾海峡相距180海里，但是区位条件还是比苏南地区差得多。温州在改革开放前由于山区的地理条件交通环境十分恶劣，再加上远离全国性市场中心，与外界交流的成本都很高，很难发展现代工商业。但是温州人有家庭手工业的传统，这是温州民营企业的雏形，因此改革开放后，温州具有特色的家庭手工业结合市场经济就形成了一种"小商品，大市场"的"温州模式"。温州模式作为一种非农产业发展模式，和"苏南模式"一样被学界广泛研究，该模式是指温州特有的"小商品，大市场"格局的发展模式，主要是由温州地区家庭手工业和专业化市场结合形成的。最早是由中国社会学家费孝通先生于1986年在温州调查时率先提出的。他发现温州家庭工厂的形成主要是由最早一批外出打工的温州手艺人带动发展的，这也是"温州模式"的骨干，这些手工艺人通过打零工、卖手工艺品积攒了最早的启动资金，后来家庭工厂又随着运销网络形成出售家庭作坊的产品。温州经济发展的基本特点就是以商带工的"小商品，大市场"。温州模式是从农村商品经济发展来的，再通过民营经济扩大非农产业，最终实现了农业经济向工业经济转型的目标（朱介鸣，2013）。

温州模式最典型的特征就是专业化生产，这也是和其他区域经济发展模式最大的不同之处。温州模式最大的特色就是"一村一品""一乡一业"，在市场经济的作用下利用户帮户、村帮村，形成了著名的十大专业市场。如永嘉桥头镇的纽扣市场号称远东第一纽扣市场，平阳县萧江镇的塑料编织市场被誉为中国塑编城，乐清柳市镇的低压电器市场是全国最大的低压电器产销基地等，乐清市的虹桥镇作为小商品市场拥有全国最大的电子元器件产销基地。批发业和零售业还是温州市区、鹿城区、龙湾区、瓯海区、瑞安市和乐清市占据优势（见表6-9）。如表6-10所示，2019年限额以上批发贸易业中私营企业占到92.71%，按国民经济行业分，纺织、服装及日用品占到20%，矿产品、建材及化工产品占到34%，金属及金属矿占到15%，机械设备、五金交电及电子产品占到13%。2019年限额以上零售贸易业中私营企业占到80%，其中国民经济行业中汽车、摩托、燃料及零配件占到40%。

表6-9 2019年分地区批发零售贸易业法人单位个数及从业人员数

地区	批发业		零售业	
	法人企业（个）	从业人数（人）	法人企业（个）	从业人数（人）
温州市区	1088	22384	352	18018
鹿城区	462	11665	126	7957
龙湾区	362	6083	105	5905
瓯海区	236	4238	114	4007
洞头区	28	398	7	149

续表

地区	批发业		零售业	
	法人企业（个）	从业人数（人）	法人企业（个）	从业人数（人）
瑞安市	233	3936	93	4535
乐清市	197	3508	96	4260
永嘉县	84	1533	56	2046
平阳县	90	1422	48	2269
苍南县	77	1451	63	3079
文成县	9	116	22	407
泰顺县	6	139	18	314

资料来源：《温州统计年鉴 2020》。

表 6 – 10　2019 年限额以上批发零售贸易业法人单位个数及从业人员数

行业	法人企业（个）	从业人数（人）	行业	法人企业（个）	从业人数（人）
批发业	1784	34489	**零售业**	748	34928
#国有及国有控股	25	3223	#国有及国有控股	41	2049
按登记注册类型分：			**按登记注册类型分：**		
国有企业	5	1515	国有企业	3	264
集体企业	3	48	集体企业	6	147
股份合作企业	11	262	股份合作企业	26	661
有限责任公司	94	4632	联营企业	1	22
股份有限公司	8	333	有限责任公司	86	5108
私营企业	1654	27496	股份有限公司	2	305
港澳台商投资企业	3	18	私营企业	596	25699
外商投资企业	5	177	港澳台商投资企业	8	1205
按国民经济行业分：			外商投资企业	10	1436
农畜产品	23	161	**按国民经济行业分：**		
食品、饮料及烟草制品	64	3471	综合	60	5623
#米、面制品及食用油	5	192	#百货零售	21	922
烟草制品	1	1361	超级市场零售	33	4020
纺织、服装及日用品	452	9751	食品、饮料及烟草制品	54	2089
#服装	93	2301	纺织、服装及日用品	37	2475
文化、体育用品及器材	63	1486	文化、体育用品及器材	29	918

续表

行业	法人企业（个）	从业人数（人）	行业	法人企业（个）	从业人数（人）
医药及医疗器材	44	2375	#图书	10	613
矿产品、建材及化工产品	796	9218	医药及医疗器材	38	3491
#煤炭及其制品	25	420	汽车、摩托、燃料及零配件	341	14914
石油及其制品	68	1071	#汽车	252	12891
金属及金属矿	349	3480	家用电器及电子产品	73	2587
建材	97	1343	#家用电器	34	1184
化肥	4	63	计算机、软件及辅助设备	19	453
机械设备、五金交电及电子产品	294	7402	通信设备	12	803
#汽车零配件批发	76	2011	五金、家具及室内装修材料	23	343
计算机、软件及辅助设备	6	204	无店铺及其他	93	2488
贸易经纪与代理	18	295			
其他	30	330			

注：#代表该项目是上面项目所包含的子项目。

资料来源：《温州统计年鉴 2020》。

　　温州模式最显著的特点就是利用专业化分工形成产业集群，通过产业集聚可以使得温州中小企业形成外部规模经济，降低交易成本、提高企业创新性、增强竞争力。按照主导产业和产品分类，温州形成了各种专业化的产业集群。号称"中国鞋都"的温州，据不完全统计，现有制鞋企业 4500 余家，全国"十大鞋王"温州就占了 3 家。从猪皮加工到鞋底生产、鞋饰品生产再到交易市场等，形成了一条专业分工、一体化配套的生产线，还有遍布全国各地的温州皮鞋经销商。温州经济的蓬勃发展主要靠的就是民营经济的专业化，形成了一个个特色鲜明的民营企业集群，虽然民营企业的经济规模小、科技含量低、附加值不高，但是同类产业集群形成了"块状经济"的格局也有很大的实力。温州区域经济发展特色在于依托专业化分工形成了一条以市场为导向、民营企业为主体的区域产业链，这种专业化分工可以把分散的小企业连接起来最终形成产业集群，建立相对集中的区域性市场。因此，温州民营企业虽然体量"小",但是实力"大",没有规模经济之名,但有规模经济之实。

6.2.2 义乌模式

义乌市作为中国首个县级市国家级综合改革试点,隶属于浙江省金华市,地理位置位于浙江省中部,义乌以小商品经济闻名于世,义乌国际商贸城还是中国首个 4A 级购物旅游区。从"温州模式"到"义乌模式"体现了浙江人民的创新创业精神,陆立军教授把"义乌模式"总结为一种"体制外市场再造模式",通过兴商建市、小商品经济、第三产业配套服务等特点,形成了具有鲜明特色的农村经济发展格局。"义乌模式"的制度创新就体现在第三产业的销售领域,而非第二产业的制造业,这种销售市场集聚促进了周边的工业化进程,以小商品制造业为主的私有企业形成体制外市场。如表 6 – 11 所示,2019 年全市实现地区生产总值(GDP)1421.1 亿元,其中第一产业增加值为 22.7 亿元、第二产业增加值为 418.0 亿元、第三产业增加值为 980.6 亿元,人均 GDP 达到 171796 元,增长 5.0%。三次产业增加值结构调整为 1.6:29.4:69.0,第三产业比重比 2018 年提高 0.3 个百分点。全年实现进出口总额 2967.8 亿元,增长 15.9%;出口额为 2867.9 亿元,增长 13.7%。全年小商品市场实现交易额为 1537.4 亿元,增长 13.2%。

表 6 – 11　　　　　　　　　　义乌市产业发展与外贸经济

年份	人均 GDP (元)	GDP 总量 (亿元)	三产比重	财政收入 (亿元)	小商品市场成交额 (亿元)	进出口总额 (亿元)	出口额 (亿元)
2015	136002	1046	2.0:36.1:61.9	128.3	982.2	2124.3	2101.9
2016	143972	1118	2.0:34.4:63.6	130.7	1105.8	2229.5	2201.6
2017	146381	1158	1.9:32.3:65.8	142.1	1226	2339.4	2304.5
2018	154242	1248.1	1.6:29.7:68.7	153.4	1358.4	2560	2521.6
2019	171796	1421.1	1.6:29.4:69.0	152.4	1537.4	2967.8	2867.9

资料来源:《数说义乌(2019 年)》。

义乌小商品市场的雏形最早是在廿三里镇(现为廿三里街道)与稠城镇

（现为稠城街道）出现。后来随着改革开放的政策越来越放开，小商品市场由于其规模效应不断扩大主要集聚在稠城镇，稠城镇是义乌县城的政治经济和文化教育中心，基础设施、信息技术等方面比较完善，也吸引了人才集聚。当商品市场合法化后，城区的集聚效应就会迅速得到扩散，更加成为小商品市场集聚的首选地，从而加快了义乌商业中心的形成，带动全县第三产业向商业中心集聚，能够使集聚效应进一步体现，周围一些村镇由于交通便利被纳入中心镇经济圈，能够带动制造业向义乌交通干线上的乡镇集聚（徐维祥，2005）。截至 2019 年底，义乌市下辖 8 个街道、6 个镇（见表 6 - 12）。

表 6 - 12　　　　　　　　　　各镇、街道主要经济指标

镇街	户籍人口（人）	行政村（居）个数	区域面积（平方千米）	规模以上工业企业数（个）	规模以上工业总产值（万元）	地区增加值（万元）
稠城街道	80512	13	12.6	2	36896	1903828
福田街道	59954	44	40.3	14	98121	2475743
江东街道	86648	52	91.6	17	138636	1528649
稠江街道	55840	35	38	65	549727	1719361
北苑街道	62360	21	36.6	60	1238272	2001365
后宅街道	60567	38	67.9	18	97575	478499
城西街道	46158	31	60.2	32	203274	481395
廿三里街道	49989	34	72.2	73	375650	563667
佛堂镇	87930	63	134.1	105	744966	838848
赤岸镇	40461	43	150	22	540403	294893
义亭镇	57296	43	54	56	434954	367012
上溪镇	53332	47	102	53	208015	356204
苏溪镇	55131	48	109.1	64	1231917	966239
大陈镇	39915	32	136	33	125966	235733

注：稠城街道（核心城区）、北苑街道（主城区）、稠江街道（主城区）、江东街道（主城区）、后宅街道（副城区）、城西街道（副城区）、廿三里街道（近郊）、2014 年增设福田街道。

资料来源：《数说义乌（2019 年）》。

义乌小商品市场主要是以日用消费品为主的市场，产业集聚也是从"以商兴县"的稠城镇小商品市场开始集聚，不断向外扩散，以其专业市场成为"华夏第一市"。从 20 世纪 80 年代初开始，1982 年义乌小商品市场成立，当

年的成交额只有 392 万元，过了五年后就突破 2 亿元。1991 年成为全国第一大商品市场，号称"中国小商品城"。此后，其交易额一直高居全国各商品市场首位（徐剑锋，2002）。截至 2019 年末，中国小商品城营业额超 4500 亿元。到 2019 年末义乌国际商贸城共有 60607 个商位数，市场总建筑面积 608 万平方米（见表 6 - 13）。总经营户数 7.89 万户，其中涉外经营主体 8046 个，经营 100 多个国家和地区的 10 多万种产品，产品种类如表 6 - 14 所示。

表 6 - 13　　　　　　　截至 2019 年末义乌小商品市场情况

指标名称		计量单位	2015 年	2016 年	2017 年	2018 年	2019 年
集贸市场成交额	总量	亿元	1244.5	1371.7	1493.2	1593.1	1779.5
	增速	%	15.9	10.2	8.9	6.7	11.7
市场总建筑面积	总量	万平方米	535.2	594.1	592	596	608
	增速	%	0	11	-0.3	0.7	2
经营户数	总量	万户	7.2	7.4	7.5	7.44	7.89
	增速	%	-1	2.8	1.4	-0.8	6
市场从业人员数	总量	万人	22.8	23	23	23	23
	增速	%	-0.9	1.1	0	0	0
涉外经济主体数	总量	个	5702	6163	6802	7421	8046
	增速	%	5.9	8.1	10.4	9.1	8.4

资料来源：《数说义乌（2019 年）》。

表 6 - 14　　　　　　义乌市场采购出口主要商品及国家情况

商品	出口额（万元）	同比增长（%）	国家和地区	出口额（万元）	同比增长（%）
塑料及其制品	2574716.2	10.0	印度	1744500.9	8.4
电机、电气设备及其零件	1991332.6	22.5	伊拉克	1092809.4	13.1
钢铁制品	1857558.1	15.6	沙特阿拉伯	789555.8	54.2
玩具、运动用品	1645995.1	12.0	美国	740389.7	107.9
服装及衣着附件	1506527.6	14.3	阿联酋	712497.5	58.3
机械器具及其零件	1133818.4	35.3	埃及	619609.4	14.2
贱金属工具、器具	1114602.7	11.5	巴西	606713.7	12.1
家具制品	1063480.0	20.8	马来西亚	590038.7	0.2
皮革制品	889750.7	11.5	菲律宾	563806.5	-20.6

续表

商品	出口额 （万元）	同比增长 （％）	国家和地区	出口额 （万元）	同比增长（％）
玻璃及其制品	876292.8	6.6	阿尔及利亚	560525.3	16.0
陶瓷产品	771672.9	8.1			
鞋靴制品	757405.4	1.6			

资料来源：《数说义乌（2019 年）》。

6.2.3　模式分析

从"温州模式"到"义乌模式"体现了创新创业的浙江精神、"浙商"实践的"浙江模式"。"浙江模式"就是以民营经济为主体，以块状经济为发展特色的一种发展模式，是一种内源自发型的区域经济模式。主要特点如下：（1）民营经济的创新发展。从 20 世纪 80 年代开始，在坚持公有制主体地位的基础上，通过市场机制推动民营企业发展，利用民间力量创办私营企业推动了市场化进程，尤其是以温州、义乌为代表的"小商品、大市场"的商贸经济，均是以民营经济为发展主体，推动了民营化进程。（2）块状经济的集聚效应。块状经济也是浙江经济发展中的一大特色，浙江在改革开放中走在前列，因此浙江市场经济起步较早，随着市场主体逐渐多元化，出现了一大批专业化市场，比较典型的有义乌的小商品市场、永康的五金城、海宁的皮草城、绍兴的轻纺城等。

产业集群在城乡互动联系中扮演着重要角色，城镇化进程中形成了产业集聚，产业集聚又使中心城区进一步膨胀带动邻近乡村振兴（见图 6 - 3）。商品市场早期通常出现在老城区形成商业集聚，改革开放后，商品市场又由于其规模效应在中心城区迅速集聚。中心城区由于空间有限通常集聚的是服务业，但是中心城区内又因为配套设施、信息技术等较为完善，容易集聚人才，因此中心城区往往形成商业中心，集聚效应迅速得到扩散，带动全县商贸服务业等发展并且集中在城区。但随着商业区不断向外扩张，中心城区空间有限，这时候周边交通便利的乡镇就率先受到了中心城区的辐射效应，形成中心镇纳入中心城区经济圈范围内，并且传统制造业向交通干线上的中心镇转移，周围一些交通便利的村镇也被纳入了中心镇经济圈，加快了城镇化进程。中心城区进一步膨胀的同时，服务业也在商业中心加快集聚效应，中心城区的商业化越发明显，但是部分传统制造业以及传统商业由于产能落后以及占地面积大等原因，开始由中心城区向郊外乃至中心镇转移。中心城区扩张的同时也带来交通拥堵、住房拥挤等问题，也有中心城区的部分居民由市中心向郊区转移，这些人力资本和产业迁移都加强了城区与中心镇的进一步联系，带动了周边乡村发展。

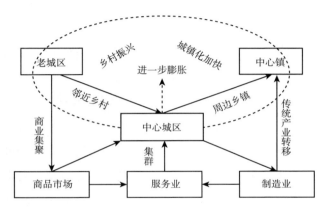

图 6 - 3　城乡发展与产业集聚

6.3　以生态文旅推动城乡耦合——安吉模式

6.3.1　案例区简介

安吉，安且吉兮之意，一个以竹闻名的美丽地方。作为杭州大都市经济圈的重要节点，安吉与周边大中城市的距离均在 1~3 小时交通圈内，具有优越的地理位置优势。安吉县作为长三角地区休闲旅游的典型县代表，是国家首个生态县、全国生态文明建设试点县，因其优美的生态环境、丰富的文化底蕴等获得联合国人居奖，也是全国唯一一个获此殊荣的县级市。2008 年安吉县就提出了美丽乡村建设方针，并且逐渐形成"中国美丽乡村"的安吉模式，成为中国"美丽乡村"建设的发展模板。2019 年，全县接待国内外游客 2221.69 万人次，全年实现旅游总收入 303.94 亿元，共建成休闲农业园区 22 个，累计建成"中国美丽乡村"187 个，其中 55 个精品示范村、122 个精品村、8 个重点村和 2 个特色村，完成乡村经营示范村创建 15 个，美丽乡村创建覆盖率高达 100%（余佶，2015）。

在生态人居优化的同时，城镇化、经济发展水平也在不断提高，社会各项事业全面增强。如表 6－15 所示，从 2004 年的 76.9 亿元到 2019 年的 469.6 亿元，安吉县经济增长了近 6 倍；第三产业产值也由 2004 年的 30.3 亿元增长到 2019 年的 230 亿元，并且超过了第二产业比重；城乡居民收入显著提高，农村居民收入由 2004 年的 6161 元增长到 2019 年的 33488 元，城镇居民可支配收入则由 12910 元增长到 56954 元，城乡收入比也逐渐下降，达到 1.70∶1，远低于全国平均水平的 2.64 倍和浙江省的 2.01 倍，成为浙江城乡差距缩小最快的县市之一。

表 6－15　　　　　　　　安吉县 2004～2019 年国民经济部分指标

年份	GDP（万元）	第一产业（万元）	第二产业（万元）	第三产业（万元）	人均 GDP（元）	农村可支配收入（元）	城镇可支配收入（元）
2004	769304	100575	364920	303809	17181	6161	12910
2005	889588	116263	441217	332108	19752	7034	14688
2006	1028686	126020	532455	370212	22632	8031	16443
2007	1219393	145597	638679	435117	26822	9163	18548
2008	1463494	176246	769572	517676	32249	10343	20426
2009	1676729	184806	893337	598585	36764	11326	22484
2010	1970204	216883	1037554	715767	43075	12840	25205
2011	2263506	237177	1147389	878940	49347	14152	28679
2012	2537999	253434	1276607	1007958	55224	15836	32211
2013	2819267	253145	1396360	1169761	61201	19485	34878
2014	2933442	257261	1490345	1185836	63381	21562	37963
2015	3241748	262647	1594729	1384372	69868	23556	41132
2016	3487537	271309	1701991	1514237	74982	25477	44358

年份	GDP（万元）	第一产业（万元）	第二产业（万元）	第三产业（万元）	人均GDP（元）	农村可支配收入（元）	城镇可支配收入（元）
2017	3903684	262683	1854910	1786091	83530	27904	48237
2018	4332491	268010	2000182	2064299	92258	30541	52617
2019	4695871	277192	2118313	2300366	99612	33488	56954

资料来源：《湖州统计年鉴2005～2020年》。

6.3.2 安吉模式的特点

（1）生态立县。安吉县和中国大部分县类似，农村地域面积占大部分，大多数人口也居住在农村。安吉县作为浙江省曾经的贫困县之一，在20世纪也曾想学习"苏南模式"发展乡镇工业企业，也曾尝试走"工业强县"的道路，短期虽然获得了GDP快速增长，但是也遗留了许多环境问题。最终作为太湖水污染治理的重点区域收到了"黄牌"警告，这些教训让安吉县意识到传统工业发展之路不适合本县县情，只有立足于生态优势、以生态文明思想引领县域经济发展，才能走经济与环境协调一致的道路。

（2）发挥生态优势，形成竹产业链。安吉县依托当地特色竹资源，发展以农产品加工业为主的第二产业和以农业服务业为龙头的第三产业，促进乡村三产融合。以林业、安吉白茶等经济作物为主，建成毛竹、白茶、蚕桑万亩农业园区。明确了依据自身资源禀赋和经济社会相结合的发展路径，以"优雅竹城—风情小镇—美丽乡村"为发展格局，统筹城乡协调发展。在大力推进现代农业发展的同时，联动发展农产品加工业，将竹笋、凉席等传统竹产品拓展到地板、家具等衍生品种，建立农民长效增收机制。

（3）以生态旅游推动三产融合。为丰富乡村产业内涵，安吉县以功能拓展引领农村服务业，重点发展休闲农业和乡村旅游，2010年就确立了美丽乡村建设与新型城镇化互促共建的生态经济发展之路。乡村旅游业的发展又可以带动竹产业以及蔬菜、桑蚕、白茶等农业基地和加工产业的建设，促进了相关农副产品的销售，实现"农业+"规模和效益的倍增。通过乡村观光旅游向休闲经济的转变，推动农村一二三产业融合，将产业生态化与现代文明等高度融合。进一步打响了"中国美丽乡村"建设品牌，使安吉休闲产业具备核心竞争力，成为长三角地区最富有特色的优势产业之一。由图 6 – 4 可以看出，安吉县在 2018 年前一直是第二产业占比最大，2014 年后第三产业和第二产业的差距越来越小，直至 2018 年第三产业产值反超第二产业。

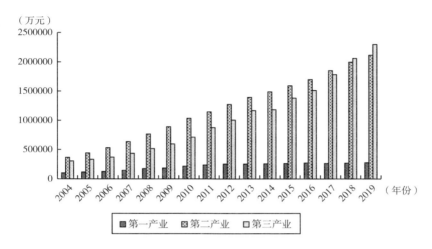

图 6 – 4　安吉县 2004～2018 年三产产值

资料来源：《湖州统计年鉴 2005～2020 年》。

6.3.3　安吉模式的启示

6.3.3.1　低碳经济建设

国际"碳减排""碳关税"等新规则迫使国内产业转型升级，中国也正在转变经济增长方式走出一条低碳发展之路。安吉的"美丽乡村建设"也是全方位地展示了一条低碳发展之路，一系列生态文明建设的措施体现了农村是重要的固碳空间，要发展成为中国低碳经济建设的重要基地（柯福艳等，2020）。中国国土面积的 70% 左右是农村地区，农村生态环境的好坏直接关系着我国全面建设低碳经济的进程，因此在农村大力推动低碳经济建设、倡导低碳生活能够有效地降低中国整体碳排放量，有助于我国在低碳经济的国际大环境中赢得良好口碑。安吉"美丽乡村建设"的绿色低碳经济发展之路为我国农村地区以低碳经济建设发展农村经济提供了借鉴意义与参考价值。

6.3.3.2　生态立县

中国自古以来就是一个农业大国,虽然农村与城市相比还存在着许多资源制约,也没有城市的基础设施配套完善,但是农村地区蕴含着巨大的绿色经济发展潜力,担负着生态屏障的保障作用。广大农村地区可以借鉴安吉的发展思路,未必要延续工业立县的传统发展思路,可以立足第一产业和生态资源优势,大力发展第二、第三产业,尤其是将绿色生态与农村经济相结合发展绿色生态经济,走绿色跨越式发展之路。因此,农村地区最重要的是定位好产业发展路径,做好产业规划布局,将农业资源转化为农业资本,实现经济效益与生态效益的协调统一。安吉美丽乡村实践证明了广大农村地区可以通过拓展当地的资源禀赋,实现多种功能跨越式发展,完成县域经济的转型升级,走绿色生态富民的发展道路。

6.3.3.3　三产融合

安吉的经济发展之路与许多地区通过乡村剩余劳动力转移至城市完成市民化的城镇化发展路径不同,安吉实现了就地城镇化。也不同于有些地区通过发展交通便利的中心镇来向外辐射周边地区,安吉县是通过拓展本地的农业、生态、文化等功能向休闲养生、观光旅游等第三产业方面转移,实现本地产业的良性循环,农民可以完成就地就业;除此之外,在农村产业发展的同时城乡一体化建设也逐渐增强,农民在不离开故土的情况下就可以享受和城市一样的配套设施。安吉的实践路径为我国欠发达的农村地区提供了一种发展新思路,即由传统经济向现代绿色经济转型。依靠生态资源优势发展休闲旅游等第三产业,实现农民就地创业、农村人口就地向非农产业转型,农村产业重心向第二、第三产业迁移,但是劳动力、资源等没有向城市集聚,可以完成农村内部各产业间的协调发展,这对其他地区也有借鉴意义。

6.3.4　从安吉模式到田园综合体

6.3.4.1　田园综合体简介——以安吉县鲁家村为例

田园综合体是一种综合发展模式,集现代农业、休闲旅游、田园社区等元素为一体，通常是在城乡融合发展格局下，对农村供给侧进行结构性改革，发展农村新产业、农业新业态，实现农业现代化与经济社会的可持续发展模式。田园综合体以乡村田园景观为基础、专业合作社为载体、农民为主体、乡村资源为优势，在农业生产、农村生活、生态现代化"三生"平台下开发乡村产业，目的是深度融合农村一二三产业、实现乡村产业升级，通过延伸乡村产业链拓展乡村多种功能，最终实现田园社区、特色小镇等载体的升级换代。2017 年中央一号文件首次提到"农业供给侧结构性改革"，就是把田园综合体作为乡村新业态，加快培育农业农村发展新动能，同时在 18 个省份开展了田园综合体建设试点。

安吉县作为中国最早实行美丽乡村建设的地区，安吉模式也成为全国乡村地区竞相模仿的典型，其中鲁家村就位于安吉县递铺镇东北部，紧邻莫干山风景区。鲁家村的地理位置优越、交通十分便利，这些均在长三角一体化的背景下为田园综合体的建设提供了广阔的空间。安吉县鲁家村本来是安吉有名的贫困村，原本是个环境卫生差、基础设施落后的村庄，2011 年就开始了美丽乡村建设工作，从改善鲁家村的生态环境开始，仅仅一年多鲁家村就在 2013 年荣获安吉县美丽乡村精品村的称号。2014 年提出了建设中国首个家庭农场集聚区和示范区的目标，并且请专业团队做了规划，开创性地结合鲁家村地形特点提出以家庭农场为载体，推动一二三产业融合发展初步形成田园综合性模式（史尧露，2019）。2015 年，鲁家村还结合十八个各具特色的家庭农场，通过观光火车串联起来，形成了鲁家村全域旅游景区，并且还引进了专业旅游公司负责管理和营销。2017 年鲁家村被国务院纳入了首批 15 个田园综合体试点，也预示着鲁家村田园综合体的模式正式进入新阶段。

6.3.4.2　田园综合体的主要模式

目前关于田园综合体的发展基于不同地方的要素禀赋、自然条件以及文化传统等，结合农业供给侧结构性改革、新型城镇化以及乡村振兴战略，不同地方探索出了一批各具特色、具有典型性的田园综合体模式。主要有以下三种（见表 6 - 16）。

表6–16　　　　　　　　　　　　国家级田园综合体试点项目及模式

省份	项目名称	特色农业/资源	主要特点	模式
广东	珠海市斗门区"岭南大地"田园综合体	生态度假与岭南花卉	以乡村生态休闲旅游度假区，岭南乡韵、水乡风貌的花卉主题特色休闲村庄以及岭南特色的田园水乡、乡村养生度假基地为主	都市近郊型休闲度假模式
江苏	无锡市惠山区阳山镇田园东方综合体	阳山火山、水蜜桃	集现代农业产业、观光农业、休闲农业和田园社区为一体，综合开发乡村古屋、古井和池塘等，配套相关休闲、娱乐设施，方便人们体验田园风光和放松身心	都市近郊型休闲度假模式
四川	成都市都江堰市田园综合体	红心猕猴桃、玫瑰种植和渔业养殖	以"山水田园、猕果花香"为定位，粮油蔬菜等基础产业结合猕猴桃特色产业，建成集乡村古韵、一二三产业融合、"三生"同步和绿色农业发展为一体的田园综合体	优势农业主导模式
山东	临沂市沂南县朱家林田园综合体	文创+旅游+生态建筑	以乡村生活美学馆、主题民宿一条街、再生之塔、创客中心等核心项目，吸引北京观筑、山东燕筑、水墨华清、山东智造等30多家文创机构入驻	文化创意带动模式
山西	临汾市襄汾县田园综合体	湿地与小麦、棉花、葡萄种植	一带一园一庄三区：汾河湿地生态带；文化创意产业园；尧京葡萄酒庄和温泉休闲度假区、创意农业体验区、美丽宜居先行区	文化创意带动模式
浙江	绍兴市漓渚镇"花香漓渚"田园综合体	花木产业、高端兰花、精品花木	依托花卉专业村、花卉企业、花木基地和名优兰花等资源，引进一批优质农文旅类项目，拟建成以高端花木农业为主导产业的田园综合体	优势农业主导模式

资料来源：庞玮，白凯．田园综合体的内涵与建设模式［J］．陕西师范大学学报（自然科学版），2018（6）．

（1）优势农业主导模式。这是田园综合体最普遍的模式之一，也是核心精神的体现。该模式主要是以农业产业为主导，基于地方优势和特色形成从生产到加工再到销售、经营的产业链条，重在推进集约化、标准化和规模化的生产，以形成特色产业带和农业产业园。除了推动农民积极参与建设外，还要重点培育一批新型农业经营主体，为了形成农业现代化的示范引领效应还要与农民建立紧密联结机制，带动发展以农业为核心的特色田园综合体开发模式。

（2）文化创意带动模式。这种模式主要是通过挖掘地方特色文化和产业，来带动农村一二三产业融合。文化创意产业模式主要是依托当地乡风民俗，在特色文化创意产业的引导下，与生态休闲旅游相结合形成产业、生态、旅游、休闲一体化的农旅型综合体。通过文化创意企业的入驻开发民宿、创意工坊、民俗活动等，目的是吸引青年回乡创业共同打造一个乡土文化风俗与生态旅游相结合的文化创意型综合体。

（3）都市近郊型休闲度假模式。这种模式主要是针对城郊乡村进行开发的模式，利用城郊田园风光和生态环境优美的自然资源优势，目的是将城郊乡村发展成一个供城市居民感受乡村自然风光、放松身心、体验农耕文明的场所，尤其是在繁忙、快节奏的城市生活背景下让城市居民工作之余休憩放松、旅游休闲、亲近自然、体验农事（刘竞文，2018）。

6.3.4.3　田园综合体对乡村振兴与新型城镇化战略耦合的意义

田园综合体作为城乡一体化格局下的一个新平台，根本目的是推进城乡统筹发展。随着城镇化进程加快，城乡矛盾越来越突出，休闲农业和乡村旅游崛起的田园综合体模式为解决城乡二元结构矛盾提供了一个平台。

首先，田园综合体是农村三产融合下的产物，其动力来源是农村产业结构调整，集优势农业、休闲度假、文化创意为一体的田园综合体模式打破了过去传统农业发展的单调性，创新了特色手工业、旅游服务业等第二、第三产业的形式，改变了过去农业与其他产业脱离的局面。通过创新农村产业间融合的新局面，充分挖掘了农业的多种可能性，将农业发展渗透到生态、文化、休闲旅游等相关产业中，培育农业新业态，可以在保障农民增收的基础上加快农村产业结构调整，实现资源合理配置、提高农村经济水平。

其次，田园综合体以农业龙头企业作为引领，对农业经营主体进行创新，实现了城乡之间劳动力、资金、技术等资源的相互流动与共享，目的是推动乡村经济的高质量发展，尤其是缩小城乡经济之间的差距。城乡之间正是因为各类资源的差异性，因此需要整合城乡资源将其紧密联系起来，通过政策优惠等措施将城市的资金、人才吸引到乡村共同建设田园综合体。推动城乡之间文化、社会、经济等资源高效整合、良性互动，最终推动乡村振兴与新型城镇化的耦合协调发展。

最后，田园综合体就是通过发展绿色生态农业、特色乡村旅游吸引城市游客来推动乡村振兴。随着生活水平的提高、休闲旅游业的发展，人们对休闲生态的要求也越来越高。一方面，田园综合体是以绿色、生态的发展理念将农业生产贯穿始终，农业仍然是基础，只是在此基础上利用科技创新、文化创意等发展特色手工业、农产品加工等（王笑容，2018）。从而可以满足城市居民对农产品的多样需求，不仅仅是满足口腹之欲，还可以为他们提供一些高品质的农产品加工品等。另一方面，田园综合体作为一种农村新业态，利用乡村自身优势以休闲旅游带动生态农业、绿色农业、观光农业等农业新业态发展。还可以通过创意农业的融入满足城乡居民多元化需求，真正做到以城市带动乡村发展，以乡村弥补城市没有的功能，通过城乡互动进一步缩小城乡之间的差距。

6.4 以都市农业推动城乡耦合——上海郊区模式

上海作为长三角地区的核心城市，也是中国的金融、贸易、航运等中心，未来也将成为全球具有影响力的国际大都市。上海大都市的乡村发展定位如下：一是为上海都市区提供稀缺资源；二是作为上海都市区中心城区核心功能的重要承载地；三是为上海大都市提升城市核心竞争力提供战略空间。同时，上海大都市的发展要进一步彰显城乡风貌特色、凸显人与自然和谐的宜居功能。

6.4.1 案例区简介

大都市区本质上还是城市统计和研究的基本地域单元，由城市核心人口及其周边具有社会经济联系的地域组合，是城镇化进程中必经的一种空间组织形式，美国较早进入城镇化高级阶段并且采用了"大都市区"这一概念。中国对大都市区的理解和国外有些差异，中国的大都市区作为近些年引进的概念融入了较多的行政区划概念，是指一些特大城市行政区划上直接隶属于中央，如北京、天津、上海、重庆这些直辖市，行政层次高、规模大，在国家政治经济社会生活中有着举足轻重的地位。本书在研究尺度上，北京、天津、上海、重庆这四个大都市作为直辖市是放在省级层面研究，并未放在地级市层面。而上海作为国际大都市，自 2016 年上海市下辖的崇明县撤县设区后，全市至此形成下辖 16 个市辖区的新局面，这里在案例区域中选择上海以研究中国大都市农业对乡村振兴与新型城镇化战略耦合的推动作用，以此对其他直辖市以及广州、成都、武汉、郑州、西安等国家中心城市发展都市农业提供借鉴意义。

"都市农业"作为一种农业新业态最早起源于日本及欧美发达国家，理论方面追根溯源可以归结到霍华德经典的"田园城市"理论，均是为了在大都市中将城市的便利性与乡村的恬适性相融合。都市农业一般是指大城市郊区乡村发展的农业，通常是发生在城市向农村延伸的过渡地带，由于这一特殊的地理位置既可以感受到大城市的便利性、享受城市的辐射效应，又可以利用乡村的资源优势为城市提供服务。因此，大城市郊区农村发展都市农业对于乡村振兴与新型城镇化战略耦合具有重要意义。上海郊区通常是指市中心区（黄浦区、徐汇区、长宁区、静安区、普陀区、虹口区、杨浦区）以外的地区，并且按照距离市中心区的距离分为近郊区（闵行区、嘉定区、宝山区、浦东新区）和远郊区（奉贤区、青浦区、金山区、松江区、崇明区）。

6.4.2　上海都市农业发展现状

如图 6－5 所示，改革开放以来，上海市城乡居民收入消费均得到不断提高。1980～2019 年，上海农村居民人均可支配收入从 401 元提高到 33195 元，提高了 80 倍左右。城市人均可支配收入从 1980 年的 637 元提高到 2019 年的 73615 元，增加了超 100 倍。但是上海市城乡收入差距自 1990 年后也一直在扩大，1990 年时上海市城乡收入比为 1.31，到 2008 年时已经达到 2.34，2008 年后，上海城乡居民收入差距开始逐步缩小，到 2019 年城乡收入差距缩小到 2.21。城乡消费比的波动则比城乡收入比小很多，基本上在 1.0～1.5，而且在 2002 年后一直处于平稳的趋势。

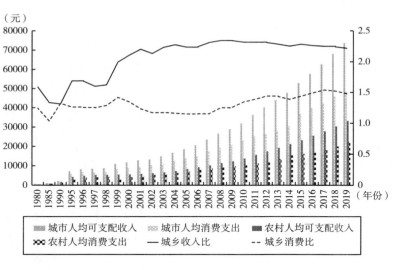

图 6 - 5 40 年来上海市城乡居民收入消费比

资料来源：《上海统计年鉴（1981～2020）》。

中国都市农业的探索与实践始于 20 世纪 90 年代初期，还是长三角、珠三角、环渤海地区的上海、深圳、北京等发达城市开展得比较早，继而在全国各大城市逐步推广。上海作为中国最大的金融中心、国际性大都市，1995年就率先提出了把郊区农业转型，从"城郊型农业"向"都市型农业"转变。最著名的是浦东孙桥现代农业园区，它是国内较早将智能温室技术、无土有机栽培技术应用于农业生产中，从而生产出有机番茄、黄瓜等高品质蔬菜的园区，还成为城市居民观赏、休闲的场所。目前，孙桥现代农业开发区已经被评为国家级农业科技园区，在全国具有示范效应，吸引了许多参观者学习考察。上海就是这样依托高科技手段发展设施农业、区域特色农业、观光农业、休闲度假农业等，在其他郊区也纷纷尝试了都市农业建设，并且因地制宜形成各个地区的"个性"，如南汇桃花节、松江的番茄农庄、奉贤的都市菜园、嘉定的华亭人家、马陆镇的葡萄主题公园等。

上海郊区农业从 20 世纪 80 年代的"以粮为纲"到如今已经呈现明显的地域分异格局，城郊经济经历了长期发展。近郊地区浦东新区是蔬菜、鲜蛋等不易长途运输的鲜活农副产品生产基地。远郊地区的崇明除了蔬菜产量最大外还有粮食产量、水果和水产品的产量也很大，崇明区依托岛上的环境资源优势，发展绿色、无污染的食品，已然成为上海乃至全国的绿色食品基地。奉贤区的鲜蛋产量仅次于浦东新区。金山区的家禽出栏数最大，粮食作物产量仅次于崇明区，鲜蛋产量也较高。松江区则是生猪出栏数最高。而嘉定区、闵行区这些近郊区本身农业产值也不高，则是以发展观光农业、休闲度假农业为主（见表6－17）。

表 6－17　2019 年上海郊区各区（县）主要农作物种植及畜禽养殖情况

指标	单位	闵行区	嘉定区	宝山区	浦东新区	奉贤区	青浦区	金山区	松江区	崇明区
农业总产值	万元	32854	99400	31078	478769	258707	197206	266100	194819	548200
粮食作物产量	万吨	1.03	4.39	0.66	10.69	9.15	6.92	11.26	8.81	17.56
其中蔬菜产量	万吨	6.00	10.40	4.33	48.00	22.72	36.63	35.14	8.98	70.54
水果产量	万吨	0.13	1.50	0.40	5.93	3.60	1.09	1.68	0.44	12.47
生猪出栏数	万头	—	0.53	—	5.70	0.16	1.56	3.56	14.68	13.27
家禽出栏数	万羽	—	6.57	0.40	32.50	55.00	9.69	320.67	188.04	166.00
鲜蛋产量	吨	256	534.7	—	6000	4713	334.2	4609	1902	4398
水产品产量	吨	122	1282	166	14000	11534	12484	5610	1680	44066
城乡居民人均可支配收入	元	71820	58527	68721	66179	47396	51563	45973	56838	39953

资料来源：《上海统计年鉴2020》；其中闵行区生猪、家禽出栏数据截止到2015年后缺失；宝山区生猪出栏数截止到2016年后缺失，鲜蛋产量缺失。

上海都市农业未来正往多核心、多层面的战略布局方向发展，按照距离市中心的远近表现出近、中、远郊结构功能渐次的格局。

（1）近郊地区因为靠近中心城区交通上具有便利性，可以把生态休闲农业作为发展的主导产业，如城市绿地植物、花卉、果园等观赏性、园艺性较强的农业，主要是减小城市环境压力、满足城市居民休闲功能，可以在节假日休闲之余体验农业等。以上海市嘉定区为例，以发展休闲农业为主，马陆葡萄主题公园、菊园百果园成功创建"全国休闲农业与乡村旅游五星级示范园区"。如表6－18所示，截至2019年底，嘉定区有"全国休闲农业与乡村旅游五星级示范园区"3个、四星级园区4个、三星级园区6个。马陆镇大裕村被农业农村部评为2019年"中国美丽休闲乡村"，入选由文化和旅游部、国家发改委联合评定的首批"全国乡村旅游重点村名录"。嘉定区按照促进农业区域化布局、规模化种（养）植、标准化生产、产业化经营要求，推进农业标准化示范区（示范、试点）项目建设。截至 2019 年底，累计创建农业标准化示范区（示范试点）及良好农业规范试点 19 个，其中国家级 3 个、市级 16 个。①

表 6-18   **2019 年底上海市嘉定区部分项目情况**

景点/项目	所在街镇	认定年份	级别
宏泰园	马陆镇	2018	五星级
马陆葡萄主题公园	马陆镇	2019	
菊园百果园	菊园新区	2019	
沥江生态园	嘉定工业区	2014	四星级
华亭人家	华亭镇	2014	
管家苑	马陆镇	2016	
苏北人家	徐行镇	2017	
嘉定区设施葡萄国家级标准化示范区	2004.12~2007.8		国家级
万金观赏鱼养殖国家级标准化示范区	2008.1~2010.9		
湖羊养殖良好农业规范试点	2008.8~2010.1		

资料来源：嘉定区政府公开报告，http：//www. jiading. gov. cn/publicity/gg/zwgg__fdzdgknr/gg/zwgg/146394。

（2）远郊区除了崇明以外的地区，可以发展都市农业的副食品生产基地。这些地区虽然距离中心城区稍远，但是基础设施完善，可以稳定地向城市居民提供优质的农副产品以及部分粮食等基础口粮。主要通过实现机械化、规模化经营，由专业大户、合作农场或者规模化养殖场，甚至还有出现产加销一体化的公司形式组织。依据不同地区的地理位置、资源优势等可以主要发展商品粮基地、耐储运蔬菜基地、畜禽生产基地。

（3）崇明作为一个生态岛，作为上海都市农业的开发后备区，可以利用生态优势形成远郊综合农业区，发展综合性、多样化的农业类型。一是继续利用滨海、河湖资源发展淡水养殖业，扩大水产养殖基地规模，保证为城市居民提供水产品的主体地位不变。二是为城市居民提供粮食作物等基础性支

---

① 资料来源：《嘉定年鉴（2019）》农业农村篇。

撑的农产品以及部分适合长途运输的农副产品，通过科技手段优化产品结构、提高农业产出率。2019 年，崇明现代农业园区实现农业总产值 1.65 亿元，较上年略有增长，农产品加工业产值实现 2.23 亿元，较上年增长 100%。14家入驻园区企业为周边解决富余劳动力达 4800 多人次①。三是进一步利用崇明远郊旅游胜地区别于城市风光的自然风光为主，让游客真正地感受到远离城市、亲近大自然的状态，同时带动相关产业发展。

6.4.3　都市农业对大都市城乡发展的启示

都市农业具有生产、生态、生活、教育示范的功能，在大都市城乡发展中扮演着重要的角色，具体功能如下所述。

（1）都市农业的主要功能是生产功能，也称经济功能。大都市农村地区通常地理上毗邻城市，在为城市提供新鲜、绿色、无污染的农产品的同时也承接了城市先进要素的回流，满足了城市居民的基本生活需求，也增加了农业从业者的就业机会，为农民增收提供长效保障机制。都市圈的发展过程中由于交通等基础设施越来越便利，并且不断延伸至大都市郊区农村，为乡村振兴提供了有利的地域条件，都市圈发展中也离不开都市农业的高质量发展为其提供日常所需。

（2）都市农业具有生态功能，也称保护功能。大都市郊区农村地区作为都市的藩篱和绿色隔离带，对于改善城市环境具有绿色生态屏障的保护功能。工业化进程加快的同时带来城市建成区面积扩张，大量耕地变成非农用地，大量乡村劳动力也转移到城市，乡村耕地更加闲置，无人问津。在这样的背景下，改善城市环境要先扩大绿地面积，尤其是城市内的公园绿地，还包括城市周边的农田、山林等也需要适当保留，大都市郊区农村正是扮演着城市绿色生态屏障这一角色。

（3）都市农业具有生活功能，也称休闲功能。都市农业不仅为城市居民

---

① 资料来源：上海市统计局，国家统计局上海调查总队. 上海统计年鉴 2020［M］. 北京：中国统计出版社，2020.

提供基本的生活保障需求，还是城市居民观光、休闲、体验农业的场所。随着人们生活水平提高，工作压力也越来越大，城市生活节奏快尤其是大都市快节奏、紧张的生活让城市居民会感到疲惫，希望在闲暇时间寻求远离城市、回归自然、享受田园风光的生活等，让自己的身心得到放松。都市农业可以在为城市居民提供旅游、观光、休闲等多功能现代化农业的同时满足城市居民对"放松身心"的需要，还可以为体验乡村乐趣创造条件（于爱芝等，2010）。

（4）都市农业具有示范教育功能，也称社会功能。还有一些大都市郊区农村通过建立农业科技园，让城乡居民均能认识、了解农业生产，学习和继承传统农业与农村文化。随着社会经济的快速发展，城镇化进程加快的同时也使得现代许多年轻人对传统农耕文化越来越陌生，以上海市嘉定区的"观禾计划"为例，通过吸引公众参与体验农耕文化来了解农村文化传统，还通过高校、科研机构等对接乡村中小学进行科普教育。除此之外，还有通过当地的文化创意，搭建一个开放平台，将当代艺术从画廊转移至田野，探索出了一条文化艺术产业结合的特色旅游道路，作为一种新型乡村发展模式吸引了不少城市居民的参观。

6.5 乡村振兴与新型城镇化的耦合模式总结

根据以上案例分析，本书对此进行归纳总结了四种城乡关系背景下的乡村振兴与新型城镇化的耦合（城乡耦合）模式，并且给出了对应的实现路径，总结出后期可推广的符合中国特色的经验及模式，以期为我国当前其他区域样本的城乡关系研究提供借鉴与参考（见图6-6）。

6.5.1 新苏南模式

城乡关系表现为：首先，城乡经济趋于同步发展，乡村经济中的非农成分占比越来越大，逐渐趋向于城市的工商化，以苏南地区为代表的东部沿海发达地区的乡村经济活动已经具有城市的对外开放性、高度工商化，当地农

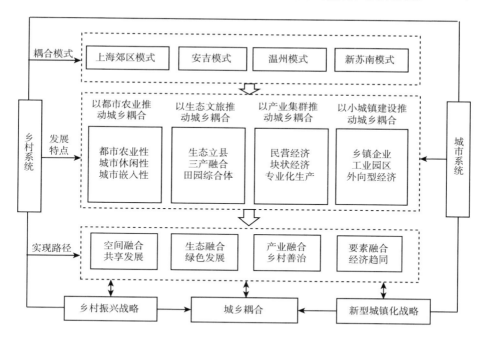

图 6-6 乡村振兴与新型城镇化耦合模式及实现路径分析框架

村劳动力主要流向第二、第三产业，与城市经济形态的差异逐渐缩小。其次，打破城乡壁垒，城乡之间的界限越来越模糊。乡村空间逐渐承接城市空间扩张带来的生产、生活要素等，开始具备城市的各项功能，形成以非农经济为主体、现代化生活娱乐休闲为一体的综合性空间。苏南地区的乡村生活服务配套设施齐全，已经有明显的居住区、工贸区等功能分区，村民基本需求就能在乡村实现就地化满足。最后，包容一体化发展，除了本地乡村居民就地就能享受与城市居民同等的配套设施，对于农业转移人口也要享有与当地城市居民同质的公共服务、社会保障等，促进城乡包容一体化发展。

实施条件：适用于乡村经济高度发达的地区，城乡界限模糊、城乡差距逐渐缩小，乡村地区经济活动已经具备城市的对外开放性、高度工商化。乡村有自己的工业企业，具备城市的许多功能属性，俨然成为城市带延伸的一部分。

实现路径：要素融合，经济趋同。城乡要素融合的核心在于人口、资金、信息等资源要素在城乡之间自由流动，同类要素在不同市场能够获得均衡收益，从而实现城乡之间真正的无差距发展。要想实现城乡要素融合就要建立统一的要素市场，让城乡之间要素流通无障碍、城乡经济趋于统一步调发展，这就需要打破制度约束、打破城乡壁垒，通过政策优惠吸引城市的人才、资本、信息技术等稀缺要素流入农村地区，实现乡村真正的振兴。

6.5.2 温州—义乌商贸模式

城乡关系表现为：第一，农村工业化进程推动城镇化进程。温州农民利用商品市场供给不足的历史机遇，发展自己的家庭手工业，突破了农村发展农业的体制束缚，家庭手工业逐步扩大加快了农村工业化的进程。后来逐渐形成专业市场，吸引了人口、资源等向城镇转移，形成人口集聚从而带动了相关产业发展，产业进一步集聚形成了温州民营经济的雏形，这种人口、资源、产业等在小城镇的集聚发挥了辐射效应，推动了农村产业结构的变革，由农村传统产业向工业化推进再进一步推动城镇化进程。第二，中心镇推动乡村振兴。义乌模式下从最开始的中心老城区发展商品市场，引起产业向外扩散与辐射，产业形成再集聚出现了中心镇。中心城区的进一步膨胀使得集聚效应进一步体现，城区面积不断扩张的同时周围一些交通便利的村镇被纳入中心镇经济圈范围内，制造业向周围村镇转移，而服务业向中心商业区集聚，通过产业集聚推动城镇化，而城镇化又促进了产业进一步集聚，并且带动了邻近乡村振兴。

实施条件：城乡关系趋于平等背景下，农村工业化进程也开始兴起，农村不像城乡非对称互惠式耦合背景下以发展农业为主，也不像城乡融合共生式耦合背景下经济高度发达的乡村地区，突破了农村发展农业的体制束缚以家庭手工业为主，适用于乡村产业以工业、制造业为主，逐步趋于第二产业发展的地区。

实现路径：产业融合，乡村善治。产业融合就是要促进农村一二三产业融合，建立农民增收的长效机制。除此之外，城乡产业融合还要求形成城乡两个空间的产业互动格局，包括乡村第一产业和城市第二、第三产业之间的联动，形成一个利益共同体，共同为城乡发展带来新的机遇。乡村善治的关键是构建合理的城乡空间治理体系，这也是乡村振兴的要义。乡村振兴中的"治理有效"要求乡村治理结构要形成自下而上的村民集体制度，乡村建设力量主要体现在内部，在自我组织内部构建社会网络结构，最终这种高质量发展的"治理有效"可以促进乡村可持续发展。

6.5.3　安吉模式

城乡关系表现为：首先，乡村经济具有自主性，以农业生产为主。这类城乡关系下的乡村主要以农业生产为主、乡村旅游嵌入，乡村发展还是以服务农民自身的生活保障为目的，以农民增收为首要目标。农业生产有自主发展空间，农民可以根据自身需求安排农业生产以及农产品的去向。其次，城乡功能分工明确，城市与农村在保留各自特色的基础上实现功能分工与互补，城市的功能主要是创造集聚效应、规模效应和空间效益，这些都是带动农村发展的动力与基础。农村主要是利用广大腹地的地域优势等发展绿色生态农业，利用不同于城市的自然资源优势吸引广大游客，扩大城市消费市场、延续乡村生态宜居空间。最后，城乡治理思路不同，城市治理主要是在工商业发展的基础上，以维持商业社会的秩序为主，以为城市居民提供配套生活服务为义务。而乡村治理是建立在农业生产体系的基础上，还是以为农民提供农业生产相关的配套为主，然后是农民的生活秩序。

实施条件：多适用于有地方特色的农村地区，但城乡关系还处于非对称阶段。应该利用其资源禀赋发挥自身的比较优势，以农业生产为主、乡村旅游嵌入，再加上政府的适度引导，吸引城市更多的资本、人才、资源等要素投入到农村地区的建设中来。

实现路径：生态融合，绿色发展。现代农业与传统农业的不同之处就在于以可持续发展为目标，以"绿水青山就是金山银山"为发展理念，以高效、循环再利用资源为核心，以"减量化、再利用和资源化"为原则，将农业发展与生态绿化相结合，拓展农业绿色资源、农村生态宜居功能，培育生态农业、观光农业等农业新业态。生态融合，主要体现在城乡生态功能分工，农村地区主要为城市提供生态产品供给，发挥生态宜居功能以吸引城市居民换个环境缓解压力，通过建立健全生态补偿机制来体现农村生态价值。

6.5.4 上海郊区模式

城乡关系表现为：在城乡依托吸收式耦合类型中，依托吸收式是此时城乡关系的主要表现形式。首先，乡村依托城市发展，乡村主要以服务于城市的经济社会发展为主。这种情况下的农业以满足城市居民的消费需求为主，扮演"粮袋子""菜篮子"的保障性角色。这种情况下农民种植农作物主要是依据市场行情决定，政府意志在乡村农业发展中扮演着重要角色，表现为都市农业型。其次，乡村地域系统发挥城市休闲性的作用，主要是满足城市居民的休闲娱乐、观光旅游等业余需求。此时的乡村空间也带有一定的行政规划性，不同于城市的钢铁水泥塑造，乡村以自然景观和生态休憩空间吸引人。最后，乡村治理方面也还是以城市的意志为转移，这种类型下的城乡还处于非对称关系，城乡地位还不平等，即乡村治理高度嵌入城市的需求体系之中。

实施条件：这种类型下的城乡还处于乡村依托城市发展阶段，城乡地位还不平等，即乡村治理主要围绕城市对乡村的需求展开，高度嵌入于城市的需求体系之中。这种城乡关系适用于大都市农村地区，比如上海、北京等这种大都市，农村地区发展空间有限，主要以都市农业、城市后花园的形式发展。

实现路径：空间融合，共享发展。城市与乡村要在保留各自特色的基础上实现功能延伸、分工与互补，尤其是城市基础设施的延伸，城市的公共交通可以向农村地区进行延伸，通信、供水供电等市政设施应向农村地区布局，最终形成城乡基础设施合理布局的局面，农村居民也能享受城市同等的公共服务、基础设施等便利的权益。共享发展主要体现在社会民生事业方面，政府公共财政不仅要包含城市，还要覆盖农村范围。尤其是财政支农方面要保持稳定增长，最终目的是实现城乡公共教育资源、医疗卫生资源公共服务供给等均等化。还要因地制宜，创新农村公共服务供给，保证农民需求和公共服务能够相匹配。

6.6　本章小结

本章在四种城乡关系背景下拓展了乡村振兴与新型城镇化的战略耦合模式，即以小城镇建设推动城乡耦合的"新苏南模式"，以产业集群推动城乡耦合的"温州—义乌商贸模式"，以生态文旅推动城乡耦合的"安吉模式"以及以都市农业推动城乡耦合的上海郊区模式。并且对应不同的耦合模式提出了不同的融合路径及实施条件（见表6-19）。

表6-19　　乡村振兴与新型城镇化战略耦合模式、特点及实现路径

项目	新苏南模式	温州—义乌商贸模式	安吉田园综合体模式	上海郊区模式
典型区域	江苏苏南地区（苏州市昆山市、无锡市江阴市）	浙江温州市、金华市义乌市等商贸发达地区	浙江湖州安吉市	上海市郊区（闵行、嘉定、宝山、浦东、奉贤、青浦、金山、松江和崇明）
城乡关系	城乡融合共生式	城乡平等交互式	城乡非对称互惠式	城乡依托吸收式
模式特点	乡镇企业异军突起，以工业为主导；开发区建设为苏南小城镇发展提供"产镇融合"平台；外向型经济成为苏南小城镇经济对外扩散的主要途径	小商品、大市场的民营经济是"浙江模式"的最大特色和优势；块状经济的集聚效应，涌现了一大批专业市场；专业化生产使其有别于其他发展模式	以生态立县，发挥生态优势，形成竹产业链；依托第一产业和山区资源，以生态旅游推动三产融合；实现本地农村产业发展的良性循环，促进农村劳动力就地创业、就地就业	都市农业依托、服务、适应城市需求，发挥"粮袋子"和"菜篮子"的保障性功能；空间上满足城市市民休闲、娱乐、旅游、观光等方面的需求；乡村治理主要围绕城市对乡村的需求展开
推进机制	小城镇建设推动城乡耦合	以产业集群推动城乡耦合	以生态文旅推动城乡耦合	以都市农业推动城乡耦合
实施条件	适用于乡村经济高度发达的地区，俨然成为城市带延伸的一部分	适用于刚突破农村发展农业的体制束缚，开始乡村工业化进程的地区	多适用于有地方特色的农村地区，以农业生产为主、乡村旅游嵌入的地区	适用于大都市农村地区，发展空间有限，以都市农业、城市后花园的形式为主
融合路径	要素融合，劳动、资本等要素在城乡之间自由流动和组合，城乡经济趋同性	产业融合，城乡之间的产业互动，包含三次产业间的融合和产业内的融合	生态融合，乡村为城市提供生态供给功能，缓解城市建设和环境压力	空间融合，在城乡保留各自特色的基础上实现功能延伸、分工与互补，共享发展

（1）新苏南模式是以苏南地区的苏州、无锡为典型代表，以小城镇建设推动城乡耦合的发展模式。乡镇企业在城镇与乡村互动中发挥着重要作用，在大中城市的辐射效应下，乡镇企业异军突起，形成产业集聚，带动了小城镇的发展。小城镇建设的最大特色就是以发展工业为主，在乡镇企业逐步壮大的同时，通过兴办工业园区招商引资，把各类企业汇集到小城镇，形成产业集聚、特色鲜明的小城镇建设格局。乡镇企业作为连接城镇与乡村的重要载体，农村地区为乡镇企业提供了劳动力和广大腹地，小城镇为乡镇企业提供企业集聚、吸引人才的场所。同时开发区建设为苏南小城镇发展提供"产镇融合"平台；并且苏南地区抓住了产业、交通和开发区建设三大契机，加上利用外向型经济将小城镇经济对外扩散。

（2）温州—义乌商贸模式是从农村商品经济发展开始的，作为一种非农产业发展模式，显著特点就是民营经济的产生与发展，是农业经济向工业经济转型成功的典型范式。"浙江模式"主要是通过市场机制推动民营企业发展，尤其是以温州、义乌为代表的"小商品、大市场"的商贸经济，在坚持公有制主体地位的基础上，通过市场机制推动民营企业发展，利用民间力量创办私营企业推动了市场化进程；块状经济也是浙江经济发展中的一大特色，浙江在改革开放中走在前列，因此浙江市场经济起步较早，随着市场主体逐渐多元化，出现了一大批专业化市场，专业化生产使其有别于其他发展模式。

（3）安吉"美丽乡村建设"的绿色低碳经济发展之路为我国农村地区以低碳经济建设发展农村经济提供了借鉴意义与参考价值，要走一条低碳发展之路；广大农村地区可以借鉴安吉的发展思路，未必要延续工业立县的传统发展思路，可以通过拓展当地的资源禀赋，实现多种功能跨越式发展，完成县域经济的转型升级，可以走绿色跨越式发展之路；同时，依靠生态资源优势发展休闲旅游等第三产业，实现农民就地创业、农村人口就地向非农产业转型，为农民增收创造平台；并且进一步借助在三产融合下产生的田园综合体，将农业发展渗透到生态、文化、休闲旅游等相关产业中，培育农业新业态。以农业龙头企业作为引领，对农业经营主体进行创新，实现劳动力、资金、技术等有效资源在城乡之间共享，推动农村经济高质量发展。最终核心还是发展绿色生态农业和特色乡村旅游，通过吸引城市游客来推动乡村振兴。

真正做到以城市带动乡村发展，以乡村弥补城市没有的功能，进一步缩小城乡之间的差距。

（4）以上海大都市郊区农村作为典型代表的都市农业，由于土地资源利用有限，在依托城市的同时又服务于城市，最终又受城市反哺。首先，主要功能是生产功能，在为城市提供新鲜、绿色、无污染农产品的同时也承接了城市先进要素的回流，满足了城市居民的基本生活需求，也增加了农业从业者的就业机会，为农民增收提供长效保障机制；其次是生态功能，作为都市的藩篱和绿色隔离带，对于改善城市环境具有绿色生态屏障的保护功能；再次，都市农业除了为城市居民提供基本的生活保障需求外，还是城市居民观光、休闲、体验农业的场所，在满足城市居民对"放松身心"需要的同时，还可以为体验乡村乐趣创造条件；最后，都市农业具有示范教育功能，通过建立农业科技园，让城乡居民均能认识、了解农业生产，学习和继承传统农业与农村文化。

第7章 典型案例分析：基于浙江省的调查研究

7.1 引 言

2020 年是全面建成小康社会目标实现之年，是全面打赢脱贫攻坚战收官之年。虽然区域性整体贫困得到解决，完成了消除绝对贫困的艰巨任务，但是 2020 年后巩固脱贫攻坚成果，建立解决相对贫困的长效机制将成为中国贫困治理工作的重点（叶兴庆和殷浩栋，2019）。而中国的贫困人口大多是农民，贫困地区大多分布在农村地区，重农固本是安民之基、治国之要，只有彻底地解决好"三农"问题才能彻底解决相对贫困问题。改革开放 40 多年来，城乡发展不充分、不平衡的问题仍然是中国现阶段社会经济发展面临的主要问题（张海鹏，2019）。从中华人民共和国刚成立时"以乡促城"的城乡对立阶段，到改革开放后"乡镇企业异军突起"的城镇快速发展阶段，早期城乡发展更加偏向于城市，带来城乡"一头热、一头冷"的发展现状。进入 21 世纪以来，从中国共产党十六届五中全会提出的"社会主义新农村建设"到党的十八大提出"新型城镇化战略"、"美丽乡村建设"与"精准扶贫"方略，再到党的十九大提出的以"建立健全城乡融合发展体制机制和政策体系"为主导的"乡村振兴战略"，新时期的城乡关系就是要走"以城带乡、以乡促城、城乡互动、城乡融合的高质量发展之路"（张英男等，2019）。

浙江作为中国沿海经济发达、城乡融合度最高、区域协调发展最好的省份之一，统筹城乡发展已走过了"城乡兼顾"的初级阶段，进入了"城乡融合"的新阶段，在建设城乡一体化的美好社会上迈出坚实的步伐，走在了全国前列（邵峰，2013）。浙江模式以县域经济发展为典型特征，尤其是改革开放以后，浙江从"资源弱省"跃升为"经济强省"，县域经济所起的主导作用毋庸置疑。本书以浙江省县域作为研究单元，从生态宜居、公共服务、基层治理以及生活质量四个方面入手，总结城乡发展的经验和问题，探索城乡耦合模式及实现路径，具有重要的理论意义和迫切的实践意义。

国外经典的城乡关系理论从刘易斯的二元经济结构理论到托尼斯—费景汉改进的二元结构模型再到乔根森的二元经济模型（Lewis，1954；Friedman and Rains，1961；Jorgenson，1961），这些经典理论均是以城市偏向为主，强调在乡村复兴过程中重点发展中心村、镇，通过中心镇的辐射带动作用振兴乡村，在城乡地域系统极化的基础上发挥城镇扩散效应。乡村偏向理论最早起源于哈里斯—托达罗二元经济模型中提到的要完善农村公共设施、改善农民生活质量，缓解农村劳动力转移现象，只有农村经济发展齐头并进才能缩小城市与乡村的差距（Todaro，1969）。虽然该理论还是建立在城乡二元经济结构的理论框架下，但是对中国后来的新农村建设有一定启示。后来的乡村偏向理论主要是从20世纪70年代弗里德曼和道格拉斯提出的乡村城市发展战略开始（Friedman et al.，1975），到利普顿把乡村的贫穷归结为对城市偏向的政策开始，城乡关系的不平等根源就是城市偏向的政策（Ltpton，1977）。乡村偏向的战略也过于极端，大多聚焦于宏观层面、自上而下发展。关于城乡联系的城乡关系理论从马克思恩格斯的城乡发展理论，到近些年随着全球经济、网络科技、信息技术的迅猛发展，城乡关系研究进入了一个新时期，一系列强调"城乡协调发展"的新理论涌现出来（Bertoni et al.，2016；Julio，2015；Adam et al.，2018；Huttunen，2019）。

国内关于城乡关系的研究还是以理论探讨居多，从20世纪80年代就出现的城乡协调，后来学者对城乡协调发展的内涵、目标、动力机制、模式等均进行了探讨（张竟竟等，2007；刘晨光等，2012；王艳飞等，2016），到党的十六大提出的城乡统筹，陆续有人探讨关于城乡统筹的发展模式（程开明，2008；姜晔等，2011）。从党的十七大报告指出要走以工促农、以城带乡、城乡一体化的中国特色农业现代化道路，关于城乡一体化的研究非常丰富（张强，2013；周江燕和白永秀，2014），到党的十九大报告提出关于"建立健全城乡融合发展体制机制"的乡村振兴战略后，关于城乡融合、乡村振兴的研究如雨后春笋般涌现（何仁伟，2018；刘彦随，2018）。虽然目前关于城乡融合的量化分析逐渐增多，但是由于乡村数据难以获取，多数学者还是停留在省级层面测度"城乡融合水平"（刘明辉和卢飞，2019；周佳宁等，2020）。关于乡村振兴的定量分析还有很大的提升空间，由于乡村发展测度尺度越小数据获取的难度越大，因此微观层面还是以案例分析或实地调研为主（王景新和支晓娟，2018；李志龙，2019）。通过国内外现有相关文献不难看出，学界对于城乡发展模式的系统性研究较少。实际上，乡村振兴与新型城镇化战略耦合作为城乡互动发展的延伸与扩展，首先需要对城乡耦合模式做出总体描述与分类演绎，在此基础上，进一步考虑乡村发展与城镇化耦合的实现路径。

本章以浙江省城乡居民家庭作为调研对象，从生态宜居、公共服务、基层治理以及生活质量四个方面构建指标体系，作为城乡发展的切入主线。通过熵值法、耦合协调度模型、泰尔指数等方法，总结浙江省不同县市的城乡发展经验和问题，探索城乡耦合模式及实现路径，以期能够对中国不同区域当前城乡耦合协调程度与城乡耦合模式做出准确判定与合理估计。

7.2　研究设计

7.2.1　研究区域概况

浙江地处长江三角洲南翼，陆域面积 10.55 万平方千米，海域面积 26 万平方千米，辖 11 个设区市、90 个县（市、区）、1360 个乡镇（街道），有村民委员会 20402 个，农村常住人口 1755 万人，是全国农业现代化进程最快、乡村经济发展最活、乡村环境最美、农民生活最优、城乡融合度最高、区域协调发展最好的省份之一。2019 年末浙江省城镇化率为 70.0%，根据城乡一体化住户调查，2019 年全省居民人均可支配收入为 49899 元，城镇和农村居民人均可支配收入分别为 60182 元和 29876 元。根据经济发展与地域特征浙江省按区域划分为浙东（绍兴市、宁波市、舟山市）、浙南（温州市、台州市、金华市）、浙北（杭州市、嘉兴市、湖州市）和浙西南（衢州市、丽水市）（赵磊等，2014）。

7.2.2　数据来源

本次问卷的调查对象为农村居民和城镇居民，以家庭为单位。问卷内容是通过课题组成员、有关专家多次充分讨论、结合调查所需信息设计完成的。问卷设计包括四个部分：（1）生态宜居情况，包括安全饮水、清洁能源、卫生厕所、垃圾处理、河道整治等；（2）公共服务情况，包括养老、医疗保险，教育、医疗、交通条件，文化设施等；（3）基层治理情况，包括选举等重大事项参与率，重大事项知情率，村/居委会公开事务情况，村/居治安状况等；（4）生活质量，包含家庭文娱支出、教育支出、汽车拥有量、恩格尔系数以及家庭年收入等（涂丽和乐章，2018）。具体问卷见附录 1 与附录 2，分为乡村振兴调查问卷和新型城镇化调查问卷。评价指标体系及量化说明如表 7 - 1 所示。

表 7 - 1　　　　　　　　　　评价指标体系及量化说明

系统层	评价指标	指标及量化说明	目标值
生态宜居	安全饮水	安全饮水：井水、自来水、桶装水、纯净水或过滤水 = 1，否则为 0	100%
	清洁能源	清洁能源：罐装煤气、液化气、天然气、管道煤气、太阳能、沼气、电 = 1，否则均为 0	100%
	卫生厕所	室内、室外冲水厕所 = 1，其他 = 0	100%
	垃圾处理	公共垃圾桶/箱 = 1，否则均为 0	100%
	河道整治	对所在地的河道整治情况打分，1 表示非常不好，10 表示非常好	10
	绿化情况	对所在地的绿化情况打分，1 表示非常不好，10 表示非常好	10

续表

系统层	评价指标	指标及量化说明	目标值
公共服务	养老保险	是否购买城镇/新型农村社会养老保险（是 =1，否 =0）	≥85%
	医疗保险	是否购买城镇/新型农村合作医疗（是 =1，否 =0）	≥95%
	教育条件	您所在社区内是否有以下设施？（幼儿园 =1）	100%
	医疗条件	您所在社区内是否有以下设施？（医院/卫生院/诊所 =2）	100%
	交通条件	从家到最近的公交站点有多远？（10 分钟以内 =4，10～30 分钟 =3，30～60 分钟 =2，1 小时以上 =1，没有公交车 =0）	4
	文化设施	距离村里的文化大礼堂/市图书馆有多远（10 分钟以内 =3，10～30 分钟 =2，30 分钟以上 =1，没有 =0）	3
基层治理	重大事项参与	最近一次村/居委会投票您有没有参加（参加的 =1，没去 =0）	≥95%
	重大事项知情	您没去参加投票是因为什么？（压根不知道有选举 =0，否则为1）	100%
	公开事务情况	您所在村/居委会是否公布以下信息？（公开事务类型数）	7
	配套设施类型	您所在村/居委会是否建有以下设施？（配套设施类型数）	14
	村/居治安状况	对所在地的居住治安情况打分，1 表示非常不好，10 表示非常好	10
	健身娱乐设施	对所在地的健身娱乐实施打分，1 表示非常不好，10 表示非常好	10
生活质量	文娱支出	文化娱乐支出占家庭总支出的比重	≥5%
	教育支出	家庭教育支出占家庭总支出的比重	≥15%
	阅读情况	过去一年总共读完的书籍（本）	≥5
	家庭汽车拥有量	您的家庭拥有私家车的数量（0、1、2、3）	≥1
	家庭恩格尔系数	平均每月家庭伙食费、外出聚餐及购买的零食、饮料、烟酒等支出占家庭支出的比重	≤35%
	家庭年收入	过去一年的家庭所有收入（元）	≥10 万元

调研开展于 2020 年 6～9 月，由在校大学生假期返回家乡所在地的乡村/城镇进行调研。每名学生要求对家乡所在地的村庄和城镇分别进行问卷调研，确保了城乡问卷数量的均等化。共发放乡村调查问卷 2257 份、城镇调查问卷 2310 份，涉及 51 个县（市、区）。从所回收的问卷中，剔除掉基本信息缺失、答案不符等无效样本后，最终得到乡村有效样本 2058 份、城镇有效样本 2142 份，有效回收率均高于 90%。

7.2.3 研究方法

（1）耦合协调度模型。

为了探讨浙江省县域城乡是否统筹协调，借鉴物理学上的耦合（coupling）模型，构建了耦合协调度评价模型：

$$C = \frac{2\sqrt{u_1 \times u_2}}{u_1 + u_2} \qquad (7-1)$$

$$D = \sqrt{C \times T} \qquad (7-2)$$

$$T = \alpha u_1 + \beta u_2 \qquad (7-3)$$

其中，T 为浙江县域城镇化与乡村发展之间的综合指数；α、β 为待定系数，通常分别取 0.5；C 代表耦合度，用来测度乡村发展与县域城镇化之间耦合作用的程度，但是耦合度无法展现出两个系统整体的"协同"效应；D 表示耦合协调度（也称协调度），是学者较多用反映两个系统整体协调程度的变量。为此，本书采用耦合协调度 D 来判别浙江县域城镇化与乡村发展的协调发展程度（城乡耦合程度），关于耦合协调度的分类学界还没有统一的划分标准，根据前人的研究成果（范昊和景普秋，2018）将耦合协调度分为 4 个等级及对应的耦合模式，具体如表 7-2 所示。

表 7-2 乡村发展与城镇化的耦合协调类型及对应耦合模式

协调度区间	类型	子类型	耦合协调类型	耦合模式
$0.8 < D \leqslant 1.0$	优质协调	$R(a) - U(b) > 0.1$	优质协调—乡村先行	城乡非对称融合式耦合
		$U(b) - R(a) > 0.2$	优质协调—城镇领先	城乡非对称融合式耦合
		$0.1 < U(b) - R(a) < 0.2$	优质协调—城镇先行	城乡非对称融合式耦合
		$0 < |R(a) - U(b)| < 0.1$	优质协调	城乡融合共生式耦合
$0.7 < D \leqslant 0.8$	良好协调	$R(a) - U(b) > 0.1$	良好协调—乡村先行	城乡非对称互惠式耦合
		$U(b) - R(a) > 0.2$	良好协调—城镇领先	城乡非对称互惠式耦合
		$0.1 < U(b) - R(a) < 0.2$	良好协调—城镇先行	城乡非对称互惠式耦合
		$0 < |R(a) - U(b)| < 0.1$	良好协调	城乡对称互惠式耦合

协调度区间	类型	子类型	耦合协调类型	耦合模式
0.6 < D ≤ 0.7	中级协调	$R(a) - U(b) > 0.1$	中级协调—乡村先行	城乡依托吸收互动式耦合
		$U(b) - R(a) > 0.2$	中级协调—城镇领先	城乡依托吸收互动式耦合
		$0.1 < U(b) - R(a) < 0.2$	中级协调—城镇先行	城乡依托吸收互动式耦合
		$0 < \mid R(a) - U(b) \mid < 0.1$	中级协调	城乡偏利交互式耦合
0.0 < D ≤ 0.6	初级协调	$R(a) - U(b) > 0.1$	初级协调—乡村先行	城乡依托吸收并立式耦合
		$U(b) - R(a) > 0.2$	初级协调—城镇领先	城乡依托吸收并立式耦合
		$0.1 < U(b) - R(a) < 0.2$	初级协调—城镇先行	城乡依托吸收并立式耦合
		$0 < \mid R(a) - U(b) \mid < 0.1$	初级协调	城乡独立并行式耦合

（2）泰尔指数。

泰尔指数（Theil index）是一个不仅可以度量差异的绝对水平，也可以衡量组内差距与组间差距对总差距贡献率的方法。这里引入泰尔指数测度浙江省四大区域乡村发展与城镇化的不均衡程度（彭冲等，2014），公式如下：

$$T = T_b + T_w \tag{7-4}$$

$$T_b = \sum_{k=1}^{K} y_k \ln \frac{y_k}{n_k/n} \tag{7-5}$$

$$T_w = \sum_{k=1}^{K} y_k \left(\sum_{i \in g_k} y_{ik} \ln \frac{y_{ik}}{1/n_k} \right) \tag{7-6}$$

其中，T 代表浙江省各县域城乡发展总体差异；T_b 为浙江县域之间的城乡发展差异；T_w 为浙江县域内部的城乡发展差异；k 为分区域（浙江省按四区域划分为浙东、浙南、浙北和浙西南）；y_k 为区域内各县域城乡发展之和占浙江省 51 个县域城乡发展之和的比重；n_k 为分区域县域数量，n 为浙江省被调研县域之和（51）；y_{ik} 为 k 区域内 i 县域城乡发展占 k 区域各县域城乡发展之和的比重。T 越大，说明浙江省各县域城乡发展之间的差异性越大；T_b 越大，说明分区域之间的城乡发展差异较大；T_w 越大，说明分区域内部县域的城乡发展差异越大。

7.3 研究结果分析

运用熵值法分别评价乡村发展与城镇化两大系统的效果，总体上看，城镇化发展均值比乡村发展均值高，浙江省城镇化与乡村发展水平不断提升。城镇化与乡村发展差异主要体现在养老保险、教育条件、医疗条件等公共服务，重大事项知情率、配套设施等基层治理以及生活质量方面。公共服务方面城乡养老保险覆盖率差距比医疗保险覆盖率大，新农合的参合率接近90%，但新农保的参保率还不到50%。接近50%的乡村还没有配备幼儿园，接近40%的乡村没有配套的医院/卫生院/诊所。但是文化基础设施这一块，大部分乡村配有文化大礼堂并且距离较近。城乡基层治理的整体差异不大，基层选举的投票参与率普遍不高，不到50%，没有参与选举的居民将近50%均是因为压根不知道有选举。城乡基层治理差距主要体现在配套设施类型数和对健身娱乐设施的满意度。生活质量方面城乡差距较大，城镇家庭平均拥有汽车大于一辆，而农村家庭平均拥有汽车量还不到一辆。城乡文娱支出差距比教育支出差距大，这从家庭恩格尔系数中也能反映出，只有生活水平提高了才有可能提高文化娱乐等业余支出。城镇人均阅读书籍量大于乡村人均阅读书籍量，根据第十七次全国国民阅读调查报告数据显示，2019年成年国民人均纸质图书阅读量为4.65本，随着数字化阅读方式越来越多元化，纸质阅读量在下降。浙江省城镇家庭收入接近20万元一年，农村家庭收入在12.5万元左右一年（见表7-3）。

表7-3　　　　　　　　　乡村/城镇发展评价指标值

系统层	指标层	城镇均值	乡村均值	城镇权重	乡村权重
生态宜居	安全饮水 +	99.85%	98.88%	0.0180	0.0204
	清洁能源 +	98.21%	94.20%	0.0408	0.0275
	卫生厕所 +	99.66%	98.69%	0.0313	0.0250
	垃圾处理 +	98.63%	98.14%	0.0572	0.0555
	绿化水平 +	7.8323	7.5958	0.0669	0.0737
	河道整治 +	7.5850	7.3847	0.0440	0.0329
公共服务	养老保险 +	51.14%	42.01%	0.0428	0.0446
	医疗保险 +	89.94%	87.78%	0.0728	0.0273
	教育条件 +	59.62%	52.78%	0.0283	0.0513
	医疗条件 +	65.97%	62.37%	0.0285	0.0420
	交通条件 +	3.8524	3.5748	0.0342	0.0214
	文化设施 +	2.1463	2.4337	0.0260	0.0563

续表

系统层	指标层	城镇均值	乡村均值	城镇权重	乡村权重
基层治理	重大事项参与率 +	47.40%	45.18%	0.0603	0.0394
	重大事项知情率 +	54.23%	49.00%	0.0479	0.0375
	公开事务情况 +	3.4554	3.1873	0.0519	0.0383
	村/居治安状况 +	7.9818	7.1634	0.0331	0.0363
	配套设施类型数 +	7.8003	6.2839	0.0379	0.0380
	健身娱乐设施 +	8.2652	6.7370	0.0376	0.0305
生活质量	家庭汽车拥有量 +	1.21 辆	0.96 辆	0.0520	0.0383
	文娱支出占比 +	8.35%	3.99%	0.0283	0.0719
	教育支出占比 +	19.78%	17.04%	0.0292	0.0457
	家庭恩格尔系数 −	38.81%	42.38%	0.0350	0.0434
	阅读情况 +	4.75 本	4.26 本	0.0392	0.0655
	家庭收入 +	19.89 万元	12.50 万元	0.0565	0.0371

7.3.1 浙江省地级市城乡发展对比分析

为了进一步分析浙江省城乡发展差异，本书首先对浙江省地级市城乡发展进行对比分析。其中，浙东的舟山由于调研区域只涉及普陀区，不具有覆盖性，因此在市级尺度未将其考虑在内。结果如表 7 - 4 所示，在市级尺度，城镇化综合指数排名依次是：杭州、嘉兴、宁波、绍兴、湖州、温州、金华、衢州、台州、丽水。乡村发展综合指数排名依次是：杭州、湖州、宁波、嘉兴、绍兴、温州、金华、台州、衢州、丽水。城镇化和乡村发展的耦合协调度排名依次为：杭州、宁波、嘉兴、湖州、绍兴、温州、金华、台州、衢州、丽水。总体上，浙北的杭州、嘉兴、湖州，浙东的宁波、绍兴，无论是城镇化还是乡村发展指数均位于前列。分系统来看，城镇生态宜居最好的是宁波，乡村生态宜居排名第一的是湖州；城镇公共服务排名第一的是宁波，乡村公共服务指数最高的是杭州，并且乡村公共服务地级市之间差距较大；基层治理方面差距也较大，杭州的城镇基层治理遥遥领先，乡村基层治理排名第一的是湖州，这离不开湖州市大力实施数字乡村战略，积极开展全域数字化治理试验区建设，依托"数字乡村一张图"，进一步丰富、优化基层办事、服务、管理等功能，促进了基层治理高效透明。在生活质量方面杭州的城镇生活质量和乡村生活质量均位列第一。由此可见，浙江省地级市城镇化与乡村发展均存在区域不均衡现象，由东到西呈明显的梯度变化，尤其是公共服务、基层治理方面表现得尤为明显。

表 7 - 4　　　　　　　　浙江省地级市城乡发展对比

地级市	生态宜居		公共服务		基层治理		生活质量		综合指数		耦合协调度
	城镇	乡村	城镇	乡村	城镇	乡村	城镇	乡村	城镇	乡村	
杭州	0.7951	0.7458	0.6829	0.9161	0.9096	0.6200	0.8910	0.6180	0.8141	0.7322	0.8787
绍兴	0.7456	0.7479	0.5965	0.4396	0.5625	0.6277	0.5726	0.3668	0.6214	0.5243	0.7555
湖州	0.5156	0.8745	0.5200	0.7556	0.5563	0.8944	0.4199	0.4168	0.5774	0.7065	0.7621
嘉兴	0.8147	0.5991	0.6823	0.5925	0.7234	0.6982	0.8155	0.5766	0.7582	0.6085	0.8241
金华	0.4284	0.4160	0.3912	0.2652	0.4673	0.2752	0.4908	0.4280	0.4539	0.3456	0.6226
丽水	0.3650	0.2283	0.2415	0.1086	0.2885	0.1591	0.2327	0.1346	0.2764	0.1574	0.4567
宁波	0.8404	0.8037	0.8121	0.7254	0.6221	0.5412	0.6143	0.5236	0.6971	0.6764	0.8286
衢州	0.5117	0.4723	0.3344	0.3141	0.3170	0.1033	0.4660	0.1240	0.4349	0.2661	0.5895
温州	0.3938	0.3156	0.4916	0.4324	0.4721	0.4098	0.5337	0.3462	0.4846	0.3748	0.6528
台州	0.3557	0.2278	0.4955	0.4280	0.3694	0.3312	0.4243	0.2354	0.4132	0.3052	0.5958

7.3.2　浙江省分区域城乡发展差异

本书以 51 个县域为基本空间单元，将浙江省城乡发展总体差异分解为浙东、浙北、浙南和浙西南间的差异以及分区域内各县域之间的差异（见表 7 - 5）。结果可以发现，浙江省乡村发展、城镇化发展以及城乡耦合协调度差异均主要来源于浙江省分区域内的发展差异。其中乡村发展的区域内差异贡献率最大，达到 84.77%。组内差异主要是浙西南的乡村发展差异贡献最大，达到 36.75%。浙东县域乡村发展差异的贡献最小。城镇化发展的组内差异贡献率占到 79.77%，其中浙南的城镇化发展差异的贡献最大，占到 37.12%，浙东和浙北的县域城镇化发展差异贡献率均比较小。乡村发展与城镇化的耦合协调度分区域内差异贡献率达到 78.98%，其中浙西南的城乡耦合协调度差异贡献最大，达到 34.45%，浙东的内部差异贡献率仅占 4.59%。

总体上，浙东、浙北、浙南和浙西南分区域间差异不大，浙江省城乡发展的总体差异八成左右来自分区域内部差异，其中又有六成来源于浙西南和浙南的内部差异。表明浙西南和浙南城乡发展不平衡问题较为突出，尤其是县域间乡村发展与城镇化发展差异较大。浙东区域城乡发展及城乡耦合差异均最小且最为稳定，浙北的县域城镇化发展差异较小。

表7-5　　　　　浙江省城镇化与乡村发展泰尔指数及其分解

指标	浙江省泰尔指数	浙北		浙东		浙南		浙西南		组间差异	
		泰尔指数	贡献率（%）	泰尔指数	贡献率（%）	泰尔指数	贡献率（%）	泰尔指数	贡献率（%）	泰尔指数	贡献率（%）
乡村发展	0.0307	0.0143	16.17	0.0066	7.51	0.0215	24.34	0.0325	36.75	0.0135	15.23
城镇化	0.0296	0.0042	5.68	0.0036	4.85	0.0275	37.12	0.0238	32.11	0.0150	20.23
城乡耦合协调度	0.0075	0.0019	10.10	0.0009	4.59	0.0055	29.84	0.0064	34.45	0.0039	21.02

7.3.3　浙江省县域城乡耦合协调度空间分异

先通过熵值法计算出县域城镇化与乡村发展指数，再根据耦合协调度模型计算出浙江省乡村发展与县域城镇化的耦合协调度 D，按照其对应的协调等级进行空间可视化，以反映浙江省县域城乡耦合协调度的发展差异特征（见表7-6）。根据熵值法计算出城镇化与乡村发展指数，将其分为四个等级：缓慢发展阶段（0.001~0.300）、加快发展阶段（0.301~0.500）、优质发展阶段（0.501~0.700）和示范引领阶段（0.701~1.000）。在被调研区域中乡村发展指数排名前三的是：浙江省湖州市安吉县（0.7302），浙江省嘉兴市南湖区（0.7212），浙江省杭州市西湖区（0.7132），均属于乡村振兴示范引领区域。其次处于优质发展阶段的是浙江省杭州市富阳区、萧山区，浙江省宁波市慈溪市、鄞州区、北仑区以及温州市龙湾区。处于缓慢发展阶段的主要分布在丽水市的龙泉市、景宁畲族自治县和缙云县。被调研的大部分县域乡村发展还是处在优质发展和加快发展阶段，浙东和浙北调研区域中大部分处于优质发展及以上阶段。被调研区域中县域城镇化发展最好的是浙江省杭州市萧山区（0.7171）、西湖区（0.7129），浙东和浙北大部分区域处于优质发展阶段。丽水市的庆元县、景宁畲族自治县以及台州市的仙居县、温州市的永嘉县城镇化发展还处于缓慢发展阶段，除了温州的瓯海区处于优质发展阶段，被调研的浙南和浙西南区域基本上处于加快发展阶段。

表 7 - 6　　　　　　　　浙江省县域城乡发展及其差异对比

被调研县域	乡村发展	县域城镇化	耦合协调度	城乡差异	被调研县域	乡村发展	县域城镇化	耦合协调度	城乡差异
西湖区	0.7132	0.7129	0.8444	-0.0003	温岭市	0.5368	0.5252	0.7287	-0.0116
萧山区	0.6993	0.7171	0.8415	0.0178	柯城区	0.5617	0.5009	0.7283	-0.0608
安吉县	0.7302	0.6561	0.8320	-0.0741	苍南县	0.4887	0.5523	0.7208	0.0636
慈溪市	0.6611	0.6677	0.8151	0.0066	嵊州市	0.4771	0.5584	0.7184	0.0813
南湖区	0.7212	0.5978	0.8103	-0.1234	义乌市	0.5486	0.4713	0.7131	-0.0773
富阳区	0.6275	0.6833	0.8092	0.0559	淳安县	0.4803	0.5371	0.7127	0.0568
北仑区	0.6937	0.6065	0.8054	-0.0873	长兴县	0.4517	0.5616	0.7097	0.1099
龙湾区	0.6952	0.5803	0.7970	-0.1149	天台县	0.4562	0.5534	0.7088	0.0972
桐乡市	0.5908	0.6115	0.7753	0.0207	乐清市	0.5009	0.4929	0.7049	-0.0080
余姚市	0.5894	0.6125	0.7751	0.0231	新昌县	0.4892	0.4914	0.7002	0.0022
瓯海区	0.5511	0.6507	0.7739	0.0996	平阳县	0.5164	0.4410	0.6908	-0.0754
诸暨市	0.5762	0.6215	0.7736	0.0453	龙游县	0.4362	0.4609	0.6696	0.0247
海盐县	0.5924	0.6018	0.7727	0.0094	永康市	0.3730	0.5200	0.6636	0.1470
奉化区	0.5180	0.6751	0.7690	0.1571	江山市	0.3851	0.4952	0.6608	0.1101
鄞州区	0.6306	0.5542	0.7689	-0.0764	三门县	0.5022	0.3592	0.6517	-0.1430
上虞区	0.5297	0.6351	0.7616	0.1055	龙港市	0.3807	0.4102	0.6286	0.0295
柯桥区	0.5475	0.6098	0.7601	0.0623	遂昌县	0.3699	0.3809	0.6127	0.0110
路桥区	0.5672	0.5768	0.7563	0.0096	浦江县	0.3110	0.4454	0.6101	0.1344
普陀区	0.5537	0.5830	0.7538	0.0293	青田县	0.3267	0.3091	0.5637	-0.0176
海宁市	0.5494	0.5746	0.7496	0.0252	缙云县	0.2913	0.3420	0.5618	0.0507
东阳市	0.5222	0.5689	0.7383	0.0467	庆元县	0.3419	0.2912	0.5617	-0.0508
瑞安市	0.5340	0.5516	0.7367	0.0177	龙泉市	0.2903	0.3394	0.5603	0.0491
余杭区	0.4688	0.6251	0.7358	0.1563	永嘉县	0.3261	0.2963	0.5575	-0.0297
椒江区	0.5564	0.5200	0.7334	-0.0363	仙居县	0.3479	0.1938	0.5096	-0.1541
南浔区	0.5031	0.5678	0.7311	0.0648	景宁畲族自治县	0.2200	0.2724	0.4948	0.0524
黄岩区	0.6308	0.4494	0.7297	-0.1814					

注：表中按照城乡耦合协调度由高到低排序，城乡差异由县域城镇化指数减去乡村发展指数所得。

除此之外，从表7-6城乡发展中可以看出浙东和浙北部分区域乡村发展指数和城镇化发展指数均很高，由表7-6乡村发展与城镇化耦合协调度可知乡村发展与城镇化耦合协调度最高的是杭州市西湖区（0.8444），其次是杭州市萧山区（0.8415），湖州市安吉县（0.8320）。杭州市富阳区、嘉兴市南湖区及宁波市慈溪市、北仑区城乡耦合协调均处于优质协调阶段，浙东和浙北其余被调研区域的乡村发展与城镇化耦合协调度均处于良好协调阶段。台州的黄岩区、椒江区、路桥区、温岭市，温州的乐清市、龙湾、瓯海区、瑞安市、苍南县，金华的义乌市、东阳市以及衢州的柯城区城乡耦合协调度均处于良好协调阶段。浙西南被调研县域基本上处于初级协调阶段。除此之外，被调研的大部分区域在亚类型划分上还是处于城乡协调发展阶段，即乡村发展与城镇化发展指数差值绝对值小于0.1。湖州市的长兴县，杭州市的余杭区，绍兴市的上虞区，宁波市的奉化区，金华市的浦江县、永康市，衢州市的江山市均是乡村发展较城镇化发展相对滞后。而嘉兴市的南湖区，台州市的仙居县、黄岩区、三门县，温州市的龙湾区均是城镇化较乡村发展相对滞后。

对各分系统的城乡耦合协调度进行了测度，并且根据耦合协调类型及对应耦合模式的分类，对不同系统下不同县域的发展特征汇总归纳得到了表7-7。

表7-7　　乡村发展与城镇化分系统的耦合特征及典型县域的经验启示

发展系统	耦合类型	亚类型	典型县域	发展特征	耦合模式
生态宜居	优质协调	协调发展	余杭区、余姚市、海盐县、上虞区、萧山区	分布在浙东和浙北，依托乡村特色山水林田湖资源禀赋，发展特色休闲农业、观光旅游及相关的餐饮、住宿等服务业，壮大集体经济，为生态宜居乡村建设提供资金保障	城乡融合共生式耦合
	中级协调	城镇先行、城镇领先	永嘉县、青田县、缙云县、庆元县、景宁畲族自治县	集中在浙西南发展较为落后的县市，城乡发展不平衡问题较为突出，尤其是乡村生态优势还未转化为产业优势。这些地区乡村还处于传统农业发展阶段，可以依托种植业，打造特色农产品品牌，形成一批农产品深加工企业，带动村集体增收	城乡依托吸收互动式耦合

续表

发展系统	耦合类型	亚类型	典型县域	发展特征	耦合模式
公共服务	优质协调	协调发展	安吉县、长兴县、瑞安市、萧山区、龙湾区	分布在浙北，城镇化进程加快的同时，要积极推进农民市民化、农村集体资产股份化、城乡公共服务均等化、农村管理社区化等各项配套改革	城乡融合共生式耦合
	中级协调	城镇先行、城镇领先	诸暨市、遂昌县、江山市、柯城区	集中在浙西南，县域城镇公共服务发展取得一定的进展，但是乡村公共服务发展相对较为落后，这导致更多的农民进城，要进一步维护进城就业农民的合法权益，加快城乡包容一体化发展，让农民也享受同质同量的公共服务	城乡依托吸收互动式耦合
基层治理	优质协调	协调发展	安吉县、海盐县、诸暨市、萧山区、普陀区	分布在浙东和浙北，乡贤参与乡村治理在浙江有其深厚的历史文化渊源，乡贤治村模式可以有效应对当前乡村治理主体单一、乡村自治流于形式、村"两委"与民众疏离感增强和乡村精神文明信仰体系凋敝等错综复杂的现实问题	城乡融合共生式耦合
	良好协调	城镇先行、城镇领先	长兴县、余杭区、慈溪市、上虞区、嵊州市、奉化区、北仑区	主要集中在浙东，以"四个平台"为载体浙东地区不断完善县级部门与乡镇（街道）之间的职责重构、资源重配、体系重整等，城镇基层治理得到很大的改善，但是乡村治理相对城镇还有待提高，主要体现在信息化手段方面还需要加强，多部门、多层级处理机制的运作，少不了信息数据作支撑	城乡非对称互惠式耦合
生活质量	优质协调	协调发展	萧山区	依托大杭州城市化发展的优势，全力推进城乡一体化发展，实施城乡产业分工一体化、城乡居住一体化、城乡就业一体化等，以城促乡保障了农村的生活环境和生活品质都有了很大的改善和提高，城乡融合的速度越来越快	城乡融合共生式耦合

续表

发展系统	耦合类型	亚类型	典型县域	发展特征	耦合模式
生活质量	良好协调	城镇先行、城镇领先	富阳区、诸暨市、鄞州区、慈溪市、北仑区	主要集中在浙东地区，尤其是宁波县市特色产业集群不断发展壮大，县域中心不断集聚。县域城镇化发展势头迅猛，卫星城、中心镇和特色小镇成为宁波推进城乡一体化发展的重要抓手，但乡村发展还相对滞后	城乡非对称互惠式耦合
	初级协调	乡村先行	江山市、龙游县、龙泉市、缙云县、永嘉县	主要分布在浙西南地区，城镇居民在经济指标上可能略高于乡村，但是近些年来随着民众素质的提高越来越意识到文化教育的重要性，尤其是在乡村娱乐活动较少的落后地区，更多人宁愿将家庭开支用于教育和日常生活，对知识的渴求一定程度上会比城镇居民更强	城乡依托吸收并立式耦合

生态宜居的城乡耦合协调度发展态势最好，被调研区域基本上处于初级协调及以上阶段，余杭区、余姚市、海盐县、上虞区、萧山区处于城乡生态宜居优质协调阶段，主要分布在浙东和浙北，依托乡村特色山水林田湖资源禀赋等的城乡融合共生式耦合（孔祥智和卢洋啸，2019）。城镇先行、城镇领先的集中在浙西南发展较为落后的县市，城乡发展不平衡问题较为突出，尤其是乡村生态优势还未转化为产业优势，以城乡依托吸收互动式耦合为主要发展模式。城乡公共服务层面，处于优质协调阶段的区域主要分布在安吉县、长兴县、瑞安市、萧山区、龙湾区，主要分布在浙北，以城乡融合共生式耦合为发展模式。从亚类型看，城乡公共服务差异主要体现在乡村公共服务发展滞后于城镇公共服务发展。城乡基层治理层面，浙东和浙北被调研区域均处于良好协调及以上阶段，其中城乡基层治理优质协调区域主要分布在安吉县、海盐县、诸暨市、萧山区、普陀区，乡贤参与乡村治理在浙东、浙北有其深厚的历史文化渊源，乡贤治村模式可以有效应对当前乡村治理主体单一等问题。良好协调区域主要集中在长兴县、余杭区、慈溪市、上虞区、嵊州市、奉化区、北仑区，以城乡非对称互惠式耦合模式为主。亚类型反映

出城乡基层治理差异主要体现在乡村基层治理落后于城镇基层治理，尤其是浙东和浙北城乡基层治理协调度高的区域。

　　生活质量层面，杭州市的西湖区、萧山区和嘉兴市的南湖区处于优质协调阶段，说明这三个地区的城乡生活质量协调发展，其中西湖区和南湖区的城镇生活质量高于乡村生活质量。尤其是杭州的萧山区依托大杭州城市化发展的优势，全力推进城乡一体化发展，以城乡融合共生式耦合发展模式为主，城乡融合的速度越来越快。良好协调区域分布在富阳区、诸暨市、鄞州区、慈溪市、北仑区，以城乡非对称互惠式耦合为主。初级协调区域集中在浙西南的江山市、龙游县、龙泉市、缙云县、永嘉县，以城乡依托吸收并立式耦合为主要发展模式。处于良好协调阶段的调研区域大部分是城镇生活质量高于乡村生活质量或城乡生活质量均等化，处于初级协调阶段的 11 个县域里近一半是乡村生活质量高于城镇生活质量。这主要是由于生活质量里除了包含家庭收入、私家车数量这种反映经济状况的指标，还包含恩格尔系数、文娱教育支出以及阅读等反映生活水平和文化需求的指标，城镇居民在经济指标上可能略高于乡村，但是近些年来随着民众素质的提高越来越意识到文化教育的重要性，尤其是在乡村娱乐活动较少，更多的人宁愿将家庭开支用于教育和日常生活，对知识的渴求一定程度上会比城镇居民更强。

　　总体上，城镇化与乡村发展指数呈现"东北高、西南低"的空间格局。浙东和浙北大部分区域的城乡发展处于优质发展阶段，浙西南地区城乡发展大部分处于加快发展阶段。乡村发展与城镇化耦合协调度最高的是杭州市西湖区、萧山区和湖州市安吉县。被调研的大部分区域乡村发展与城镇化发展指数差值绝对值小于 0.1。分系统来看，生态宜居的城乡耦合协调度发展态势最好，被调研区域基本上处于初级协调及以上阶段。基层治理、公共服务差异主要表现出城镇先行或城镇领先，尤其是浙东和浙北城乡耦合协调度高的区域。生活质量方面处于良好协调阶段的调研区域大部分上是城镇生活质量高于乡村生活质量或城乡生活质量均等化，处于初级协调阶段的 11 个县域里近一半是乡村生活质量高于城镇生活质量。

7.4 城乡耦合模式及实现路径探讨

7.4.1 城乡耦合模式分析

（1）城乡独立并行式耦合。

城乡独立并行式耦合通常发生在城乡耦合的初级协调阶段，适用于发展相对落后的浙西南部分地区。这些地区城市与乡村如同两条平行线，各自独立运行，城乡互动较少。表现在：首先，乡村经济具有自主性，以农业生产为主。这类城乡关系下的乡村主要以自给自足的传统小农经济为主，乡村发展还是以服务农民自身的生活保障为目的，以农民增收为首要目标。农业生产有自主发展空间，农民可以根据自身需求安排农业生产以及农产品的去向。其次，城乡空间界限还很清晰、城乡互动性还不强。这主要是由于城乡交通便利性不强导致的，城乡之间还存在地理上的隔阂。尤其是偏远落后的山区农村，与城市互动较难，因此完善乡村基础设施建设是这类城乡关系的首要目标。最后，城乡治理思路不同，城市治理主要是在工商业发展的基础上，以维持商业社会的秩序为主，以为城市居民提供配套生活服务为义务（杜姣，2020）。而乡村治理是建立在农业生产体系的基础上，还是以为农民提供农业生产相关的配套为主，然后是农民生活秩序。

（2）城乡偏利交互式耦合。

在城乡偏利交互式耦合类型中，城乡关系是从并行关系向互惠共生关系转化的中间类型，依托吸收式是此时城乡关系的主要表现形式。首先，乡村依托城市发展，乡村主要以服务于城市的经济社会发展为主。这种情况下的农业以满足城市居民的消费需求为主，扮演"粮袋子""菜篮子"的保障性角色。这种情况下的农民种植农作物主要是依据市场行情决定，政府意志在乡村农业发展中扮演着重要角色，表现为都市农业型。其次，乡村地域系统发挥城市休闲性的作用，主要是满足城市居民的休闲娱乐、观光旅游等业余需求。此时的乡村空间也带有一定的行政规划性，不同于城市的钢铁水泥塑造，乡村以自然景观和生态休憩空间吸引人。最后，乡村治理方面也还是以城市的意志为转移，这种类型下的城乡还处于非对称关系，城乡地位还不平等，即乡村治理主要围绕城市对乡村的需求展开，高度嵌入于城市的需求体系之中。这种城乡关系适用于大都市农村地区，比如杭州、宁波这些省会、副省级城市，农村地区发展空间有限，主要以都市农业、城市后花园的形式发展。

（3）城乡对称互惠式耦合。

城乡对称互惠式耦合说明城乡关系逐渐走向平等与对称，无论是城市居民还是乡村居民均享有与其相关的同等的组织资源，城乡地位发生了变化，乡村不再是过去依附城市而生存，也不仅仅是发展其自主经济，与城市的互动性也逐渐增强。表现在：一是城乡要素的双向自由流动，城乡合理配置公共资源、平等地交换要素，乡村居民也逐渐享受与城市居民同等的公共服务和权益。二是城乡功能分工明确，城市与农村在保留各自特色的基础上实现功能分工与互补，城市的功能主要是创造集聚效应、规模效应和空间效益，这些都是带动农村发展的动力与基础。农村主要是利用广大腹地的地域优势等发展绿色生态农业，利用不同于城市的自然资源优势吸引广大游客，扩大城市消费市场、延续乡村生态宜居空间。三是产业优势互补，城乡两个空间实体应该形成优势互补、互为支撑的格局，将各自的优势产业有机结合，推动一二三产业融合，实现城乡要素、产品的一体化发展。尤其适用于有地方特色的农村地区，应该利用其资源禀赋发挥自身的比较优势，再加上政府的适度引导，吸引城市更多的资本、人才、资源等要素投入到农村地区的建设中来。

（4）城乡融合共生式耦合。

"城乡融合"是相对"城乡分割"而言，城乡融合共生式关系背景下的城乡之间壁垒逐渐被打破、城乡要素互通有无、城乡差距日益缩小，乡村逐渐发展成为城市带的一部分，已经具备城市部分功能。表现为：首先，城乡经济趋于同步发展，乡村经济中的非农成分占比越来越大、逐渐趋向于城市的工商化，乡村经济活动也开始具有城市的对外开放性，与城市经济形态的差异逐渐缩小。其次，打破城乡壁垒，城乡之间的界限越来越模糊。乡村空间逐渐承接城市空间扩张带来的生产、生活要素等，开始具备城市的各项功能，形成以非农经济为主体、现代化生活娱乐休闲为一体的综合性空间。最后，包容一体化发展，无论是浙东、浙南还是浙北都应该形成以城市群为主、大中小城市和小城镇协调发展的一体化局面，增强城镇对乡村的带动性，除了本地乡村居民就地就能享受与城市居民同等的配套设施外，对于农业转移人口也要享有与当地城市居民同质的公共服务、社会保障等，促进城乡包容一体化发展（年猛，2020）。

7.4.2 城乡统筹协调的实现路径

（1）治理融合，乡村善治。城市作为国家治理体系的基础，乡村治理反而成为城市的"附庸"，城乡治理正是因为缺少联系，带来农村地区基础设施、基本公共服务落后、发展底子薄弱的局面。城乡治理主要以"共建共治共享"为理念让城乡居民共同参与到社会建设中来，使得城乡居民具有同等权利共享治理成果，一改过去城乡分治的局面。乡村善治的关键是构建合理的城乡空间治理体系，这也是乡村振兴的要义（卓玛草，2019）。乡村振兴中的"治理有效"要求乡村治理结构要形成自下而上的村民集体制度，乡村建设力量主要体现在内部，在自我组织内部构建社会网络结构，最终这种高质量发展的"治理有效"可以促进乡村可持续发展。

（2）空间融合，共享发展。城市与乡村要在保留各自特色的基础上实现功能延伸、分工与互补，尤其是城市基础设施的延伸，城市的公共交通可以向农村地区进行延伸，通信、供水供电等市政设施应向农村地区布局，最终形成城乡基础设施合理布局的局面，农村居民也能享受城市同等的公共服务、基础设施等便利的权益。共享发展主要体现在社会民生事业方面，政府公共财政不仅要包含城市，还要覆盖农村范围。尤其是财政支农方面要保持稳定增长，最终目的是实现城乡公共教育资源、医疗卫生资源公共服务供给等均等化。还要因地制宜，创新农村公共服务供给，保证农民需求和公共服务能够相匹配。

（3）生态融合，绿色发展。现代农业与传统农业的不同之处就在于以可持续发展为目标，以"绿水青山就是金山银山"为发展理念，以高效、循环再利用资源为核心，以"减量化、再利用和资源化"为原则，将农业发展与生态绿化相结合，拓展农业绿色资源、农村生态宜居功能，培育生态农业、观光农业等农业新业态，实现农业生产、生态和生活多重目标的统一。生态融合，主要体现在城乡生态功能分工，农村地区主要为城市提供生态产品供给，发挥生态宜居功能以吸引城市居民换个环境缓解压力，通过建立健全生态补偿机制来体现农村生态价值。

（4）乡风文明，生活富裕。乡风文明的重点是促进乡村文化振兴，在社会主义核心价值观的引领下加快推进农业农村现代化，落脚点在于"人"的现代化，是以人民为中心。在物质文明得到满足的同时建设精神文明，关键在于激发农民的发展动力、培育农民的主体自觉性、增强农村的内在活力，让广大农民在乡风文明建设中更加有一种主体认同感，有更多的获得感、幸福感和安全感。"生活富裕"针对农民的就业情况进行提升，发掘农业创收。同时还探寻国家收入总方针向"三农"方面投入的方法，实现城乡共同富裕的目标。

浙江省城乡耦合模式的典型区域、特点及实现路径如表 7 - 8 所示。

表 7 - 8　　　　　　浙江省城乡耦合模式的典型区域、特点及实现路径

项目	山区模式	大都市模式	安吉模式	萧山模式
典型区域	浙西南部分地区	杭州、宁波等大都市	浙江湖州安吉市	杭州市萧山区
城乡关系	城乡独立并行式	城乡偏利交互式	城乡对称互惠式	城乡融合共生式
模式特点	城乡空间界限还很清晰、城乡互动性不强。偏远落后的山区农村由于城乡交通便利性不强，城乡之间还存在地理上的隔阂，城乡各自平行发展，乡村自主性较强	乡村依托城市发展，这种城乡关系适用于大都市农村地区，比如杭州、宁波这些省会、副省级城市，农村地区发展空间有限，主要以都市农业、城市后花园的形式发展	以生态立县，尤其适用于有地方特色的农村地区，利用生态优势推动三产融合；再加上政府的适度引导，吸引城市更多的资本、人才、资源等要素投入到农村地区的建设中来	城乡之间壁垒逐渐被打破，乡村已成为城市带的一部分。城乡在基础设施、社会保障、医疗卫生、文化教育等资源配置方面逐步趋于均衡化、公平化，让农村居民享受城市居民等值的生活质量

项目	山区模式	大都市模式	安吉模式	萧山模式
实现路径	治理融合，以"共建共治共享"为理念让城乡居民共同参与、共享成果	空间融合，城乡在保留各自特色的基础上实现功能延伸、分工与互补，共享发展	生态融合，乡村为城市提供生态供给功能，缓解城市压力，以绿色发展为核心要义	文化融合，激发农民的发展动力、主体自觉性、内在活力，实现物质文明、精神文明共同发展

7.5　本章小结

以浙江省2020年城乡居民家庭作为调研对象，从生态宜居、公共服务、基层治理以及生活质量四个方面构建乡村发展与城镇化指标体系，运用熵值法、耦合协调度模型、泰尔指数等方法，总结浙江省不同县市的城乡发展经验和问题，探索城乡耦合模式及实现路径，研究结论如下所述。

（1）基于浙江省不同空间尺度的城乡发展，在地级市层面，浙江省地级市城镇化与乡村发展均存在区域不均衡现象，由东到西呈现明显的梯度变化，尤其是公共服务、基层治理方面表现得尤为明显。分区域层面来看，浙东、浙北、浙南和浙西南分区域间差异不大，浙江省城乡发展的总体差异八成左右来自分区域内部差异，其中又有六成来源于浙西南和浙南的内部差异。在县域层面，城镇化与乡村发展指数呈现"东北高、西南低"的空间格局。被调研的大部分区域乡村发展与城镇化发展指数差值绝对值小于0.1。分系统来看，生态宜居的城乡耦合协调度发展态势最好，被调研区域基本上处于良好协调及以上阶段。基层治理、公共服务差异主要表现出城镇先行或城镇领先，尤其是浙东和浙北城乡耦合协调度高的区域。生活质量方面，处于协调度高的区域大部分是城镇生活质量高于乡村或城乡生活质量均等化，协调度低的县域里近一半是乡村先行。

（2）基于浙江省城乡耦合协调度的分析，总结出四种城乡耦合模式，一是城乡独立并行式耦合，城市和乡村处于一种并行发展状态，且各自具有相对独立的存续和发展逻辑。表现为乡村经济的自主性、城乡空间界限的清晰性、乡村治理逻辑的独立性。二是城乡偏利交互式耦合，城乡关系是从并行关系向互惠共生关系转化的中间类型，依托吸收式是此时城乡关系的主要表现形式。通常表现为都市农业性、城市休闲性、城市嵌入性。三是城乡对称互惠式耦合，表现为要素的双向流动，城乡功能合理分工，城乡产业形成优势互补、互为支撑的新格局。四是城乡融合共生式耦合，表现为城乡经济的趋同性、打破城乡壁垒和包容一体化发展。基于城乡耦合模式分析和四个分系统层面，总结出治理融合、乡村善治，空间融合、共享发展，生态融合、绿色发展，乡风文明、生活富裕的实现路径。

对浙江县域城乡耦合特征及典型县域的经验启示，主要体现在城乡耦合模式的区域差异成为明确乡村振兴战略目标定位的关键因素。这意味着中国当下的乡村振兴战略需要因地制宜地实施，而不存在一个标准的实施路径模板。如浙江所示，出现了以杭州萧山为代表的城乡融合共生式耦合，以湖州安吉为代表的城乡对称互惠式耦合，以及以浙西南部分山区为代表的城乡独立并行式耦合等多种城乡关系耦合类型。第一，以城乡独立并行式耦合类型为主导的区域，适用于经济发展相对落后的偏远山区，城镇与乡村的空间界限还很明显，乡村保持着经济自主性，乡村振兴的目标主要针对农民自身的需求，乡村治理、乡村发展均体现出明显的农村功能定位，以农民增收为首要目标。第二，以城乡偏利交互式耦合类型为主导的区域，乡村依托城市发展，表现为都市农业型的乡村定位，多适用于大都市农村地区，比如杭州、宁波这些省会、副省级城市，农村地区发展空间有限，乡村振兴的目标主要以都市农业、城市后花园等形式满足城市相关需求发展。第三，以城乡对称互惠式耦合类型为主导的区域，乡村具有自身的生态资源优势，多适用于具有地方特色的农村地区。乡村振兴的目标在于吸引社会资本更多地参与到该地区建设发展特色产业，走出一条有鲜明特色的社会主义新农村建设道路，农民可以不离开自己的故土，做到安居乐业，丰衣足食，生活在清新的自然风光中，享受着城市的现代文明。第四，以城乡融合共生式耦合类型为主导的区域，城乡界限逐渐模糊，乡村已经具备城市的许多功能属性，俨然成为城市带延伸的一部分。乡村振兴的目标应该是实现城乡在基础设施、社会保障、医疗卫生、文化教育等资源配置方面趋于一体化，让农村居民享受城市居民等值的生活质量。需要说明的是，有些地区的城乡关系未必能与以上某一种模式完全对应，有可能存在交叉融合的模式或者未包含在内的，因此具体的乡村振兴路径应该根据当地实际发展情况再结合典型地区的发展模式，因地制宜地制定具体路径。

第8章　乡村振兴与新型城镇化战略耦合的推进机制及政策启示

基于前文从省级尺度描述乡村振兴与新型城镇化耦合协调的空间格局特征、从地级市尺度探讨乡村振兴与新型城镇化耦合协调带来的效应结果、以长三角案例区及浙江省调查研究得出典型模式与实现路径，本章围绕整个理论体系与逻辑框架，进一步从不同主体、不同尺度以及长三角地区城乡耦合的经验与示范效应，探析乡村振兴与新型城镇化战略耦合的推进机制，为全国不同层级，城乡不同发展现状推进乡村振兴与新型城镇化的战略耦合提供理论依据与实践经验。

8.1　不同主体推进机制的分工

乡村振兴与新型城镇化的战略耦合是一个复杂的推进过程，需要多主体共同参与。在这个推进过程中，不同的主体扮演的角色是不同的，需要遵循不同的作用路径。因此，在推进乡村振兴与新型城镇化战略耦合的过程中，首先对政府、企业、农民及社会相关组织扮演的角色要有清晰的认识，其次对不同参与主体做出针对性的制度安排。因此，本书从政府、农民、社会力量三个不同主体出发，进行推进机制的总结。

8.1.1　政府的主导角色

政府在乡村振兴与新型城镇化战略耦合推进过程中扮演着主导者的角色，

主要体现如下：一是作为乡村振兴与新型城镇化战略的主导者，政府制定了战略相关的政策、方针等宏观层面的措施，即乡村振兴与新型城镇化战略耦合的大方向上离不开政府的指导，这是由中国国情和城乡发展特点所决定的。二是政府在乡村振兴与新型城镇化战略内容中扮演着公共产品供给者角色，通过投入基础设施、公共服务建设等为农村发展环境的改善及吸引社会力量的参与创造条件。农村道路建设、水电等基础设施项目以及农村教育、医疗、社会保障等公共事业建设项目，都是以政府投入为主。而新型城镇化战略不仅要求政府提供公共产品，还要求政府在城乡规划方面发挥作用，提供高水平、均等化、广覆盖的高质量公共服务，提高管理和服务智能，成为"服务 + 管理"型双合体的政府。三是乡村振兴与新型城镇化战略规划实施的组织者，从战略规划的制定到组织实施再到过程监督最后到效果评估，都是以政府作为组织者参与其中。除此之外，作为制度环境的供给者和战略活动的监督者，政府还要承担推动农民主体积极参与、监督社会机构合理参与的责任，推动农民主体及社会力量积极参与，以有效提升乡村振兴与新型城镇化战略耦合的效应。

8.1.2　农民的主体角色

农民作为乡村振兴与新型城镇化战略耦合的主体角色，主体性地位体现如下：首先，农民作为乡村振兴的直接受益者，是乡村振兴与新型城镇化战略的需求主体，是亲身体验农村发展状况的经历者，真正能体会到农村发展中的不足与改进之处。怎样落实乡村振兴与新型城镇化战略，应当充分尊重农民主体的需求意愿，确保农民求助有门、投诉有道，充分保障农民的主体性地位。其次，农民作为乡村振兴与新型城镇化的建设主体，应当坚持"以人为本"的核心理念保证广大人民群众最根本的利益，尤其是农民工进城就业，农村转移人口的社会保障、住房、医疗、教育等方面的改革，要走以人为本的新型城镇化道路。除此之外，乡村振兴方面也要通过对农民提供创业服务、创业培训、创业指导、政策咨询、小额贷款等一站式服务，吸引人才回乡实现农民就地创业，以创业带动就业，振兴乡村。最后，农民的主体性地位还体现在要引导农民正确理解乡村振兴与新型城镇化两大战略的实质，尤其是与农民自身利益、与农村发展密切相关的方针政策，真正提高农民的真实福利水平。

农民的主体地位不单单体现在农业劳动生产力的提升上，这是农民最基础的能力，还要提升农民兼业能力，主要体现在随着城乡互动性越来越强后，农民外出打工的机会增加，大批劳动力从农村向城市迁移，这些都是在推进乡村振兴与新型城镇化战略中需要考虑的问题。因此，外部反哺力量的发挥就是要建立在尊重农民主体地位的基础上，依据当地农村发展历程、环境以及趋势等，结合本地区的资源禀赋、政策背景、市场环境等外部因素，为农业增产、农民增收、农村更高质量发展创造良好的条件，将农民主观能动性与外部推动力相结合，更好地实施两大战略。

8.1.3　社会力量的参与角色

乡村振兴与新型城镇化战略耦合的推进不仅是政府、农民的事，还是整个社会的共同事业，社会力量的参与体现如下：一是通过在农村开展相关商业活动来激励农业相关产业发展，目的是提高农民的生产力、壮大农村的经济实力；二是社会力量中企业不仅为农民提供就业岗位、解决农村剩余劳动力就业的问题，还可以拓宽农民增收渠道、增加农民的工资性收入、提高农民的兼业能力；三是研发机构为农业生产提供更先进的农业生产技术，更高效的农业生产资料；四是金融机构为农业规模化生产提供小额贷款，为农村工业化推进以及农民其他就地创业活动提供更多的资金支持。

龙头企业的带动在农业产业化中发挥了重要的作用，能够带动要素生产效率及农业增值能力的提升，这是农村生产力提高的关键。而农村非农产业的快速发展也能带动农民非农就业增加，带来农民增收，实现城乡共同富裕的目标。这些都需要农村发展的相关企业及社会机构等外部力量的推动，为乡村振兴与新型城镇化发展创造有利条件，促进外部力量反哺作用生效。尤其是在政策倾斜、行政引导、机制创新方面，需要引导社会介入探索相关政策倾斜的机制，通过资金捐助、项目开发、服务延伸等，在城乡产业融合、基础设施建设、社区管理、劳动力培训、社会保障等方面探索出一条社会各方力量参与的有效路径。

8.2　不同尺度推进机制的对比

8.2.1　省级尺度

（1）从省级尺度的研究结果来看，乡村振兴与新型城镇化的总体协调度呈现"东高西低"的分布特征，东部沿海地区基本上属于乡村振兴与新型城镇化中级协调及以上地区，东部沿海发达地区拥有中国最早一批对外开放的省份，受益于改革开放和政策倾斜，东部地区城镇化进程在改革开放后发展迅速，东部省份综合竞争力强、城乡体系健全完整，但是乡村振兴还是稍落后于新型城镇化进程。因此，东部发达省份更加需要重视对乡村的发展，继续发挥好核心区域优势辐射周围省份，带动周边地区的城镇化发展同时又做好乡村振兴示范区的工作，推进新型城镇化建设的同时提高城镇对乡村的辐射带动作用（徐维祥等，2020）。中西部省份的城乡产业协调、社会协调随着时间推移显著得到改善，城乡经济协调空间分异上两极分化现象严重，东西差距明显。因此，中西部省份要进一步整合城乡产业发展，促进乡村非农产业发展。依托当地的资源禀赋、资金、技术、劳动力等优势发展乡村特色产业，因地制宜地整合城乡产业。从城乡经济社会一体化发展的角度出发，为乡村居民提供更多的非农就业机会、增加收入来源渠道，为农民增收、提高乡村经济水平助力，在加快城镇化进程的同时缩小城乡经济差距，继续通过精准扶贫带动乡村经济增长，未来在农村绝对贫困消除的基础上要进一步解决相对贫困问题。

（2）乡村振兴与新型城镇化耦合协调度的动态演进是一个相对稳定持续的过程，短时间内难以实现跨越式的发展演进，城乡耦合协调度自身就比较低的省份对邻近省份会产生负向溢出效应，而自身耦合协调度较高的省份对邻近区域产生正向溢出效应。因此在不同的地理空间格局下，全国省份要加快落实区域协调发展战略，针对不同省份的资源禀赋及城乡发展阶段，要完善邻近省份间的区域政策、优化空间布局，发挥好邻近省份之间的区域协调和联动效应，扩大中心省份的核心辐射效应。对于城乡耦合协调度低的省份要积极响应区域协调政策，向耦合协调度高的省份学习，总结发展经验，结合自身资源禀赋探索适合自己的城乡发展路径。中部地区部分省份处于自身或者邻域向上的演进状态，自从"中部崛起"战略实施以来，中部地区的城乡协调发展已经取得一定的成效，但是"三农问题"仍然突出，要在乡村振兴战略实施进程中继续发展粮食生产基地的优势，加快推进粮食生产核心区的建设，把粮食安全和农业生产效益的提高作为发展重点。

（3）通过驱动机理分析发现，驱动因子对于不同地区的影响作用存在较大差异。东北地区要解决好乡村发展不平衡不充分的问题，乡村振兴的第一要义就要建立农民增收的长效机制，提高农业生产率、提升农业现代化水平，加大财政支农也是关键；西北地区要合理配置城乡固定资产投资比例，尤其是农村固定资产投资力度要进一步加大，改善农村基础设施建设，吸引更多的资本流向农村农业，合理配置城乡资本；西南地区农村发展落后、就业机会少造成了乡村人口大量流向城镇，人口驱动对耦合协调度变化的负向效应显著，因此西南地区尤其是具有地方特色的民族地区可以发展特色产业作为非农产业主导，通过农村一二三产业融合来创新农业新业态，带动乡村振兴与新型城镇化的耦合协调。除此之外，创新驱动对西南地区的负向效应也较大，西南地区需要提高创新水平，尤其是乡村科技创新的驱动力需要增强。此外，西部地区还要解决好农村贫困问题，尤其是连片特困区要精准扶贫、建立长效的减贫机制。

8.2.2　地级市尺度

从地级市尺度实证分析了乡村振兴与新型城镇化战略耦合带来的产业结构的优化效应、绿色低碳的生态效应、减贫增收的经济效应。因此，对于乡村振兴与新型城镇化战略耦合推进过程中如何实现这三个效应也需要进一步讨论。

（1）调整优化产业结构，实现合理化与高级化。

实现产业内部结构转型升级在推动乡村产业兴旺与产业城镇化进程中至关重要，要实现产业结构的合理化与高级化需要从调整产业内部结构入手，实现其结构的转型升级。首先，实现农业的现代化。根据实际需求做好农业的发展规划在农业现代化形成中至关重要，要依托区域资源优势发展特色农业产业，演变成"一城一品"的发展格局。以农业的规模化经营优势来带动农业产业带的形成，以农业现代化发展战略来助推农业生产提质增效，以农村基础设施建设的完善来为农业现代化的实现创造有利条件。其次，建设新型工业化。工业化作为新型城镇化发展的根本动力，可以说若没有工业化，整个城镇化的发展将会陷入停滞状态。工业园区的出现在工业化进程中不可避免，尤其是作为承接产业集聚、企业转移集中的载体至关重要。要发挥好中西部地区承接东部地区产业转移的作用，东部地区继续以高新技术产业发展为主。但是在节能减排的核心要求下，中西部地区也要守好红线，并非是承接高污染产业，而是要发展战略新兴产业，建立新兴工业体系保证每个地区的竞争优势。最后，发展专业性的服务业。中国的服务业虽然发展快但是专业性不强，总体上服务业从业人员的素质还不太高，呈现混乱性，此时就需要对服务业进行科学分类，统筹规划，促进生产性服务业与制造业分离，实现生产性服务业向专业性服务业的转变。因此，只有产业内部结构得到转型升级，才能够推动产业结构走向合理化和高级化，实现产业结构的优化效应。

（2）强化生态保护，走环保低碳的绿色发展之路。

乡村生态宜居是乡村的优势与财富，新型城镇化相比传统城镇化也在实现其战略转型，积极走出一条资源节约、集约高效、绿色低碳的城镇化之路。传统的城镇化发展之路是在牺牲环境、高消耗资源的代价上发展起来的，没有考虑生态环境的城镇化发展模式过于激进无法长久维持，生态文明的基本要义是要保证城镇化的发展和建设质量，走高质量的城镇化发展之路。新型城镇化发展道路要从以下两个方面扭转过去传统的运行模式：一方面，在城乡建设中融入生态文明理念，日常形成绿色生产、生活和消费方式，对于高污染、高能耗的产业要严格控制。城镇方面对于废旧商品回收、固体废弃物循环利用要形成一套完善的处理系统，乡村不仅要对垃圾进行无害化处理，还要像城市一样进行垃圾分类回收处理。以绿色生产、绿色生活、绿色消费的方式进行城乡建设，才能更好地推动乡村振兴与新型城镇化战略耦合持久延续下去。另一方面，在城乡建设中构建城乡生态网络，生态环境要放在首要位置，城镇化进程中不可避免地带来城镇建设扩张，但是要把生态环境的破坏降到最低，形成森林、湿地、农田等一体化的生态网络模式，在环保低碳的绿色发展之路上探索乡村振兴与新型城镇化的战略耦合模式。

（3）加强城乡互动，建立统筹城乡的常态化减贫机制。

城乡之间、区域间协调发展，合理配置要素资源都是为贫困地区城乡发展创造机遇。首先，要将减贫事业贯彻经济社会发展始终，优先满足农村地区发展需要，在乡村优先发展原则的基础上建立乡村多元价值实现机制，为减贫增收创造有利条件。要确保城乡生产要素的有序流动、引导生产要素在乡村地区的均衡配置，尤其是要重视贫困地区的发展需求，重点加大对贫困地区底层群众的帮扶力度，使得贫困地区能够共享发展红利，各个群体均能获得相同的发展机会。其次，建立城乡融合的产业发展机制。针对农村低收入群体要建立长效的增收机制，通过推动城镇产业向农村地区转移、延长产业链等方式，使更多的低收入群体从产业现代化、规模化中受益。同时利用城镇的市场需求可以开拓农业发展新业态，加快农村产业转型升级，培育与城镇产业相衔接的农村优势产业，形成城乡产业协同发展的新格局。最后，加快农村劳动力转移，通过将劳动力密集型产业转移至贫困地区，开发适合贫困群体的就业岗位从而吸引劳动力，帮助贫困地区的农村劳动力实现就业。同时在城镇吸纳劳动力和乡村自主创业并举的政策下，搭建农民自主创业孵化平台实现农民就地创业。除此之外，也可以通过进一步完善户籍制、公共服务均等化等供给制度推进贫困地区农业转移人口市民化，尤其是农村低收入群体融入城市需要大力支持，降低贫困地区劳动力迁移至城镇的门槛，并在就业、教育、住房、社会保障等方面大力扶持。

8.2.3　县域尺度

县级单元作为新型城镇化的重要层级，是连接城乡关系之间的最基本单元，也是"三农"发展的重要层级、主体空间，在缩小城乡差距、统筹城乡发展、满足基层发展需要方面是最基本的治理单元。

（1）县域城镇化要发挥就地吸纳农业人口转移的基础性作用，"异地城镇化"会带来农村因为长距离无法享受城镇辐射的问题，就近就地城镇化可以分季节投入农业生产、合理地进行家庭分工来支持农业可持续性生产。随着生活水平的提高，农村劳动力更渴望陪在家人身边，那种中短途流动务工、兼业化、城乡双栖的现象越来越普遍，尤其是在平原地区因为城乡交通便利更加具有普遍性。建立在县级单元基础上的就近就地城镇化更加符合农民工的城镇化诉求，也符合人口流动规律，在相当长的一段时间内会普遍存在于各个县级单元间。尤其是对于解决农村空心化问题、统筹城乡发展具有积极作用，因此县域就地城镇化成为很多地区大力推进的城镇化模式。

（2）县域尺度下的特色小镇要发挥好平台的支撑作用，特色小镇作为县域城镇化与乡村振兴之间互动的载体，发挥着推动农民就近城镇化、形成产业集聚的重要作用，是乡村振兴与新型城镇化战略实施落地的重要着力点。一方面，特色小镇作为乡村地区与外界联系的重要平台，要充分利用乡村原有的产业基础、人力资源要素等，充分发挥特色小镇对周边乡村辐射带动效应的平台价值，持续推进乡村形成自己的特色产业、文化旅游等新业态。另一方面，要充分发挥现代信息技术对农村电子商务、农民网上营销的带动作用，通过"以镇带村"的形式推动农业转型生产，形成"互联网＋农业"的新型农业发展模式。因此，对于特色小镇要全面放开户籍制度的限制，完善特色小镇里面的水电路气等公共基础设施领域，加大医疗教育、社会保障等公共服务方面的支持力度，全面落实小镇的农村人口市民化进程。

（3）依托生态休闲资源开发乡村旅游等乡村新经济。乡村地区主要由农业构成，但其发展活力不仅局限于农业。中央一号文件明确支持各地要立足自身资源优势打造各具特色的农业全产业链，在乡村形成有竞争力的产业集群。在生态休闲资源的基础上促进农村产业融合、延伸农业产业链，在产业融合的前提下还要把农产品精加工的转型升级提上日程，不仅要开发以广大农村地区为载体的乡村旅游、休闲农业等形式，还要进一步建设乡村特色产品基地，如农产品加工园等，通过吸引更多的龙头企业流入农作物产区大力支持农产品精深加工的建设，打开创造就业岗位、扶贫攻坚的突破口，这也是乡村就地就业从基础性农业向非农化转移的关键，最终形成自下而上的乡村就地城镇化模式。

8.3　长三角地区城乡耦合的经验与示范效应

长三角作为中国经济最发达的地区之一，其城乡发展进程已经到了加快推进城乡融合发展阶段，因此，长三角乡村振兴与新型城镇化战略耦合的经验对中国未来城乡发展具有一定的引领效应。但是随着长三角一体化规划的范围逐渐扩大，长三角内部城乡发展进程也存在一定的差异，不同发展阶段对应不同的城乡耦合模式对于其他地区城乡发展具有借鉴和示范效应。

8.3.1　因地制宜，大力推动多样化的城乡关系耦合模式

我国地域广阔，不同的地域由于人口、资源、文化等不同导致城乡发展的背景也各不相同，根据不同地域城乡发展进程不同，乡村振兴与新型城镇化战略耦合需要因地制宜，而不是一个统一标准模板的实施路径。

以融合共生型城乡关系为主导的区域，城乡界限逐渐模糊，乡村已经具备城市的许多功能属性，俨然成为城市带延伸的一部分。乡村振兴的目标应该是实现城乡在基础设施、社会保障、医疗卫生、文化教育等资源配置方面趋于一体化，让农村居民享受城市居民等值的生活质量。通常适用于东部沿海经济发达地区，通过城乡要素融合实现经济趋同，核心在于人口、资金、信息等资源要素在城乡之间自由流动，同类要素在不同市场能够获得均衡收益，从而实现城乡之间真正的无差距发展。建立统一的要素市场，让城乡之间要素流通无障碍、城乡经济趋于统一步调发展，这就需要打破制度约束、打破城乡壁垒，通过政策优惠吸引城市的人才、资本、信息技术等稀缺要素流入农村地区，实现乡村真正的振兴。

以平等交互式城乡关系为主导的区域，城镇与乡村还有界限但是乡村积

极突破农村发展农业、城市发展工业的旧体制的束缚，以农村工业化发展为主对农村产业结构发生了根本性的变革。可以通过产业融合形成城乡两个空间的产业互动格局，包括乡村第一产业和城市第二、第三产业之间的联动，形成一个利益共同体，共同为城乡发展带来新的机遇。这种城乡关系背景下往往会出现中心镇连接城市与乡村，使集聚经济效应进一步体现，中心城区进一步膨胀，辐射效应进一步增强，周围一些村镇纳入中心镇经济圈，并且带动了邻近乡村振兴。这通常发生在乡村产业发生变革的地区，不再以传统的农业为主，而是逐渐向农村工业化转变。

以非对称互惠式城乡关系为主导的区域，乡村经济具有自主性，以农业生产为主。这类城乡关系下的乡村主要以农业生产为主、乡村旅游嵌入，乡村发展的目的还是以服务农民自身的生活保障为主，以农民增收为首要目标。但同时，乡村第二、第三产业的融入还是为了吸引城市资本、游客等要素的流入，受益于城市的发展最终还是为了实现农民生活富裕。多适用于具有地方特色的农村地区，有自身的比较优势，但城乡关系还处于非对称阶段。通过生态融合，以"绿水青山就是金山银山"为发展理念，以"减量化、再利用和资源化"为原则，将农业发展与生态绿化相结合，拓展农业绿色资源、农村生态宜居功能，培育农业新业态，实现农业生产、生态、生息的统一。

以依托吸收式城乡关系为主导的区域，乡村依托城市发展，表现为都市农业型的乡村定位，农村地区发展空间有限，乡村振兴的目标主要以都市农业、城市后花园等形式满足城市相关需求发展。可以通过空间融合，共享发展。城市与乡村要在保留各自特色的基础上实现功能延伸、分工与互补，尤其是城市基础设施的延伸，城市的公共交通可以向农村地区进行延伸，通信、供水供电等市政设施应向农村地区布局，最终形成城乡基础设施合理布局的局面。政府公共财政不仅要包含城市，还要覆盖农村地区。尤其是财政支农方面要保持稳定增长，最终目的是实现城乡公共教育资源、医疗卫生资源公共服务供给等均等化。多适用于城镇化率高的大都市郊区农村，以发展都市农业为主，主要提供"粮袋子"和"菜篮子"的保障性功能，乡村发展的自主性不强，政府意志在其中发挥着重要作用。

8.3.2 多级联动，聚力构建多距离的城乡空间协同机制

结合不同城市经济圈的特征，构建区域间乡村振兴与新型城镇化进程的协同发展机制。长三角地区的城乡一体化历程是随着区域内公共交通运输不断完善而同步的进程。长三角地区的交通基础设施在全国已经名列前茅，虽然交通网络密度高但是各省份之间仍然存在较大差异，尤其是跨省之间的交通网络建设还需要进一步统筹规划，加强城乡空间协同机制。

以 2019 年 GDP 总量在长三角排首位的江苏为例，虽然江苏也属早期拥有铁路的省份，京沪、陇海两大干线贯穿其中，但其长期格局为"江南有路无网，江北无路无网"。作为普铁时代即拥有两条重量级铁路干线的江苏，在 2007 年中国铁路第六次大提速之际，就进入了动车时代。虽然江苏成为全国首批拥有 D 字头车次的省份，但是开通动车的地区只有徐州和苏南，苏中和苏北大部均与此无缘。而在接下来的发展过程中，高铁动车还是首先青睐于苏南。直到 2016 年苏中地区进入动车时代，利用既有线改造的宁启铁路宁通段开通动车组列车，至此江苏长江两岸均形成高速客运通道。到 2020 年苏中地区的南通通过沪苏通长江公铁大桥实现了和苏南地区以及上海的高铁直达，从此苏中和苏南之间的高铁贯通不需要像以前一样绕行南京。直到 2020 年底连镇高铁淮镇段正式建成通车，江苏三部分之间终于实现省内高铁贯通，结束了此前江苏高铁南北不互通互联的格局。由此可见，交通运输对于乡村振兴与新型城镇化战略耦合的关键作用，尤其是中心城市想要发挥对周围城市及本地乡村的辐射带动作用，交通运输是个关键因素。

虽然长三角地区的基础设施建设较为完善，但区域性较强，基础设施完善程度均是以上海为一个中心点逐步向外扩散，因此离上海距离近的苏南、浙东北地区就占据了优势，交通基础设施建设也十分完善，而皖北、苏北与浙西南等地区仍需要进一步加大交通基础设施建设力度。上海作为长三角的中心城市，在人口、产业不断集聚的过程中交通、环境等的压力也越来越大，城市治理、城乡统筹等的提高均是需要面临的挑战。虽然长三角地区的核心城市由于受上海的辐射效应加上政策倾斜等原因，城市发展速度快、工业与

服务业发展态势良好，但是在二三线等一些非核心城市，尤其是偏远的县域内部城镇功能还未完全显现。安徽大部分地区、苏北以及浙西南地区相对于苏南和浙东北的城乡发展，城市功能还比较落后，尤其是乡村发展上落后更加明显。乡村与周边乡村、乡村与城市之间由于基础设施还不够完善、交通资源利用率不高等，通达便利程度仍然低、信息的流通速度还很慢，无法做到信息即时共享。因此，"要致富，先修路"，交通信息跟不上会严重阻碍工业化与城镇化进程，政府应加大对公共交通的投入，提高交通运输网络密度，加快交通网络建设步伐，尤其是要加大县域乡村道路建设力度，提升公共交通服务水平与服务能力，形成城乡互联。

8.3.3　跨省合作，全力打造多维度的城乡耦合示范区

长三角地区的城乡发展经验有许多模式值得借鉴，但是示范区的建设真正得到国务院批准的只有长三角生态绿色一体化发展示范区，并且关于示范区重大建设项目三年行动计划（2021～2023 年)① 也于 2021 年才发布。关于农业示范区的建设始于 1997 年，是由国务院和陕西省政府共同创建的第一个国家层面的农业科技园区，依托西北农林科技大学科研资源的"陕西杨凌农业高新技术产业示范区"。经过 20 多年发展，截至 2018 年底，经农业部认定的国家现代农业示范区就有 3 批 283 个。其余的大多是各地热情高涨，积极参加的乡村振兴、新型城镇化示范区建设，力争样板区称号。但是目前各地的乡村振兴、新型城镇化示范区建设很多做法都较普遍、不具有典型性、推广性较差，大多是在原有发展的基础上"锦上添花"式布局，不具有示范带动性。因此，统筹谋划乡村振兴与新型城镇化协同推进的示范区创建迫在眉睫，要切实发挥好示范区的典型引路作用。

以上海初具规模的农业产业园区为例，农业产业园区具有一定的推广性，能够推进城乡产业协同发展的可持续性。农业产业园区发展的核心就是要发

---

① 2019 年 10 月国务院又批复同意《长三角生态绿色一体化发展示范区总体方案》，2021 年 5 月 13 日，《长三角生态绿色一体化发展示范区重大建设项目三年行动计划》正式发布，为一体化示范区近期重大建设项目明确了任务书和时间表。

挥地区优势打造特色农业品牌，通过品牌战略提高产品知名度和市场竞争力，走出一条高效农业特色发展之路。中国的农业现代化发展明显滞后于工业化、信息化以及城镇化进程，因此农业产业园区就是要突破传统农业发展模式，在农业发展的短板和弱势方面创新思维，将农业与第二、第三产业融合发展从而构建现代化农业产业体系。首先，要确立核心产业，在基础农业的基础上延伸相关配套产业，打破传统单一产业的局面，构建一条农业现代化相融合的产业链。其次，通过改善乡村环境为城乡产业融合落地生根提供"土壤"，乡村生态宜居是建立在农村可持续发展的基础上，不仅要推动农业高质量发展还要处理好人与自然和谐共处的关系，通过都市农业的演进可以传递一种有机乐活、低碳绿色的农业发展理念。最后，要注重农产品精深加工环境，进一步研发农产品以实现其效益最大化，在促进农民增收和农村产业兴旺的基础上满足各类消费者的多样化需求。

　　乡村振兴与新型城镇化战略耦合的推进机制框架如图 8 – 1 所示。

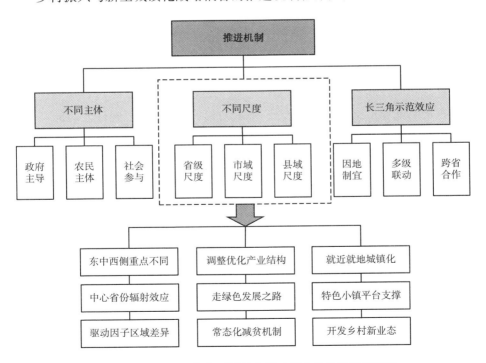

图 8 – 1　乡村振兴与新型城镇化战略耦合的推进机制框架

8.4 乡村振兴与新型城镇化战略耦合的政策启示

从乡村振兴的五大内涵（产业兴旺、生态宜居、乡风文明、治理有效、生活富裕）与新型城镇化的五个维度（产业城镇化、绿色城镇化、社会城镇化、空间城镇化、经济城镇化）的协调推进出发，进一步提出新型城镇化与乡村振兴战略耦合的具体政策启示。

8.4.1 以现代产业发展推动城乡产业耦合协调

城乡之间的产业是存在密切关联性的，尤其在城乡要素均衡配置中要充分发挥市场机制的决定性作用，通过提高城乡要素配置效应，以现代产业发展来有效衔接"产业城镇化"与"乡村产业兴旺"。一方面，要发挥中心城市的辐射带动作用，产业集聚通常在中心城市形成规模经济效应，要加强各个层级单元间的联系，从中小城市到小城镇再到乡村各层级要依据自身比较优势合理布局产业，保证生产要素在城乡之间自由流动、农村转移人口在城镇有充足的就业岗位；另一方面，在农业现代化进程中要确保农村转移人口能进一步实现市民化，除此之外，农业转移人员滞留的农地承办权是退出还是经营权流转出去也是个重要问题，关系着农村产业兴旺，可以通过多形式、多渠道地发展农业适度规模经营，重点是吸引城镇工商资本流向农业现代化投资，在城乡要素互通、城乡产业互动的进程中推进农业现代化。

8.4.2 以生态文明建设推动城乡生态耦合协调

乡村生态宜居是乡村的优势与财富，新型城镇化也在积极走出一条资源节约、集约高效、绿色低碳的城镇化之路。因此，城市与乡村作为直接受益主体均有责任和义务改善生态环境，以生态文明建设有效联动"绿色城镇化"与"乡村生态宜居"的耦合。一方面，新型城镇化的建设离不开绿色城镇化这一维度，要以循环经济和绿色产业为未来发展的主要方向，通过加快资源的利用率推广一种绿色高效的生活、消费方式。新型城镇化进程也离不开工业化进程的加快，但是要在源头上切断城镇工业污染、固体废物等流向乡村，加强城镇工业、生活污染治理。另一方面，乡村生态宜居就是在改善乡村生态环境的同时把"绿水青山"转换为"金山银山"，传统农业生产中不可避免地会使用农药、化肥等造成农业面源污染，但是农业现代化发展就是要改变这一现象，通过现代科技手段在农业增产的同时推动农业绿色发展，加大治理力度和农业废弃物回收处理。除此之外，还要为城乡居民提供优质的绿色农产品，并且可以通过生态资源优势发展生态旅游服务，这才是将农村生态环境优势转化为经济优势，真正实现城乡生活富、生态美的统一。

8.4.3　以提升农民主体地位推动城乡社会耦合协调

农民主体地位的提升是乡村振兴的关键，而乡风文明的助推是乡村全面振兴的精神动力，这也是社会城镇化进程能够延续发展的内核，有利于实现城乡均衡发展。一方面，要利用多种途径提升农民的技能水平和人文素养，以一种更强的生存能力和适应性来更好地融入城市工作岗位、融入城市市民生活。乡风文明关系着农民对家庭、对城乡社会、对自然的态度，立足于乡土文化的乡风文明具有一定的独立性，不能脱离乡风文明只发展城市文明，牺牲乡土文化自身主体性的乡风文明建设路径是行不通的。另一方面，要以开放、包容的姿态充分融合乡村文化与城市文化，在乡村振兴与新型城镇化融合发展的基础上着力提升广大农民的主体地位，发挥其主观能动性参与到农业现代化建设中来，共享现代化发展成果，本质上是为了改变长期存在的二元结构局面。通过"内在于心，外在于行"加速乡村振兴主体自觉性的培育，最终让广大农民有更多的获得感和幸福感。

8.4.4　以构建城乡一体化治理推动城乡空间耦合协调

乡村善治是乡村振兴的关键所在，而构建城乡一体化治理体系是现代化治理体系、治理能力的基础。乡村"治理有效"的关键是乡村建设力量和治理结构的形成。构建城乡一体化治理体系就是要减小因为城乡分治而造成的阻碍，纠正当前因为体制机制因素和政策偏向带来的城市优先发展问题，从而缩小城乡差距推动城乡均衡发展。推进城乡一体化治理需要从以下方面入手：一是思想上要重视，乡村治理在基层治理中不容忽视，要被摆在国家治理体系中的突出位置。由于乡村基础地位的重要性，在统筹城乡一体化治理中乡村治理有效也是基础，要杜绝"治理真空"流于形式的现象出现。二是城乡经济、社会、生态、文化等都要包含在治理领域层面，从城乡规划入手，打破以往城乡分割的管理体制，并且在规划制定过程中注意协调各方利益，以提升农民群体的利益为根本目的。

8.4.5 以共享公共服务推动城乡经济耦合协调

新型城镇化的本质是建立在"人的城镇化"基础上，而乡村振兴的重点是建立在农民的基础上实现现代化转型，无论是城市的本质还是乡村的重点均需要物质载体，即优质的基本公共服务，因此需要通过城乡基本公共服务的供给来实现"经济城镇化"与"乡村生活富裕"之间的有机衔接。一方面，要确保农业转移人口在市民化进程中获得与城市居民同质的公共服务，帮助他们加速融入城市生活（苏小庆等，2020）。农村地区也要加快公共服务供给，与城镇地区同质同量地包容性发展。另一方面，城乡基本公共服务均等化的实现是建立在新型农村社区的载体上，以城镇基础设施和公共服务的延伸至农村而实现的。政府的基本职能就是向城乡居民均提供优质、均等的基本公共服务，共享现代化成果，以实现共同富裕。所以要确保城乡基础设施资源互联互通，公共教育、文化、医疗卫生等资源供给均等化的同时，新型农村社区的人居环境也得到改善，经济城镇化进程加快中乡村居民生活水平也在不断提高，实现高质量的乡村生活富裕。

附录 1　乡村振兴调查问卷

调研地点：_____省（市、自治区）_____地区（州、市）_____县（市、区）_____乡/镇_____村

问卷填答说明：请在所选择选项后打"√"，或者在横线上填适当的文字、数据，除特殊说明外，问题回答为单选。

先生/女士/同志：您好！我是来自浙江工业大学的调查员。我们正在进行一项关于乡村/城镇发展的国家社科重大课题调查，您的合作对我们了解有关信息具有十分重要的意义。问卷中问题的回答，没有对错之分，您只要根据实际或自己的想法和做法回答就行。

根据《中华人民共和国统计法》第三章第二十五条，在未获得您许可的前提下，我们会对您所提供的所有信息绝对保密。科学研究、政策分析以及观点评论中发布的是大量问卷的信息汇总，而非您个人、家庭、村/居的案例信息，不会造成您个人、家庭、村/居信息的泄漏。希望您协助我们完成这次调查，谢谢您的合作。

填表人的基本信息：

1. 您的调研人员 ID _____。

2. 您的户口状况_____。
①农业户口　②非农户口

3. 您的性别_____。
①男　　　②女

4. 您的年龄_____。（直接填空）

5. 您的职业_____。（直接填空）

6. 您的学历_____。

①小学及以下　②初中　③高中　④中专/大专　⑤大学本科　⑥硕士　⑦博士

一、生态宜居

1. 您家最主要用哪种水做饭？【单选】

①自来水　②桶装水/纯净水/过滤水　③山泉水　④井水　⑤其他_____

2. 您家最主要用哪种燃料做饭？【单选】

①柴草　②煤炭　③罐装煤气/液化气　④天然气/管道煤气　⑤太阳能/沼气　⑥电　⑦其他_____【请注明】

3. 您家最常用的卫生间/厕所是什么类型的？【单选】

①室内冲水厕所（抽水马桶）　②室外冲水厕所　③其他

4. 您家的垃圾最主要倒在哪里？【单选】

①公共垃圾桶/箱　②附近的河沟　③住房周围　④土粪坑　⑤随处倒　⑥其他_____【请注明】

5. 请您根据实际情况在"是""否"里勾选一项。

保险享有情况	是	否
您是否享有养老保险		
您是否享有医疗保险		
您是否享有失业保险		
您是否享有工伤保险		
您是否购买其他商业保险		

二、乡风文明

6. 您家距离村里的文化大礼堂有多远？

①10分钟以内路程　②10~30分钟路程　③30分钟以上路程　④没有文化大礼堂

7. 过去一年，您包括购买书报杂志、看电影/戏、旅游等文化娱乐支出的大概范围是_____。

①1000元以下　　②1000~3000元　　③3001~6000元

④6001~10000元　⑤10001~15000元　⑥15000元以上

8. 过去一年，您的家庭教育支出包括交给学校各种费用（学杂费、书本费、伙食费、住宿费等）和在学校以外的课后学习费用（辅导班、兴趣班等）大概范围是_____。

①5000 元以下　　　　②5001～10000 元　　　③10001～15000 元

④15001～20000 元　　⑤20001～30000 元　　⑥30000 元以上

9. 您家是否安装了有线/数字/网络电视？①是　②否

10. 过去一年，不包括以工作和考试为目的的阅读，您总共读完多少本书？

①0 本　②1～5 本　③6～10 本　④11～15 本　⑤15 本以上

三、治理有效

11. 最近一次村委会投票您有没有参加？

（1）是自己主动去的。

（2）是因为单位/企业领导或村干部要求才去的。

（3）没去。您没有投票是因为_____。【单选】

①知道有选举，但有事没投　　②知道有选举，但觉得投了也没用

③压根不知道有选举　　　　　④没有投票资格

12. 您所在地村委会是否公布以下几方面的信息？【可多选】

①财务状况　②人员聘用　③负责人提名公示　④政府政策　⑤集体资产处置　⑥重大事件（拆迁、村居改造、征地等）　⑦其他内容_____⑧以上都没有

13. 您村地界内是否有以下设施？【可多选】

①小商店/小卖部/百货店　②幼儿园　③医院/卫生院/诊所　④药店⑤庙宇/道观　⑥家族祠堂（供奉祖先牌位）　⑦教堂/清真寺　⑧老年活动场所/老年社区服务机构　⑨敬老院/养老院　⑩体育健身设施　⑪儿童玩耍设施　⑫村务公告栏　⑬举报箱　⑭社区网站/微博　⑮以上都没有

14. 从您家到最近的医疗点需要多长时间？（医疗点包括以下任意一项：1. 综合医院；2. 专科医院；3. 社区卫生服务中心/乡镇卫生院；4. 社区卫生服务站/村卫生室；5. 诊所）

①10 分钟以内　　②10～30 分钟　　③31～60 分钟　　④1 小时以上

15. 从您家（常住地）到最近的公交站点有多远？

①10 分钟以内到达　②10~30 分钟　③31~60 分钟　④1 小时以上　⑤没有公交车

16. 请您对居住所在地的村委会治理情况打分，1 表示非常不好，10 表示非常好。

项目	1	2	3	4	5	6	7	8	9	10
绿化水平										
生活垃圾处理情况										
卫生院医疗情况										
健身、娱乐设施										
路灯铺设情况										
河道整治										
居住地社会治安										

四、生活富裕

17. 您的家庭拥有私家车的数量是_____。

①0 辆　②1 辆　③2 辆　④2 辆以上

18. 平均每月，您家庭总支出大概在什么范围？

①3000 元及以下　　②3001~6000 元　　③6001~10000 元

④10001~15000 元　⑤15001~20000 元　⑥2 万元以上

19. 平均每月，您家庭伙食费、外出聚餐及购买的零食、饮料、烟酒等支出在什么范围？

①1500 元及以下　　②1501~3000 元　　③3001~5000 元

④5001~7500 元　　⑤7501~10000 元　⑥1 万元以上

20. 您家现在居住的房子是_____。【单选】

①父母、子女提供或完全自有　②和单位共有产权　③租住　④政府免费提供　⑤单位提供宿舍　⑥其他亲友借住　⑦其他_____

PS：房屋面积大概是_____平方米，房价大约_____元/平方米。

21. 请问除现在居住的住房外，您家还有几套住房？_____套（如果没有就写 0）。

其他几处住房的总面积共计_____平方米。

五、产业兴旺

22. 您家是否还保留耕地？

①有，还有_____亩　②没有

23. 您家是否经历过土地被征用？

①否

②是（选这项的人填下面）

（1）您家的土地是哪年被征用的？_____年。

（2）您家有多大面积的土地被征用？_____亩。

（3）您家获得的征地补偿金总额大概在什么范围？

①5万元以下　②5万～10万元　③11万～15万元　④15万元以上

24. 您家是否种植以下农作物？【可多选】

①水稻　②小麦　③玉米　④棉花　⑤花生　⑥豆类（大豆、黄豆等）

⑦薯类（红薯等）　⑧其他_____【请注明】　⑨没有种植任何农作物

25. 去年，您家是否饲养以下家畜或进行渔业生产？【可多选】

①猪　②牛　③羊　④鱼　⑤其他_____　⑥没有饲养任何家畜及渔业生产

26. 您家是否拥有/经营以下类型的土地？【可多选】

①没有土地　　　②水田　　　③旱地　　　④林地（包括果园）

⑤草场　　　　⑥水塘　　　⑦其他_____【请注明】

27. 您的家庭收入中务农（农林牧渔业）收入大概在什么范围？

①3万元以下　　②3万～6万元　　③6万～10万元

④10万～15万元　⑤15万元以上　⑥没有务农收入

28. 过去一年，您家庭所有收入大概在什么范围？

①5万元以下　　②5万～15万元　③15万～30万元

④30万～50万元　⑤50万元以上

29. 您家在耕种收时用到下面哪些农用机械？【可多选】

①拖拉机　②脱粒机（包括打稻机）　③机引农具　④抽水机（包括水泵）　⑤收割机　⑥其他农用机械　⑦以上都没有，全靠人力　⑧没有耕地

用不到

30. 过去一年，您家生产的所有农产品，包括种植的作物、林产品，养殖的家禽、牲畜、水产品以及副产品（如鸡蛋、小猪仔等），卖出去大概多少钱？

①5000 元以下　②5000～10000 元　③10001～25000 元　④25001～50000 元
⑤5 万元以上　⑥全部自用，没有卖　⑦没有农产品生产

关于城乡统筹的建议

1. 您对城乡公共服务方面最关心什么？【最多选三项】

①看病就医较远、较贵　②附近没有好的学校，上学远　③社区文化生活比较单调　④缺少体育健身场所　⑤公共交通不方便　⑥公共服务建设
⑦电力通信供应不足　⑧村/居委会信息公布不及时　⑨其他_____

2. 在下列何种情况下，您愿意转为城镇居民户籍？【单选】

①在城镇解决住房问题

②家庭人口落实了城镇社会保障（养老、医疗）

③享受与城镇居民同等的教育、文化、卫生公共服务

④城镇有更多的就业、教育机会

⑤从来没想过转为城镇户籍，也不会转

3. 您对近几年村庄改善满意的有哪些？【可多选】

①种地给补贴　②报销部分医疗费　③老年后可拿到养老金　④农村河道疏浚和村庄河塘整治　⑤村庄绿化　⑥公共交通更方便　⑦村里实行专人收垃圾　⑧住房条件　⑨其他_____

4. 您认为城乡统筹方面还存在哪些差距？【可多选】

①收入差距　②居民素质　③基础设施（道路、水电气供给等）　④公共服务（医疗、教育、就业等资源）　⑤环境卫生（垃圾、废水处理等）
⑥社会保障（养老、失业等保障）　⑦配套设施（图书馆、购物、健身等业余生活安排）

感谢您的耐心回答，祝您身体健康，阖家幸福！

附录 2 新型城镇化调查问卷

调研地点：_____省（市、自治区）_____地区（州、市）_____县（市、区）_____街道_____社区

问卷填答说明：请在所选择选项后打"√"，或者在横线上填适当的文字、数据，除特殊说明外，问题回答为单选。

您好！我是来自浙江工业大学的调查员。我们正在进行一项关于乡村/城镇发展的国家社科重大课题调查，您的合作对我们了解有关信息具有十分重要的意义。问卷中问题的回答，没有对错之分，您只要根据实际或自己的想法和做法回答就行。

根据《中华人民共和国统计法》第三章第二十五条，在未获得您许可的前提下，我们会对您所提供的所有信息绝对保密。科学研究、政策分析以及观点评论中发布的是大量问卷的信息汇总，而非您个人、家庭的案例信息，不会造成您个人、家庭信息的泄漏。希望您协助我们完成这次调查，谢谢您的合作。

填表人的基本信息：

1. 您的调研人员 ID _____。

2. 您的户口状况_____。

①农业户口　②非农户口

3. 您的性别_____。

①男　　　②女

4. 您的年龄_____。（直接填空）

5. 您的职业_____。（直接填空）

6. 您的学历_____。

①小学及以下　②初中　③高中　④中专/大专　⑤大学本科　⑥硕士
⑦博士

一、社会保障

1. 您家最主要用哪种水做饭？【单选】

①自来水　②桶装水/纯净水/过滤水　③山泉水　④井水　⑤其
他_____

2. 您家最主要用哪种燃料做饭？【单选】

①柴草　②煤炭　③罐装煤气/液化气　④天然气/管道煤气　⑤太阳能/
沼气　⑥电　⑦其他_____

3. 您家最常用的卫生间/厕所是什么类型的？【单选】

①室内冲水厕所（抽水马桶）　②室外冲水厕所　③其他

4. 您家的垃圾最主要倒在哪里？【单选】

①公共垃圾桶/箱　②附近的河沟　③住房周围　④土粪坑　⑤随处倒
⑥其他_____【请注明】

5. 请您根据实际情况在"是""否"里勾选一项。

保险享有情况	是	否
您是否享有养老保险		
您是否享有医疗保险		
您是否享有失业保险		
您是否享有工伤保险		
您是否购买其他商业保险		

二、生活质量

6. 您所在的社区离图书馆有多远？

①10 分钟以内路程　②10～30 分钟路程　③30 分钟以上路程

7. 过去一年，您包括购买书报杂志、看电影/戏、旅游等文化娱乐支出
的大概范围是_____。

①1000 元及以下　　②1001～3000 元　　③3001～6000 元

④6001～10000 元　　⑤10001～15000 元　　⑥15000 元以上

8. 过去一年，您家庭教育支出包括交给学校的各种费用（学杂费、书本

费、伙食费、住宿费等）和在学校以外的课后学习费用（辅导班、兴趣班等）大概范围是_____。

①5000 元及以下   ②5001 ~ 10000 元   ③10001 ~ 15000 元

④15001 ~ 20000 元   ⑤20001 ~ 30000 元   ⑥30000 元以上

9. 您家是否安装了有线/数字/网络电视？① 是 ②否

10. 过去一年，不包括以工作和考试为目的的阅读，您总共读完多少本书？

①0 本   ②1 ~ 5 本   ③6 ~ 10 本   ④11 ~ 15 本   ⑤15 本以上

三、公共服务

11. 最近一次居委会投票您是否参加了？

（1）是自己主动去的。

（2）是因为单位/企业领导或村干部要求才去的。

（3）没去。您没有投票是因为_____。【单选】

①知道有选举，但有事没投   ②知道有选举，但觉得投了也没用

③压根不知道有选举   ④没有投票资格

12. 您所在社区居委会是否公布以下几方面的信息？【可多选】

①财务状况   ②人员聘用   ③负责人提名公示   ④政府政策   ⑤集体资产处置   ⑥重大事件（拆迁、村居改造、征地等）   ⑦其他内容_____ ⑧以上都没有

13. 您所在社区内是否有以下设施？【可多选】

①小商店/小卖部/百货店   ②幼儿园   ③医院/卫生院/诊所   ④药店 ⑤庙宇/道观   ⑥家族祠堂（供奉祖先牌位）   ⑦教堂/清真寺   ⑧老年活动场所/老年社区服务机构   ⑨敬老院/养老院   ⑩体育健身设施   ⑪儿童玩耍设施   ⑫村/居务公告栏   ⑬举报箱   ⑭社区网站/微博   ⑮以上都没有

14. 从您家到最近的医疗点需要多长时间？（医疗点包括以下任意一项：1. 综合医院；2. 专科医院；3. 社区卫生服务中心/乡镇卫生院；4. 社区卫生服务站/村卫生室；5. 诊所)

①10 分钟以内   ②10 ~ 30 分钟   ③31 ~ 60 分钟   ④1 小时以上

15. 从您家（常住地）到最近的公交站点有多远？

①10 分钟以内到达   ②10 ~ 30 分钟   ③ 31 ~ 60 分钟   ④1 小时以上

⑤没有公交车

16. 请您对居住所在地的居委会治理情况打分，1表示非常不好，10表示非常好。

项目	1	2	3	4	5	6	7	8	9	10
绿化水平										
生活垃圾处理情况										
健身、娱乐设施										
河道整治										
居住地社会治安										

四、生活富裕

17. 您的家庭拥有私家车的数量是_____。

①0辆　②1辆　③2辆　④2辆以上

18. 平均每月，您家庭总支出大概在什么范围？

①3000元及以下　　②3001~6000元　　③6001~10000元

④10001~15000元　⑤15001~20000元　⑥2万元以上

19. 平均每月您家庭伙食费、外出聚餐及购买的零食、饮料、烟酒等支出在什么范围？

①1500元及以下　　②1501~3000元　　③3001~5000元

④5001~7500元　　⑤7501~10000元　　⑥1万元以上

20. 您家现在居住的房子是_____。【单选】

①父母、子女提供或完全自有　②和单位共有产权　③租住　④政府免费提供　⑤单位提供宿舍　⑥其他亲友借住　⑦其他_____

PS：房屋面积大概是_____平方米，房价大约为_____元/平方米。

21. 请问除现在居住的住房外，您家还有几套住房？_____套（如果没有就写0）。

其他几处住房的总面积共计_____平方米。

22. 过去一年，您家庭所有收入大概在什么范围？

①5万元以下　②5万~15万元　③15万~30万元　④30万~50万元

⑤50万元以上

关于城乡统筹的建议

1. 您对城乡公共服务方面最关心什么?【最多选三项】

①看病就医较远、较贵　②附近没有好的学校，上学远　③社区文化生活比较单调　④缺少体育健身场所　⑤公共交通不方便　⑥公共服务建设　⑦电力通信供应不足　⑧村/居委会信息公布不及时　⑨其他_____

2. 在下列何种情况下，您愿意回到农村发展?【单选】

①农村空气环境好

②享受和在城镇同样的基础设施、公共服务

③回乡有就业支持或优惠政策

④农村房子大、房价低、压力小

⑤从来没想过回去，也不会回去

3. 您对近几年居住地改善最满意的有哪些?【可多选】

①住房条件　②交通状况　③绿化环境　④就业情况　⑤孩子教育　⑥社会福利保障　⑦配套设施（如图书馆、购物、健身等业余生活安排）　⑧其他_____

4. 您认为城乡统筹方面还存在哪些差距?【可多选】

①收入差距　②居民素质

③基础设施（道路、水电气供给等）

④公共服务（医疗、教育、就业等资源）

⑤环境卫生（垃圾、废水处理等）

⑥社会保障（养老、失业等保障）

⑦配套设施（图书馆、购物、健身等业余生活安排）

感谢您的耐心回答，祝您身体健康，阖家幸福!

参 考 文 献

[1] 艾伯特·赫希曼. 经济发展战略 [M]. 北京：经济科学出版社，1991.

[2] 安晓明. 新时代乡村产业振兴的战略取向、实践问题与应对 [J]. 西部论坛，2020，30 (6).

[3] 贝罗克. 城市与经济发展 [M]. 南昌：江西人民出版社，1991.

[4] 蔡继明. 乡村振兴战略应与新型城镇化同步推进 [J]. 人民论坛·学术前沿，2018 (10).

[5] 陈丹，张越. 乡村振兴战略下城乡融合的逻辑、关键与路径 [J]. 宏观经济管理，2019 (1).

[6] 陈国生，丁翠翠，郭庆然. 基于熵值赋权法的新型工业化、新型城镇化与乡村振兴水平关系实证研究 [J]. 湖南社会科学，2018 (6).

[7] 陈鸿彬. 城乡统筹发展定量评价指标体系的构建 [J]. 地域研究与开发，2007 (2).

[8] 陈俊梁，林影，史欢欢. 长三角地区乡村振兴发展水平综合评价研究 [J]. 华东经济管理，2020，34 (3).

[9] 陈坤秋，龙花楼. 中国土地市场对城乡融合发展的影响 [J]. 自然资源学报，2019，34 (2).

[10] 陈丽莎. 论新型城镇化战略对实现乡村振兴战略的带动作用 [J]. 云南社会科学，2018 (6).

[11] 陈柳钦. 论城市化发展的动力机制——从产业结构转移与发展的视角来研究 [J]. 现代经济探讨，2005 (1).

［12］陈龙.新时代中国特色乡村振兴战略探究［J］.西北农林科技大学学报（社会科学版），2018，18（3）.

［13］陈明.乡村振兴中的城乡空间重组与治理重构［J］.南京农业大学学报（社会科学版），2021，21（4）.

［14］陈明星，龚颖华，隋昱文.新型城镇化背景下中部地区的人口就近城镇化模式研究［J］.苏州大学学报（哲学社会科学版），2016，37（6）.

［15］陈明星，陆大道，张华.中国城市化水平的综合测度及其动力因子分析［J］.地理学报，2009，64（4）.

［16］陈明，张云峰.城镇化发展质量的评价指标体系研究［J］.中国名城，2013（2）.

［17］陈肖飞，姚士谋，张落成.新型城镇化背景下中国城乡统筹的理论与实践问题［J］.地理科学，2016，36（2）.

［18］陈学云，程长明.乡村振兴战略的三产融合路径：逻辑必然与实证判定［J］.农业经济问题，2018（11）.

［19］陈秧分，王国刚，孙炜琳.乡村振兴战略中的农业地位与农业发展［J］.农业经济问题，2018（1）.

［20］陈志端.新型城镇化背景下的绿色生态城市发展［J］.城市发展研究，2015，22（2）.

［21］程开明.从城市偏向到城乡统筹发展——城市偏向政策影响城乡差距的 Panel Data 证据［J］.经济学家，2008（3）：28－36.

［22］程明洋，李琳娜，刘彦随，等.黄淮海平原县域城镇化对乡村人—地—业的影响［J］.经济地理，2019，39（5）.

［23］丛海彬，段巍，吴福象.新型城镇化中的产城融合及其福利效应［J］.中国工业经济，2017（11）.

［24］丁静.新时代乡村振兴与新型城镇化的战略融合及协调推进［J］.社会主义研究，2019（5）.

［25］丁忠兵.乡村振兴战略的时代性［J］.重庆社会科学，2018（4）.

［26］杜姣.城乡关系的实践类型与乡村振兴的分类实践［J］.探索，2020（1）：142－153.

[27] 范昊，景普秋．基于互动融合的中国城乡关联—共生发展区域测度研究 [J]．商业研究，2018（8）：45－54．

[28] 方创琳．中国新型城镇化高质量发展的规律性与重点方向 [J]．地理研究，2019，38（1）．

[29] 方丽玲．城乡统筹：城乡关联视角分析 [J]．财经问题研究，2006（6）．

[30] 费景汉，拉尼斯，古斯塔夫，等．劳力剩余经济的发展 [M]．北京：华夏出版社，1989．

[31] 费孝通．小城镇大问题 [M]．南京：江苏人民出版社，1984．

[32] 干春晖，郑若谷，余典范．中国产业结构变迁对经济增长和波动的影响 [J]．经济研究，2011，46（5）．

[33] 高新才，魏丽莉．中国区域城乡协调发展评价模型与案例分析 [J]．西北师大学报（社会科学版），2010，47（2）．

[34] 高岳峰．马克思主义农村发展理论与社会主义新农村建设 [D]．武汉：武汉大学，2014．

[35] 戈大专，龙花楼．论乡村空间治理与城乡融合发展 [J]．地理学报，2020，75（6）．

[36] 戈大专，周礼，龙花楼，等．农业生产转型类型诊断及其对乡村振兴的启示——以黄淮海地区为例 [J]．地理科学进展，2019，38（9）．

[37] 耿宏兵，曹广忠．苏南小城镇目前面临的困境与再发展对策——以江阴市澄东片区发展规划研究为例 [J]．城市规划学刊，2009（6）．

[38] 龚志冬，黄健元．长三角城市群城镇化质量测度 [J]．城市问题，2019（1）．

[39] 辜胜阻，李正友．中国自下而上城镇化的制度分析 [J]．中国社会科学，1998（2）．

[40] 辜胜阻．中国城镇化的发展特点及其战略思路 [J]．经济地理，1991（3）．

[41] 顾朝林，蔡建明，张伟，等．中国大中城市流动人口迁移规律研究 [J]．地理学报，1999（3）．

［42］郭峰，王靖一，王芳，等．测度中国数字普惠金融发展：指数编制与空间特征［J］．经济学（季刊），2020，19（4）．

［43］郭海红，刘新民，刘录敬．中国城乡融合发展的区域差距及动态演化［J］．经济问题探索，2020（10）．

［44］郭美荣，李瑾，冯献．基于"互联网＋"的城乡一体化发展模式探究［J］．中国软科学，2017（9）．

［45］郭远智，刘彦随．中国乡村发展进程与乡村振兴路径［J］．地理学报，2021，76（6）．

［46］郭远智，周扬，刘彦随．贫困地区的精准扶贫与乡村振兴：内在逻辑与实现机制［J］．地理研究，2019，38（12）．

［47］何仁伟．城乡融合与乡村振兴：理论探讨、机理阐释与实现路径［J］．地理研究，2018，37（11）．

［48］贺雪峰．关于实施乡村振兴战略的几个问题［J］．南京农业大学学报（社会科学版），2018，18（3）．

［49］侯孟阳，姚顺波．1978～2016年中国农业生态效率时空演变及趋势预测［J］．地理学报，2018，73（11）．

［50］侯孟阳，姚顺波．中国农村劳动力转移对农业生态效率影响的空间溢出效应与门槛特征［J］．资源科学，2018，40（12）．

［51］胡久生，涂建华，晏群，等．湖北省农村新型城镇化发展路径浅探［J］．中国农业资源与区划，2015，36（1）．

［52］黄丽娟，马晓冬．江苏省县域经济与乡村转型发展的空间协同性分析［J］．经济地理，2018，38（6）．

［53］黄寿峰．环境规制、影子经济与雾霾污染——动态半参数分析［J］．经济学动态，2016（11）．

［54］黄小明．收入差距、农村人力资本深化与城乡融合［J］．经济学家，2014（1）．

［55］黄震方，陆林，苏勤，等．新型城镇化背景下的乡村旅游发展——理论反思与困境突破［J］．地理研究，2015，34（8）．

［56］黄祖辉．准确把握中国乡村振兴战略［J］．中国农村经济，2018（4）．

［57］季红颖．东北三省新型城镇化动力演化及协同效应研究［D］．长春：东北师范大学，2020.

［58］贾晋，李雪峰，申云．乡村振兴战略的指标体系构建与实证分析［J］．财经科学，2018（11）.

［59］姜德波，彭程．城市化进程中的乡村衰落现象：成因及治理——"乡村振兴战略"实施视角的分析［J］．南京审计大学学报，2018，15（1）.

［60］姜晔，吴殿廷，杨欢，等．我国统筹城乡协调发展的区域模式研究［J］．城市发展研究，2011，18（2）.

［61］焦必方，林娣，彭婧妮．城乡一体化评价体系的全新构建及其应用——长三角地区城乡一体化评价［J］．复旦学报（社会科学版），2011（4）.

［62］焦晓云．新型城镇化进程中农村就地城镇化的困境、重点与对策探析——"城市病"治理的另一种思路［J］．城市发展研究，2015，22（1）.

［63］柯福艳，张社梅，徐红玳．生态立县背景下山区跨越式新农村建设路径研究——以安吉"中国美丽乡村"建设为例［J］．生态经济，2011（5）.

［64］孔祥智，卢洋啸．建设生态宜居美丽乡村的五大模式及对策建议——来自5省20村调研的启示［J］．经济纵横，2019（1）：19－28.

［65］孔翔，杨帆．"产城融合"发展与开发区的转型升级——基于对江苏昆山的实地调研［J］．经济问题探索，2013（5）.

［66］孔亚男．城乡一体化转型期的苏南小城镇规划实践考察［D］．苏州：苏州大学，2014.

［67］兰芳，刘浩杰，何楠．精准扶贫、人力资本与乡村振兴——基于河北省11个地级市的实证检验［J］．经济与管理，2021，35（1）.

［68］李爱民．我国城乡融合发展的进程、问题与路径［J］．宏观经济管理，2019，（2）2.

［69］李兵弟，徐会夫．中国城乡空间规划的新发展——以省域城镇体系规划为例［J］．城市规划，2004（12）.

［70］李程骅．新型城镇化战略下的城市转型路径探讨［J］．南京社会科学，2013（2）.

［71］李东坤，邓敏．中国省际OFDI、空间溢出与产业结构升级——基

于空间面板杜宾模型的实证分析 [J]. 国际贸易问题, 2016 (1).

[72] 李红波, 牛聪, 胡霄, 等. 江苏省县域乡村韧性的时空格局演变分析 [J]. 池州学院学报, 2020, 34 (5).

[73] 李静, 刘自强, 董国皇, 等. 宁夏县域经济发展的演变类型与城乡耦合协调发展分析 [J]. 人文地理, 2018, 33 (2).

[74] 李露, 徐维祥. 农村人口老龄化效应下农业生态效率的变化 [J]. 华南农业大学学报 (社会科学版), 2021, 20 (2).

[75] 李梦娜. 新型城镇化与乡村振兴的战略耦合机制研究 [J]. 当代经济管理, 2019, 41 (5).

[76] 李平星, 陈诚, 陈江龙. 乡村地域多功能时空格局演变及影响因素研究——以江苏省为例 [J]. 地理科学, 2015, 35 (7).

[77] 李瑞光. 国外城乡一体化理论研究综述 [J]. 现代农业科技, 2011 (17).

[78] 李先军. 智慧农村: 新时期中国农村发展的重要战略选择 [J]. 经济问题探索, 2017 (6).

[79] 李小建, 胡雪瑶, 史焱文, 等. 乡村振兴下的聚落研究——来自经济地理学视角 [J]. 地理科学进展, 2021, 40 (1).

[80] 李岳云, 陈勇, 孙林. 城乡统筹及其评价方法 [J]. 农业技术经济, 2004 (1).

[81] 李政, 杨思莹. 科技创新的城乡二元收入结构效应及其传导机制 [J]. 经济问题探索, 2018 (1).

[82] 李志红. 京津冀新型城镇化发展战略研究 [J]. 宏观经济管理, 2016 (7).

[83] 李志龙. 乡村振兴—乡村旅游系统耦合机制与协调发展研究——以湖南凤凰县为例 [J]. 地理研究, 2019, 38 (3).

[84] 李智, 张小林, 陈媛, 李红波. 基于城乡相互作用的中国乡村复兴研究 [J]. 经济地理, 2017, 37 (6).

[85] 李智, 张小林, 李红波. 江苏省县域非农化与乡村发展的耦合分析 [J]. 地域研究与开发, 2017, 36 (6).

[86] 廖文梅，虞娟娟，袁若兰. 脱贫攻坚与乡村振兴的耦合协同性——基于不同时序脱贫县（市）的比较 [J]. 中国人口·资源与环境，2020，30（10）.

[87] 刘晨光，李二玲，覃成林. 中国城乡协调发展空间格局与演化研究 [J]. 人文地理，2012，27（2）：97－102.

[88] 刘合光. 激活参与主体积极性，大力实施乡村振兴战略 [J]. 农业经济问题，2018（1）.

[89] 刘红梅，张忠杰，王克强. 中国城乡一体化影响因素分析——基于省级面板数据的引力模型 [J]. 中国农村经济，2012（8）.

[90] 刘金全，毕振豫. 普惠金融发展及其收入分配效应——基于经济增长与贫困减缓双重视角的研究 [J]. 经济与管理研究，2019，40（4）.

[91] 刘竞文. 绿色发展与田园综合体建设：模式、经验与路径 [J]. 世界农业，2018（2）.

[92] 刘明辉，卢飞. 城乡要素错配与城乡融合发展——基于中国省级面板数据的实证研究 [J]. 农业技术经济，2019（2）.

[93] 刘晓红. 中国城市雾霾污染的时空分异、动态演化与影响机制 [J]. 西南民族大学学报（人文社科版），2019，40（2）.

[94] 刘彦随. 中国新时代城乡融合与乡村振兴 [J]. 地理学报，2018，73（4）.

[95] 刘逸. 战略耦合的研究脉络与问题 [J]. 地理研究，2018，37（7）.

[96] 刘志阳，李斌. 乡村振兴视野下的农民工返乡创业模式研究 [J]. 福建论坛（人文社会科学版），2017（12）.

[97] 柳建文. 新型城镇化背景下少数民族城镇化问题探索 [J]. 西南民族大学学报（人文社会科学版），2013，34（11）.

[98] 龙花楼，陈坤秋. 实现巩固拓展脱贫攻坚成果同乡村振兴有效衔接：研究框架与展望 [J]. 经济地理，2021，41（8）.

[99] 吕丹，叶萌，杨琼. 新型城镇化质量评价指标体系综述与重构 [J]. 财经问题研究，2014（9）.

[100] 毛锦凰，王林涛. 乡村振兴评价指标体系的构建——基于省域层面的实证 [J]. 统计与决策，2020，36（19）.

［101］孟毅，褶冰．广东省乡村振兴发展测度及路径选择研究［J］．南方农村，2021，37（2）．

［102］年猛．中国城乡关系演变历程、融合障碍与支持政策［J］．经济学家，2020（8）．

［103］宁越敏．新城市化进程——90年代中国城市化动力机制和特点探讨［J］．地理学报，1998（5）．

［104］欧阳慧，李智．适应未来发展需要的城镇化战略研究［J］．宏观经济研究，2021（7）．

［105］欧阳敏，周维崧．我国城乡统筹发展模式比较及其启示［J］．商业时代，2011（3）．

［106］潘竟虎，胡艳兴．基于夜间灯光数据的中国多维贫困空间识别［J］．经济地理，2016，36（11）．

［107］庞玮，白凯．田园综合体的内涵与建设模式［J］．陕西师范大学学报（自然科学版），2018，46（6）．

［108］彭冲，陈乐一，韩峰．新型城镇化与土地集约利用的时空演变及关系［J］．地理研究，2014，33（11）．

［109］曲亮，郝云宏．基于共生理论的城乡统筹机理研究［J］．农业现代化研究，2004（5）．

［110］邵峰．浙江省城乡一体化研究［D］．杭州：浙江大学，2013．

［111］邵子南，陈江龙，苏勤，等．江苏省乡村性空间格局及影响因素研究［J］．长江流域资源与环境，2015，24（2）．

［112］沈费伟，刘祖云．发达国家乡村治理的典型模式与经验借鉴［J］．农业经济问题，2016，37（9）．

［113］沈费伟，刘祖云．海外"乡村复兴"研究——脉络走向与理论反思［J］．人文地理，2018，33（1）．

［114］沈费伟，肖泽干．国外农民协会发展模式及对中国的经验启示［J］．世界农业，2016（9）．

［115］沈雪潋，郭跃．新型城镇化背景的"镇级市"政策创新［J］．改革，2014（1）．

［116］史尧露．农民权益保护视角下田园综合体建设研究［D］．苏州：苏州科技大学，2019．

［117］舒季君．中国"四化"同步发展时空差异及其影响机理研究［D］．杭州：浙江工业大学，2015．

［118］宋晓玲．数字普惠金融缩小城乡收入差距的实证检验［J］．财经科学，2017（6）．

［119］苏小庆，王颂吉，白永秀．新型城镇化与乡村振兴联动：现实背景、理论逻辑与实现路径［J］．天津社会科学，2020（3）．

［120］孙海，军张沛．2000年以来国内城乡一体化理论与实践研究综述［J］．区域经济评论，2013（3）．

［121］涂丽，乐章．城镇化与中国乡村振兴：基于乡村建设理论视角的实证分析［J］．农业经济问题，2018（11）：78–91．

［122］汪宇明，刘高，施加仓，等．中国城乡一体化水平的省区分异［J］．中国人口·资源与环境，2012，22（4）．

［123］王超超，李孝坤，李赛男，等．基于乡村旅游视角的乡村复兴探析——以重庆市万州区凤凰村乡村公园建设为例［J］．重庆师范大学学报（自然科学版），2016，33（6）．

［124］王德利．中国城市群城镇化发展质量的综合测度与演变规律［J］．中国人口科学，2018（1）．

［125］王富喜，毛爱华，李赫龙，等．基于熵值法的山东省城镇化质量测度及空间差异分析［J］．地理科学，2013（11）．

［126］王富喜，孙海燕，孙峰华．山东省城乡发展协调性空间差异分析［J］．地理科学，2009，29（3）．

［127］王华，陈烈．西方城乡发展理论研究进展［J］．经济地理，2006（3）．

［128］王惠，苗壮，王树乔．空间溢出、产业集聚效应与工业绿色创新效率［J］．中国科技论坛，2015（12）．

［129］王景新，支晓娟．中国乡村振兴及其地域空间重构——特色小镇与美丽乡村同建振兴乡村的案例、经验及未来［J］．南京农业大学学报（社

会科学版），2018，18（2）.

［130］王静，姚展鹏.新型城镇化与乡村振兴的战略耦合机制研究 ［J］.现代农业研究，2019（9）.

［131］王凯，唐小惠，甘畅，等.中国服务业碳排放强度时空格局及影响因素 ［J］.中国人口·资源与环境，2021，31（8）.

［132］王少平，欧阳志刚.我国城乡收入差距的度量及其对经济增长的效应 ［J］.经济研究，2007，42（10）.

［133］王维.长江经济带城乡协调发展评价及其时空格局 ［J］.经济地理，2017，37（8）.

［134］王笑容.乡村振兴战略背景下的田园综合体发展研究 ［D］.南昌：江西师范大学，2018.

［135］王新越，秦素贞，吴宁宁.新型城镇化的内涵、测度及其区域差异研究 ［J］.地域研究与开发，2014，33（4）.

［136］王亚华，苏毅清.乡村振兴——中国农村发展新战略 ［J］.中央社会主义学院学报，2017（6）.

［137］王艳飞，刘彦随，严镔，等.中国城乡协调发展格局特征及影响因素 ［J］.地理科学，2016，36（1）.

［138］王颖，孙平军，李诚固，等.2003年以来东北地区城乡协调发展的时空演化 ［J］.经济地理，2018，38（7）.

［139］王永生，文琦，刘彦随.贫困地区乡村振兴与精准扶贫有效衔接研究 ［J］.地理科学，2020，40（11）.

［140］韦家华，连漪.乡村振兴评价指标体系研究 ［J］.价格理论与实践，2018（9）.

［141］魏后凯，关兴良.中国特色新型城镇化的科学内涵与战略重点 ［J］.河南社会科学，2014，22（3）.

［142］魏后凯，王业强，苏红键，等.中国城镇化质量综合评价报告 ［J］.经济研究参考，2013（31）.

［143］温忠麟，叶宝娟.中介效应分析：方法和模型发展 ［J］.心理科学进展，2014，22（5）.

[144] 文丰安. 乡村振兴战略与新型城镇化建设融合发展: 经验、梗阻及新时代方案 [J]. 东岳论丛, 2020, 41 (5).

[145] 文丰安. 新时代乡村振兴战略推进之理性审视 [J]. 重庆社会科学, 2018 (4).

[146] 吴殿廷, 任春艳, 张文新, 等. 区域城乡协调发展的综合评价——以宁波为例 [J]. 北京师范大学学报 (自然科学版), 2007 (5).

[147] 吴九兴, 黄贤金. 中国乡村振兴发展的现状诊断与空间分异格局——地级市尺度的实证 [J]. 经济与管理, 2020, 34 (6).

[148] 吴理财, 吴孔凡. 美丽乡村建设四种模式及比较——基于安吉、永嘉、高淳、江宁四地的调查 [J]. 华中农业大学学报 (社会科学版), 2014 (1).

[149] 吴丽娟, 刘玉亭, 程慧. 城乡统筹发展的动力机制和关键内容研究述评 [J]. 经济地理, 2012, 32 (4).

[150] 吴先华, 王志燕, 雷刚. 城乡统筹发展水平评价——以山东省为例 [J]. 经济地理, 2010, 30 (4).

[151] 吴旭晓. 乡村振兴与新型城镇化耦合协调发展及其驱动机制研究——以中部地区为例 [J]. 前沿, 2019 (6).

[152] 吴永生. 区域性城乡统筹的空间特征及其形成机制——以江苏省市域城乡为例 [J]. 经济地理, 2006 (5).

[153] 武小龙, 谭清美. 新苏南模式: 乡村振兴的一个解释框架 [J]. 华中农业大学学报 (社会科学版), 2019 (2).

[154] 西蒙·库兹涅茨. 各国的经济增长 [M]. 北京: 商务印书馆, 2009.

[155] 夏安桃, 许学强, 薛德升. 中国城乡协调发展研究综述 [J]. 人文地理, 2003 (5).

[156] 肖刚, 杜德斌, 戴其文. 中国区域创新差异的时空格局演变 [J]. 科研管理, 2016, 37 (5).

[157] 邢祖礼, 陈杨林, 邓朝春. 新中国 70 年城乡关系演变及其启示 [J]. 改革, 2019 (6).

［158］熊湘辉，徐璋勇．中国新型城镇化水平及动力因素测度研究［J］．数量经济技术经济研究，2018，35（2）．

［159］徐剑锋．城市化：义乌模式及其启示［J］．浙江社会科学，2002（6）．

［160］徐维祥．产业集群与城镇化互动发展机制及运作模式研究［D］．杭州：浙江大学，2005．

［161］徐维祥，李露，黄明均，等．浙江县域"四化同步"与居民幸福协调发展的时空分异特征及其形成机制［J］．地理科学，2019，39（10）．

［162］徐维祥，李露，刘程军．乡村振兴与新型城镇化的战略耦合——机理阐释及实现路径研究［J］．浙江工业大学学报（社会科学版），2019，18（1）．

［163］徐维祥，李露，周建平，等．乡村振兴与新型城镇化耦合协调的动态演进及其驱动机制［J］．自然资源学报，2020，35（9）．

［164］徐选国，杨君．人本视角下的新型城镇化建设：本质、特征及其可能路径［J］．南京农业大学学报（社会科学版），2014，14（2）．

［165］徐勇．城乡一体化进程中的乡村治理创新［J］．中国农村经济，2016（10）．

［166］薛晴，霍有光．城乡一体化的理论渊源及其嬗变轨迹考察［J］．经济地理，2010，30（11）．

［167］闫周府，吴方卫．从二元分割走向融合发展——乡村振兴评价指标体系研究［J］．经济学家，2019（6）．

［168］杨传开，张凡，宁越敏．山东省城镇化发展态势及其新型城镇化路径［J］．经济地理，2015，35（6）．

［169］杨发祥，茹婧．新型城镇化的动力机制及其协同策略［J］．山东社会科学，2014（1）．

［170］杨骞，刘华军．中国二氧化碳排放的区域差异分解及影响因素——基于1995～2009年省际面板数据的研究［J］．数量经济技术经济研究，2012，29（5）．

［171］杨骞，秦文晋．中国产业结构优化升级的空间非均衡及收敛性研

究 ［J］. 数量经济技术经济研究, 2018, 35.

［172］杨嵘均. 论新型城镇化与乡村振兴战略的内在张力、政策梗阻及其规避 ［J］. 南京农业大学学报（社会科学版）, 2019, 19 (5).

［173］杨仪青. 新型城镇化发展的国外经验和模式及中国的路径选择 ［J］. 农业现代化研究, 2013, 34 (4).

［174］叶超, 高洋. 新中国 70 年乡村发展与城镇化的政策演变及其态势 ［J］. 经济地理, 2019, 39 (10).

［175］叶超, 于洁. 迈向城乡融合：新型城镇化与乡村振兴结合研究的关键与趋势 ［J］. 地理科学, 2020, 40 (4).

［176］叶兴庆, 殷浩栋. 从消除绝对贫困到缓解相对贫困：中国减贫历程与 2020 年后的减贫战略 ［J］. 改革, 2019 (12)：5－15.

［177］于爱芝, 程晓曦, 刘莹, 等. 北京都市农业的战略定位与路径选择 ［J］. 城市发展研究, 2010, 17 (9).

［178］余佶. 生态文明视域下中国经济绿色发展路径研究——基于浙江安吉案例 ［J］. 理论学刊, 2015 (11).

［179］余江, 叶林. 中国新型城镇化发展水平的综合评价：构建、测度与比较 ［J］. 武汉大学学报（哲学社会科学版）, 2018, 71 (2).

［180］余侃华, 刘洁, 蔡辉, 等. 基于人本导向的乡村复兴技术路径探究——以"台湾农村再生计划"为例 ［J］. 城市发展研究, 2016, 23 (5).

［181］俞云峰, 张鹰. 浙江新型城镇化与乡村振兴的协同发展——基于耦合理论的实证分析 ［J］. 治理研究, 2020, 36 (4).

［182］原毅军, 谢荣辉. 环境规制的产业结构调整效应研究——基于中国省际面板数据的实证检验 ［J］. 中国工业经济, 2014 (8).

［183］曾福生, 吴雄周. 城乡发展协调度动态评价——以湖南省为例 ［J］. 农业技术经济, 2011 (1).

［184］曾雯, 张小林, 李智. 乡村振兴视角下县域尺度城乡融合发展评价研究 ［J］. 池州学院学报, 2018, 32 (3).

［185］张海鹏. 中国城乡关系演变 70 年：从分割到融合 ［J］. 中国农村经济, 2019 (3).

［186］张晶．美丽乡村建设背景下传统村落保护与发展策略探析［J］．城市发展研究，2020，27（8）．

［187］张竟竟，陈正江，杨德刚．城乡协调度评价模型构建及应用［J］．干旱区资源与环境，2007．

［188］张娟娟，丁亮．乡村振兴：治理逻辑、主体与关键领域——第三届县域治理高层论坛会议综述［J］．社会主义研究，2019（1）．

［189］张克俊，杜婵．从城乡统筹、城乡一体化到城乡融合发展：继承与升华［J］．农村经济，2019（11）．

［190］张沛，张中华，孙海军．城乡一体化研究的国际进展及典型国家发展经验［J］．国际城市规划，2014，29（1）．

［191］张强．中国城乡一体化发展的研究与探索［J］．中国农村经济，2013（1）．

［192］张荣天，张小林，李传武．基于县域尺度的江苏省乡村性空间格局演变及其机理研究［J］．人文地理，2013，28（2）．

［193］张挺，李闽榕，徐艳梅．乡村振兴评价指标体系构建与实证研究［J］．管理世界，2018，34（8）．

［194］张引，杨庆媛，李闯，等．重庆市新型城镇化发展质量评价与比较分析［J］．经济地理，2015，35（7）．

［195］张英男，龙花楼，马历，等．城乡关系研究进展及其对乡村振兴的启示［J］．地理研究，2019，38（3）．

［196］张占仓，蔡建霞．河南省新型城镇化战略实施的亮点研究［J］．经济地理，2013，33（7）．

［197］章明卓，林敏，屠君芳．基于县域尺度的浙江省乡村性综合评价［J］．浙江师范大学学报（自然科学版），2014，37（3）．

［198］赵德起，陈娜．中国城乡融合发展水平测度研究［J］．经济问题探索，2019（12）．

［199］赵磊，方成．中国省际新型城镇化发展水平地区差异及驱动机制［J］．数量经济技术经济研究，2019，（5）：44－64．

［200］赵英丽．城乡统筹规划的理论基础与内容分析［J］．城市规划学

刊，2006（1）.

[201] 赵永平，徐盈之. 新型城镇化发展水平综合测度与驱动机制研究——基于我国省际 2000～2011 年的经验分析 [J]. 中国地质大学学报（社会科学版），2014，14（1）.

[202] 郑国，叶裕民. 中国城乡关系的阶段性与统筹发展模式研究 [J]. 中国人民大学学报，2009，23（6）.

[203] 周佳宁，邹伟，秦富仓. 等值化理念下中国城乡融合多维审视及影响因素 [J]. 地理研究，2020，39（8）.

[204] 周江燕，白永秀. 中国城乡发展一体化水平的时序变化与地区差异分析 [J]. 中国工业经济，2014（2）.

[205] 周蕾，杨山，陈升. 无锡市城乡系统耦合测度与耦合度变化规律研究 [J]. 人文地理，2011，26（6）.

[206] 周立，李彦岩，王彩虹，等. 乡村振兴战略中的产业融合和六次产业发展 [J]. 新疆师范大学学报（哲学社会科学版），2018，39（3）.

[207] 周亮，车磊，周成虎. 中国城市绿色发展效率时空演变特征及影响因素 [J]. 地理学报，2019，74（10）.

[208] 朱介鸣. 城乡统筹发展：城市整体规划与乡村自治发展 [J]. 城市规划学刊，2013（1）.

[209] 卓玛草. 新时代乡村振兴与新型城镇化融合发展的理论依据与实现路径 [J]. 经济学家，2019（1）.

[210] 邹开敏，庄伟光. 城市带动农村发展的作用机制研究——基于乡村旅游的视角 [J]. 农村经济，2016（12）.

[211] ADAM C，BEVAN D，GOLLIN D. Rural-Urban Linkages，Public Investment and Transport Costs：The Case of Tanzania [J]. World Development，2018，109：497 –510.

[212] AUDAS R，MCDONALD T. Rural-urban Migration in the 1990s [J]. Canadian Social Trends，2004，35（8）.

[213] BERLINER J S. Internal Migration：A Comparative Disciplinary View [J]. Internal Migration，1977，20（3）.

［214］ BERTONI D, CAVICCHIOLI D. Farm Succession, Occupational Choice and Farm Adaptation at the Rural-Urban Interface: The Case of Italian Horticultural Farms ［J］. Land Use Policy, 2016, 57: 739 – 748.

［215］ BROWN, TRENT, GANGULY-SCRASE, et al. Urbanization, Rural Mobility, and New Class Relations in Darjeeling, India ［J］. Critical Asian Studies, 2016, 23 (3).

［216］ CHANG G H, BRADA J C. The Paradox of China's Growing Under-Urbanization ［J］. Economic Systems, 2006, 30 (1).

［217］ COHEN B. Urbanization in Developing Countries: Current Trends, Future Projections, and Key Challenges for Sustainability ［J］. Technology in Society, 2006, 28 (1).

［218］ DAVIS J C, HENDERSON J V. Evidence on the Political Economy of the Urbanization Process ［J］. Journal of Urban Economics, 2004, 53 (1).

［219］ DOUGLASS M. Mega-urban Regions and World City Formation: Globalisation, the Economic Crisis and Urban Policy Issues in Pacific Asia ［J］. Urban Studies, 2000, 37 (12).

［220］ FEI C H, RAINS G. A Theory of Economies Development ［J］. American Economic Review, 1961, 51 (4).

［221］ FOX S. Urbanization as a Global Historical Process: Theory and Evidence from Sub-Saharan Africa ［J］. Population Development Review, 2012, 38 (2).

［222］ FRIEDMAN J. Regional Development Policy: A Case Study of Venezuela ［M］. Cambridge: MIT Press, 1966.

［223］ FRIEDMAN J, DOUGLASS M. Agropolitan Development: Towards a New Strategy for Regional Planning in Asia ［M］. University of California, Los Angeles, 1975.

［224］ FRIEDMAN J. Regional Development Policy: A Case Study of Venezuela ［J］. Urban Studies, 1966, 4 (3).

［225］ GIBBS R M, BERNAT G A. Rural Industry Clusters Raise Local Earnings ［J］. Rural America/ Rural Development Perspectives, 1997 (12).

［226］ GOTTMANN J. Megalopolis or the Urbanization of the Northeastern Seaboard ［J］. Urban Planning International, 1957, 33 (3).

［227］ GREGG J W, JONES C G, DAWSON T E. Urbanization Effects on Tree Growth in the Vicinity of New York City ［J］. Nature, 2003, 424 (6945).

［228］ GRIMES S. Rural Areas in the Information Society: Diminishing Distance or Increasing Learning Capacity? ［J］. Journal of Rural Studies, 2000, 16 (1).

［229］ HARRIS J R, TODARO M P. Migration, Unemployment and Development: A Two-sector Analysis ［J］. The American Economic Review, 1970, 60 (1).

［230］ HENDERSON J, DICKEN P, HESS M, et al. Global Production Networks and the Analysis of Economic Development ［J］. Review of International Political Economy, 2002, 9 (3).

［231］ HOWARD E. Tomorrow: A Peaceful Path to Real Reform, London, 1898 ［M］. London: Swan Sonnenschein, 1902.

［232］ HOWELL B. The Rural-Urban 'Digital Divide' in New Zealand: Factor or Fable? ［J］. Prometheus, 2001, 19 (3).

［233］ HUTTON T A. Service Industries, Globalization, and Urban Restructuring within the Asia-Pacific: New Development Trajectories and Planning Responses ［J］. Progress in Planning, 2003, 61 (1).

［234］ HUTTUNEN S. Revisiting Agricultural Modernisation: Interconnected Farming Practices Driving Rural Development at the Farm Level ［J］. Journal of Rural Studies, 2019, 71: 36 − 45.

［235］ INAYATULLAH, LUMPUR A. Approaches to Rural Development: Some Asian Experiences ［M］. Kuala Lumpur: Asian and Pacific Development Administration Center, 1979.

［236］ ISHWAR DHAMI K G A, TIMOTHY A. WARNER, RICO M. GAZAL, JOSHI S. Phenology of Trees and Urbanization: A Comparative Study between New York City and Ithaca, New York ［J］. Geocarto International, 2011,

26 (7).

[237] JORGENSON D W. The Development of a Dual Economy [J]. Economic Journal, 1961, 71 (282).

[238] JULIO A et al. Cities, Territories, and Inclusive Growth: Unraveling Urban-Rural Linkages in Chile, Colombia, and Mexico [J]. World Development, 2015, 73: 56 – 71.

[239] KALINA M, PUABAUM H, TSAKOVSKI S, et al. Modeling Urban Dynamics through GIS-based Cellular Automata [J]. Chemosphere, 1999, 38 (11).

[240] KELLEY, ALLEN, JEFFREY W. What Drives Third World City Growth? A Dynamic General Equilibrium Approach [M]. NJ: Princeton University Press, 1984.

[241] KIM S. Industrialization and Urbanization: Did the Steam Engine Contribute to the Growth of Cities in the United States? [J]. Explorations in Economic History, 2005, 42 (4).

[242] KISS E. Rural Restructuring in Hungary in the Period of Socio-economic Transition [J]. GeoJournal, 2000, 51 (3).

[243] LEWIS A. Economic Development with Unlimited Supplies of Labour [J]. The Manchester School of Economic Social Studies, 1954, 22 (2).

[244] LIPTON, M. Why Poor People Stay Poor: Urban Bias in World Development [M]. MA: Harvard University Press, 1977.

[245] LO F C, MARCOTULLIO P J. Globalisation and Urban Transformations in the Asia-Pacific Region: A Review [J]. Urban Studies, 2000, 37 (1).

[246] MADSEN L M, ADRIANSEN H K. Understanding the Use of Rural Space: The Need for Multi-methods [J]. Journal of Rural Studies, 2004, 20 (4).

[247] MCMILLEN D P, ZENOU Y. Regional Science and Urban Economics [J]. Regional Science & Urban Economics, 2009, 39 (3).

[248] MITRA A, KUMAR R. New Patterns in Indian Urbanization: Emer-

gence of Census Towns [J]. Environment Urbanization Asia, 2015, 6 (1).

[249] MORMONT M. Rural Nature and Urban Natures [J]. Sociologia Ruralis, 1987, 27 (6).

[250] MURATA, YASUSADA. Rural-urban Interdependence and Industrialization [J]. Journal of Development Economics, 2002, 68 (1).

[251] NAVEH Z. Interactions of Landscapes and Cultures [J]. Landscape Urban Planning, 1995, 32 (1).

[252] PEDERSEN P O. Innovation Diffusion within and between National Urban Systems [J]. Geographical Analysis, 1970, 2 (3).

[253] RASOOLIMANESH S M, BADARULZAMAN N, JAAFAR M. City Development Strategies (CDS) and Sustainable Urbanization in Developing World [J]. Procedia-Social Behavioral Sciences, 2012, 36 (2).

[254] ROGER, C K, CHANYAO, et al. Urbanization and Sustainable Metropolitan Development in China: Patterns, Problems and Prospects [J]. GeoJournal, 1999, 49 (1).

[255] RUDA G. Rural Buildings and Environment [J]. Landscape Urban Planning, 1998, 41 (2).

[256] SASSEN S. The Global City: New York, London, Tokyo [J]. Political Science Quarterly, 2001, 107 (2).

[257] SCHULTZ T W. Transforming Traditional Agriculture: Reply [J]. Journal of Farm Economics, 1966, 48 (4).

[258] SUTCLIFFE A, HARVEY D. Consciousness and the Urban Experience: Studies in the History and Theory of Capitalist Urbanization [J]. American Political Science Association, 1985, 40 (4).

[259] TODARO M P. Model of Labor Migration and Unemployment in Less Developed Countries [J]. American Economic Review, 1969, 59 (1): 138 - 148.

[260] TOSKI N A. Rural Diversification and Socio-economic Transformation in Croatia [J]. GeoJournal, 1998, 46 (3).

［261］TROPMAN R B J E. The Non-Directive Approach in Group and Community Workby T. R. Batten；Madge Batten［J］. Social Service Review，1968，42（4）.

［262］WIRTH L. Urbanism as a Way of Life［J］. American Journal of Sociology，1989（29）.

［263］WOODS M. Performing Rurality and Practising Rural Geography［J］. Progress in Human Geography，2010，34（6）.

后 记

本书是国家社会科学基金重大项目"新时代乡村振兴与新型城镇化的战略耦合及协同治理研究"（18ZDA045）的阶段性成果。在徐维祥教授前期研究成果的基础上结合李露博士的论文完成初稿，后经课题组成员多次商讨、完善，最终形成本书。

本书在资料收集、实际调研、数据采集工作中得到了浙江省、江苏省以及杭州、宁波、绍兴等多个市县的相关部门、高校学者的支持与帮助，在此向他们表示衷心感谢！

本书的撰写得到了浙江工业大学的支持和经济学院老师们的帮助，在此特别感谢学院给予优良的科研条件和氛围，感谢学校团委社会实践小分队在调研过程中的帮助，同时感谢潘伟光教授、黄忠华教授、唐根年教授、张蔚文教授、胡豹研究员、王庆喜教授、陈国亮老师、汪彩军老师、宓泽峰老师、叶瑞克老师、刘程军老师、佟伟铭老师、郑金辉博士、周建平博士等在本书写作过程中提出的宝贵意见和建议。

本书在编写期间参阅了大量的国内外文献资料，借鉴和吸收了众多学者的研究成果与部分观点，在此向有关作者致以诚挚的谢意！

本书的出版还得到了浙江工业大学"人文社科后期资助项目"的资助，也得到了许多朋友和同人的关心、支持与鼓励，特此致谢。

虽然我们力求精益求精，但限于知识水平与时间，加之资料有限，难免存在偏颇和不足，敬请读者谅解，也恳请各位同行、专家不吝赐教。

徐维祥　李　露

2022 年 7 月于杭州